Excellent Cases of Yunnan Private Enterprises' Social Responsibility

云岭担当

云南民营企业社会责任优秀案例

主　编：杨镇宇　王　攀
副主编：张锦贤　陶虹材　龚少祯

中国经济出版社
CHINA ECONOMIC PUBLISHING HOUSE
北　京

图书在版编目（CIP）数据

云岭担当 ：云南民营企业社会责任优秀案例 / 杨镇宇，王攀主编. -- 北京 ：中国经济出版社，2025. 5.

ISBN 978-7-5136-8152-0

Ⅰ. F279.245

中国国家版本馆 CIP 数据核字第 2025QZ4594 号

责任编辑　焦晓云
责任印制　李　伟
封面设计　久品轩

出版发行　中国经济出版社
印 刷 者　北京艾普海德印刷有限公司
经 销 者　各地新华书店
开　　本　710mm × 1000mm　1/16
印　　张　16
字　　数　268 千字
版　　次　2025 年 5 月第 1 版
印　　次　2025 年 5 月第 1 次
定　　价　98.00 元
广告经营许可证　京西工商广字第 8179 号

中国经济出版社　**网址** http://epc.sinopec.com/epc/　**社址** 北京市东城区安定门外大街 58 号　**邮编** 100011
本版图书如存在印装质量问题，请与本社销售中心联系调换（联系电话：010-57512564）

前 言

PREFACE

2023年7月，《中共中央 国务院关于促进民营经济发展壮大的意见》中明确提出支持民营企业履行社会责任的时代命题，彰显了党中央对民营经济参与国家战略的殷切期待。在新时代征程中，云南民营企业以家国情怀书写着责任担当的壮美篇章。值此中国光彩事业发起实施三十周年之际，云岭大地上民营企业的实践，生动诠释了"义利兼顾、以义为先"的时代精神。

三十载栉风沐雨，云南民营企业始终与国策同频共振。从"八七扶贫攻坚"到乡村振兴，从乌蒙山麓到金沙江畔，广大企业以产业"造血"激活边疆发展动能，用教育帮扶照亮偏远山区未来。它们在精准扶贫中践行使命担当，在乡村振兴中创新帮扶模式，深深扎根于云岭沃土，浇筑共同富裕的坚实阶梯。

本书镌刻着新时代民营企业的责任图谱：现代农业企业将佤山咖啡、昭通苹果转化为富民产业，数字科技企业以技术创新赋能边疆治理，非遗传承企业用匠心技艺铺就锦绣之路。从生态保护到应急救灾，从教育公益到国防建设，每一页都跃动着"义利共生"的时代光芒。

尤为可贵的是，社会责任已融入云南民营企业的成长基因。企业家们构建起涵盖员工关怀、环境治理、公益创新的责任体系，通过产业链协同、技术赋能等方式提高社会效益。这种从"被动响应"到"主动创造"的转变，标志着新时代企业家精神的升华。

本书既是过往奋斗的见证，又是未来征程的启明。在构建新发展格局的背景下，民营企业履行社会责任亟待与科技创新、乡村振兴等国家战略深度融合。我们期待这些实践样本激荡责任共鸣，启迪更多企业将发展愿景融入时代洪流。

值此付梓之际，谨向云南省工商联及相关企业致以崇高敬意，并向为本书出版提供资助的云南民族大学经济与管理学院致以谢忱。展望未来，我们深信，云南民营企业必将以更加昂扬的姿态，在全面建设社会主义现代化国家的新征程中，续写无愧时代的责任华章！

编者谨识

2025 年 5 月

目 录

CONTENTS

医者仁心　为“心”护航

——昆明同仁医院

昆明同仁医院（简称“同仁医院”）是由同仁医疗产业集团控股，集医疗、教学、科研、护理、预防、康复、国际交流于一体的大型三级甲等综合医院，是云南省唯一的非公立三级甲等综合医院。同仁医院占地约286亩①，设计床位1200张，开设临床科室35个、医技科室7个、功能检查室4个，11个病区通过“优质护理病区”验收，百级层流手术室可满足包括心脏移植在内的手术需求。2010年以来，同仁医院较好地承担了云南省居民的医疗、预防、保健等服务。

云南地理环境特殊，高原地区先天性心脏病（简称“先心病”）发病率高于平原及低海拔地区，平均每1000名新生婴儿中就有7~8名患病。先心病在婴幼儿时期便会影响儿童的正常生长发育——患儿易生病，生长发育比正常儿童迟缓。很多家长认知度不高、诊疗意识不强，导致有的儿童患病了却没有被发现。随着患儿渐渐长大，有些人病情会恶化，但错过了手术的最佳时机，对家庭造成重大打击。2014年以来，同仁医院联合多家公益基金会，在全省开展贫困家庭先心病患儿筛查和免费救治活动。医院先心病筛查团队足迹遍布云南省12市29县146乡。截至2023年底，同仁医院先心病筛查覆盖学校1600所，筛查学生1017192人，确诊6539人次，救治2100余人。

一、广泛筛查，在云岭大地竖起先心病筛查“红旗”

同仁医院本着“早发现、早治疗”的原则，联合国内多家慈善基金会发起为偏远山区儿童“心健康”保驾护航行动，在全省范围内开展先心病

① 1亩≈666.67平方米。

筛查义诊活动。在与各地政府及相关单位进行沟通、协调后，同仁医院组织专家团队对0~18岁的适龄儿童进行了入校筛查。

“孩子今年二年级，没出生就发现胎心慢，但我们条件有限，一直不知道是孩子心脏有问题，直到筛查组的专家来到学校进行先心病筛查才发现。”阳阳的父亲说。高昂的心脏手术费用对本就不富裕的家庭而言，无疑是沉重的负担，而同仁医院为这些家庭提供了免费的手术，让患儿未来可以和普通儿童一样健康成长。

同仁医院有一张云南地图，每完成一个地区的筛查，这张地图上就会多一面小红旗。看着地图上的红旗越来越多，院长段志聪脸上露出欣慰的笑容。为了落实健康扶贫措施，为患病贫困人口提供精准医疗服务和健康管理服务，从2014年起，同仁医院就专门购置了心脏彩超设备、越野车等，组织专家团队以乡镇为单位，在云南省各地开展免费先心病筛查。“我们的筛查团队，一年几乎有200多天在路上，哪怕有的山区只有一所学校二十几个学生，也必须跑到，因为我们要履行对当地政府的承诺，不漏掉一个孩子。”多年来，同仁医院先心病筛查团队深入大理、丽江、保山、文山、宣威、昭通等10余个州市县，对数百个偏远地区村镇开展了“地毯式”全覆盖筛查工作。

二、通力合作，共同救治先心病患儿

同仁医院对贫困先心病患儿的筛查及接诊取得了显著成果，这些成果来源于院领导的大力支持和妥善安排，各科室（部门）的通力合作和互帮互助，以及对外联络部全体同事的不辞辛劳和长途跋涉。

2019年6月12日早上8点20分，承载着59个家庭“心希望”的三辆大巴井然有序地停靠在同仁医院门诊大厅外。随着车门缓缓打开，贫困先心病患儿的接诊工作正式启动。这是同仁医院联合昌宁县政协和教育体育局做出的贴心安排——当地的运输公司免费提供车辆，将昌宁县59名先心病患儿及家属共计153人送到医院。行政各部门已经提前开始了有条不紊的分工协作：前一天就将患儿的信息录入系统，并对患儿进行分组，为他们办理就诊卡、开具住院证，并安排好接送患儿及其监护人的车辆。患儿一到医院门诊大厅，各组组长就开始点名、分组、有条不紊地带领大家办理入院、入科手续，等待医生开具各类检查单，安排患儿到协调好的医技科室排队等待检查等。行政部门、临床医技科室所有人员通力配合，做到无缝对接，为患儿开通快捷绿色通道。心外科早已准备好舒适明亮的病房，所有医护人员严阵以待，用爱心为患儿提供无微不至的服务。

检查结束之后，就到了各式各样的先心病救助基金申请阶段，每张表格中的每个项目都要手写，每个家庭的具体情况和贫困程度都要一一了解，这要求工作人员有足够的耐心和细心。为了让患儿尽快获得手术治疗方案，每个小组的负责人都在争分夺秒地指导患儿家属填写表格、提供资料，为了确保信息的真实性和准确性，他们还要到病床边给患儿拍照、存档，反复与家长核实资料及上传电子申请表。患儿依次得到手术治疗，待他们康复办理出院手续时，医护人员又要进行收集出院资料及结算等工作。

儿童稚嫩的笑脸，家长欣慰的笑容，让每一位医护人员的奔忙与付出都有了无声却无比实在的意义。我们坚信，同仁医院在各级政府的支持下，在院领导的指引下，会在公益救治、爱心帮扶这条路上走得更远，创造出更加辉煌的成绩。

三、医者仁心，为患儿争取免费治疗机会

先心病患儿筛查结果出来以后，会面临一笔不小的手术和治疗费用，这往往是贫困地区家庭难以承受的，很多儿童也因此错过了最佳治疗时机。为了让筛查出来的儿童得到及时救治，同仁医院除了打造一支技术过硬的心外科医疗团队外，更通过多年努力，联合了爱佑慈善基金会、慈福基金会、成龙基金会、搜狐焦点公益基金会等公益组织，为符合手术条件的1500名贫困家庭患儿（包括建档立卡户贫困家庭120余户）实施免费手术，截至2023年底，救助金额累计达到1200万元。仅2020年暑期，同仁医院就接收免费手术的贫困患儿100余人，还确保他们在入院一周内完成手术，成功打造了贫困地区先心病患儿从免费筛查到免费治疗的闭环。

2019年10月，同仁医院在宣威市倘塘镇开展先心病筛查过程中，发现11岁的徐某患有非常复杂的先心病，手术治疗难度极高。患儿家庭经济困难，未购买当年的居民医保，不能享受医保待遇，但患儿病情较重，急需手术。经过医院的努力，徐某顺利来到同仁医院，成为受惠于先心病免费救治的小患者。经过医院的多科会诊和谨慎的风险评估，徐某被确诊为“重症法洛氏四联症并左肺动脉缺如、合并多种心内畸形”。同仁医院先心病手术团队针对患儿的年龄和病情，多次联合多科室进行会诊，制定出最

佳手术方案，一次性解决了患儿所有的问题。患儿于2019年10月11日入院，于2019年11月22日康复出院。患儿的61992.4元手术费用，通过医院工作人员帮助患儿申请慈善基金会救助、医院募捐、医院减免部分费用的方式解决。

2023年1月，同仁医院在曲靖市富源县富村镇开展先心病筛查过程中，发现8岁的李某患有先心病。患儿于2023年1月9日到院，入院后完成相关检查后被确诊为“法洛氏四联症、室水平双向分流”。如果不及时发现、及时治疗，患儿极有可能丧失手术机会。相关科室进行手术治疗后，患儿嘴唇红润，指甲也不再发紫。2023年2月28日，患儿康复出院。医院工作人员帮助患儿申请了慈善基金会的救助，患儿的5万余元手术费用由医院及慈善基金会共同承担。

2023年7月，同仁医院在宣威市羊场镇开展先心病筛查时，发现7岁的瞿某患有先心病。瞿某住在云南省宣威市羊场镇茨营村，家中有五口人。妈妈患有精神疾病，因家庭经济困难没有接受过治疗，于2022年因精神疾病发作离家出走，至今杳无音信。全家唯一的劳动力就是瞿某的爸爸，靠务农和养殖，以及政府低保补助勉强维持一家人的生活。在现场采集瞿某家庭情况信息的过程中，医院工作人员了解到，瞿某爸爸是个文盲，一家人就只有爸爸一人有一台老年机，平常不是关机就是停机，只有有事的时候才会拿出来使用。得知孩子患有先心病，爸爸既担心又害怕，担心没钱给孩子看病，又害怕这个病对孩子的身体造成伤害。慈善基金会和医院工作人员不仅帮他们解决了孩子的治疗费用，还帮他们解决了路费、生活费等，让他们没了后顾之忧。瞿某顺利地在同仁医院接受了治疗，最终康复出院。

周某，男，7岁，家住云南省昭通市巧家县东坪乡，单亲家庭，家中有四口人，分别是爸爸、哥哥、周某和身患残疾的伯伯，全家人就靠爸爸一人打零工维持生活。2023年9月，同仁医院在巧家县开展先心病筛查时发现周某患有先心病。周某爸爸得知此事后，开始还担心是诈骗，后来经过学校老师做工作、医院工作人员耐心解答才解开误会。当时周某爸爸还在外地打工，连回家的路费都没有。为了给周某治病，爸爸四处筹钱，回家后带他到同仁医院进行治疗。经检查，周某被确诊为“室间隔缺损、室水平双向分流，继发性肺动脉高压”。周某病情比较重，需尽快安排治疗，不巧的是，他到院前就开始咳嗽，检查后被确诊患有肺炎，只能等肺炎治愈才能手术。住院的时间变得更长，这期间周某爸爸筹的钱显得杯水车薪，父子俩一天只能吃一顿泡面。医院得知他们的情况后，及时组织爱心募捐，解决了他们的燃眉之急。在周某肺炎治愈以后，相关科室立即为他安排手术。最终，周某在慈善基金会的救助及同仁医院的治疗下痊愈回家。

医者仁心，为“心”护航。同仁医院将持续推动优质医疗资源向省内贫困地区延伸，在公益救治道路上坚定前行。

紫仁基金　为梦助力

——昆明紫苹果装饰工程有限公司

昆明紫苹果装饰工程有限公司（简称“紫苹果”）成立于2003年，是以装饰为核心提供完整家居服务及商业盈利空间综合性解决方案的大型装饰企业，拥有员工200余人，在全国十几个城市均有店面。紫苹果为云南本土发展起来的全国知名装修企业，拥有西南地区家装行业设计力量顶级的团队，一直把“匠心精神”作为企业文化培育的重中之重，用匠心精神树品牌、聚人心、促发展，为2万余个家庭送去了优质服务。紫苹果服务领域覆盖从设计、施工、主材代购、家具定制、软装设计、后期配饰到整体售后服务的整个家装环节，品牌价值连年大幅增长，年均产值过亿元，间接解决了2000余人的就业问题。

紫苹果积极践行社会责任，于2011年3月创建紫仁基金。紫仁基金是由紫苹果董事长及部分直营公司员工提议，紫苹果内部自发组织的一个纯公益性基金组织，其宗旨是举微薄之力，帮助困难员工，关爱弱势群体。紫苹果坚持每年拨款10万元注入紫仁基金，全体员工可适时捐献爱心。自紫仁爱心志愿者服务队成立以来，紫苹果职工争当先锋志愿者，多次深入寻甸、宝兴、泸西等偏远贫困乡村献爱心，帮扶70余名贫困儿童顺利入学。这些接受帮扶的贫困儿童，大家亲切地称呼他们“小紫人”。

一、有爱同行，明天会更好

紫苹果立志做“有温度的”企业。紫仁基金在多地开展“爱心手牵手·帮扶一对一”的助学公益活动。每一次走访，每一次考察，基金会每位志愿者都怀着无比激动的心情，与“小紫人”共吃同玩。太多的感动、太多的感慨默默见证着这些善良人的真心付出。紫仁基金不仅在每个“小紫人”从小学到高中的求学过程中提供资助，还给每个“小紫人”配备了辅导员，精神与心灵的呵护更胜物质的帮助。爱是强大的，每个“小紫人”都收获了纯洁而真挚的祝福。志愿者无数次被一双双天真的眼睛和从眼睛里折射出的坚毅所震撼与感染！目前，紫仁基金“爱心手牵手·帮扶一对一”助学公益项目共资助了300余名“小紫人”，同时发展了更多的社会力量，让爱心不断传递，为更多求学困难的儿童提供帮助，这是紫仁基金的责任和使命。

2021年9月24日，紫苹果团队来到昆明市寻甸县羊街镇多合小学，参加了昆明市滇池度假区组织的乡村振兴爱心助学活动。此次活动是一个传递的过程，也是一个播种的过程，让孩子感受到了爱，也带动更多的社会群体参与进来。一直以来，紫苹果都坚持着这样的理念：不仅要为客户提供优质服务，作为云南本土的优秀企业之一，也要回馈社会，尽可能地去帮助更多需要帮助的学子完成学业，并把这份爱心传递下去，让更多的人加入进来。在开展活动期间，紫苹果还给部分优秀学生送出了额外的奖励，鼓励他们好好学习，走出山区去看看外面更精彩的世界，带着爱和鼓励去圆梦。紫苹果一直资助的“小紫人”还收到了学习物资。大爱无疆，任重道远，也许这只是星星之火，但它可以感染更多的人。

二、强化党性，爱心帮扶践初心

当很多人沐浴着新世纪的阳光，尽情享受幸福人生时，还有一些人正身处不幸或叹息之中；当很多人享受便捷舒适的城市生活时，大山深处有很多儿童还挣扎在贫困线上，面临着求学还是解决温饱的艰难选择……

2022年7月27日，紫苹果支部委员会组织党员到红河州泸西县向阳乡，开展“爱心手牵手·帮扶一对一”主题党日活动。他们去看望紫苹果助学公益项目的帮扶对象——“小紫人”。上海紫苹果装饰集团董事长李忠文先生、总裁杨庆辉女士也参加了此次志愿活动。志愿者到“小紫人”的家里，为他们送上实用的生活物资，与他们的家人聊天，送去温暖和关怀。年轻的志愿者还将自己悉心准备的礼物——心爱的零食，还有书包等送给“小紫人”。此次活动引导党员干部奉献爱心帮扶困难群体，增强了党员干部的服务意识和责任意识。参与活动的每一位党员都真诚地希望“小紫人”能够好好学习、快乐成长，怀着不服输的心坚定前行。这也是每一个紫苹果人最真诚的祝福和期待。

三、心系边疆，春风化雨助成材

2021 年 7 月 14 日，紫苹果开展“紫仁基金・泸西行”爱心助学活动，集团全国各地的管理层组成爱心团队，到红河州泸西县看望 2012—2020 年紫苹果“爱心手牵手・帮扶一对一”助学公益项目帮扶对象。

一大早，爱心团队就来到泸西县向阳乡中心学校，看到了久违的“小紫人”。“小紫人”分享了他们的学习状况、日常生活和成长变化。看到孩子们的成长和进步，紫苹果人的内心是欣慰而踏实的。爱心团队通过实际行动关注学校的发展和孩子的成长，希望孩子能在良好的环境中学习。

泸西“小紫人”的家庭情况都不太乐观，他们生活在大山深处，生存环境非常恶劣。家庭的贫困、生活的艰辛使很多孩子濒临辍学。紫苹果助学项目资助的部分对象就是这些泸西“小紫人”。在学校的活动结束后，爱心团队分组来到“小紫人”的家里，为他们送上实用的生活物资，还与他们的家人亲密地聊天。

董事长李忠文说：“作为一家全国性的企业，我们深知肩上承担的责任。我们不仅要以优质的产品和服务为消费者带来生活品质的飞跃，还要尽最大努力回馈社会。”自 2012 年启动“爱心手牵手・帮扶一对一”助学公益项目以来，紫苹果为云南、四川、贵州等地的多所偏远山区学校超百名学子提供了帮助，希望以自身的力量推动社会大家庭的建设。

得益于社会再反哺社会，以大爱的力量谱写希望之光；用善心善举推动社会的进步，福荫更多需要帮助的人。这就是紫苹果坚定践行的企业社会责任理念。目前，紫仁基金已经成功资助多名“小紫人”完成学业走上工作岗位，这些“小紫人”自强自立，在实现梦想的道路上坚定前行。“也许我们不能改变所有贫困人的生活，但我们至少可以帮助其中一部分人改善生活状况，以积极、乐观的态度面对充满希望的人生。”这是每个紫苹果人坚守的信念。

初心化雨润责任　使命成帆护和谐

——云南多宝电缆集团股份有限公司

云南多宝电缆集团股份有限公司（简称“多宝电缆”）始创于1998年，专注于电线电缆的研发制造和销售服务，是一家集生产制造、技术研发、销售出口于一体，综合实力深受客户信赖的国家级高新技术企业。多宝电缆曾荣获国家级专精特新“小巨人”企业、云南省人民政府质量奖、中国电缆行业50强企业、国家级绿色工厂、国家级知识产权优势企业、云南省非公100强企业、中国品牌大赛金奖等荣誉。多宝电缆扎根云南红土高原，不仅用心生产每一米电线电缆，更以科技创新推动社会可持续发展，以“绿色低碳”理念助力企业高质量发展，以爱心和公益联结社会，履行民企担当，践行社会价值。20多年的发展之路，也是多宝电缆承担社会责任之路。多宝电缆坚持聚焦主责主业，心怀感恩之“芯”，用实际行动为中国制造强国梦贡献力量，助推新时代经济建设高质量发展。

一、坚守本真，坚持绿色可持续发展

1998年，为顺应时代发展的潮流，抢抓市场机遇，多宝电缆在创始人郑和哆的带领下诞生。作为一名共产党员、退伍老兵，郑和哆有着很强的党性意识与政治觉悟，他用实际行动诠释“我们的电线电缆产品质量一定要对得起国家与人民的信任，对得起胸前的这枚党徽，不负党和人民的信赖与支持”。郑和哆深知线缆产品质量对国家建设的重大意义，坚信听党指挥能打胜仗，并用实际行动践行着“牢记国家产品质量标准，保护人民生命财产安全”的初心，以及“质量监督是人民的需要，国质品牌是企业的生命”的使命。

以“多宝”细节助推绿色发展。多宝电缆通过采用环保材料、改进生产工艺、减少废弃物排放等措施，降低了生产活动对环境的影响。多宝电缆常年坚持废旧电缆盘回收利用，从生产细节着眼，以小见大、推己及人，为社会实现绿色可持续发展提供多宝加速度。以往多宝电缆平均每年使用电缆盘费用约1200万元，2023年实施对废旧电缆盘100%回收利用措施后，实现约40%的成本节约，节约成本高达480万元，累计减少726吨森林木材的砍伐，减产碳排放约592吨。此外，多宝电缆用机头废塑料制成填充绳，引进高效节能设备提高生产效能，异型导体使用变废为宝，拉丝油延时更换系统投入使用，加大了对环保设施的投资力度，达到降本增效的效果。在产品包装方面，多宝电缆成功取得国家级绿色包装管理体系认证。通过对产品生产工作的全过程管理，多宝电缆实现所有产品的包装物均采用绿色环保可回收材料，电缆盘、电缆盘包装膜、电线包装袋等实现100%可回收利用。多宝电缆在产品制造、技术研发和产品创新等方面都秉承绿色可持续发展理念。在国家绿色发展政策的引领下，多宝电缆将以提高经济运行效益为宗旨，全面推行绿色制造，助力实现碳达峰、碳中和目标。

以“多宝”品质促低碳目标实现。作为生产制造企业，多宝电缆积极贯彻“双碳”理念，助力实现经济效益和资源环境相融相促。多宝电缆荣获中国船级社碳足迹认证、35千伏及以下无卤低烟阻燃电缆碳足迹认证，每米电缆产品碳足迹8.77千克CO_2e（二氧化碳当量），是云南省绿色供应链管理企业。多宝电缆助力云南打造世界一流“三张牌”（绿色食品、绿色能源、健康生活目的地），积极参与国家级、省级绿色节能重点项目并为其提供优质电线电缆产品，确保各项环保措施有效实施，助推我国实现绿色能源与绿色制造的深度融合，用实际行动助力“双碳”目标的实现。

以“多宝”责任规范企业管理。为了更好地适应经济社会发展需求，融入国家发展战略，规范企业管理，加快与国际社会接轨的步伐，多宝电缆率先取得社会责任管理体系认证，并将社会责任管理体系有效应用于企业管理中。2021年以来，多宝电缆连续3年对外发布企业社会责任报告，旨在提升企业社会形象、提高企业管理能力、倒逼企业以高标准严要求履行社会责任。多宝电缆“家文化”熠熠生辉——发挥自身的光与热，关爱支部同志、关心集团员工，齐心协力促发展。通过全面打造平安之家、严谨之家、奋进之家、勤俭之家，塑造安全文化、质量文化、效益文化、廉洁文化，开展形式多样的“家文化”活动，促进了企业党群关系的融合发展，切实增强了员工对企业家文化的认同感和归属感，增强了多宝电缆“家文化”的凝聚力和战斗力。“凝聚小家、发展大家、贡献国家”是多宝电缆“家文化”的精神内核。

二、创新驱动，助推行业进步

多宝电缆始终将创新作为企业发展的核心动力。多宝电缆投入大量资金进行新技术、新产品研发，不断提升产品的质量和性能。多宝电缆拥有发明专利及实用新型专利85项，参与起草和制定国家标准、团体标准、行业标准、企业标准35项，拥有行业生产装备数百台（套），是国家标准化技术委员会全国裸电线标准化委员会（SAC/TC422）、全国高原电工产品环境标准化技术委员会（SAC/TC330）协会委员单位，拥有我国西南唯一的B1级电线电缆燃烧实验室、国家认可CNAS实验室、省级企业技术中心、企业科技研发中心等，并且是昆明电器研究所产学研合作机构。多宝电缆参与编写《国家电线电缆行业"十四五"发展指导意见》，以及"湄澜流域电线电缆"相关国际标准，不仅满足了市场的多样化需求，也为行业的发展做出了贡献。此外，多宝电缆还很注重提升生产效率和管理水平，引进了先进的生产设备和管理系统，通过优化生产流程、降低生产成本，提高了产品的竞争力。这不仅为企业带来了可观的经济效益，也为社会经济发展做出了贡献。

三、同心公益，践行小爱大义

多宝电缆以核心产品电线电缆的导体铜芯为寓意，打造多宝"同心党建"品牌，以"党建+社会责任"唱响"同心公益"，将履行社会责任作为一项常态化工作。传承红色基因的郑晓城、郑晓彬两兄弟接过父辈的接力棒，深植责任小行动，引领社会大和谐，带领全体多宝电缆人高举旗帜，艰苦创业，感党恩、听党话、跟党走。这份家国情怀让两代多宝人都深深牢记使命，坚定承担起社会责任。多宝电缆积极投身慈善公益，通过参与疫情防控、助力脱贫攻坚、投身乡村振兴、关爱老年群体和少年儿童、帮扶困助学等各类志愿公益活动，实现了企业经济效益和品牌口碑的双提升，开创了企业发展新方向，书写了企业社会责任新答卷。

爱心相连，共克时艰。新冠疫情暴发后，多宝电缆结合自身实际，全力支持、配合各级政府部门向社会各界伸出援助之手，与全国人民一道共克时艰，彰显了企业的政治自觉。在疫情暴发初期最艰难的时刻，多宝电缆充分利用生产优势，引领号召党员职工组建生产冲锋队，抢抓时间复工复产，形成“有条件上，没条件创造条件也要上”的敬业精神，成功调配输送电缆物资援建昆明市新冠病毒应急病房。

爱心助学，向阳而生。在助学助困的过程中，多宝电缆连续多年与FM91.8云南交通之声共同开展爱心送考活动，助力上百万名考生金榜题名、共赴未来。同时，多宝电缆利用党支部主题党日活动的契机，走进云南偏远山区开展爱心助学公益活动，为困难学子完成学业捐资。

营造氛围，关怀送爱。多宝电缆对年满50周岁的员工定期进行慰问；组织主题党日活动走进山区慰问孤寡老人，向慈善总会捐款建设老年活动中心。多宝电缆深知员工是企业最宝贵的财富，不断推进“家文化”品牌建设。多宝电缆始终坚持“以人为本”的管理理念，通过提供良好的工作环境、优厚的福利待遇和广阔的发展空间等，吸引并留住优秀人才。在员工关怀方面，多宝电缆注重员工身心健康和职业发展：定期组织员工体检、开展健康讲座等；为员工提供多样化的培训和发展机会，帮助员工提升职业素养和综合能力。此外，多宝电缆还鼓励员工积极参与企业管理和创新活动，加强沟通和交流，并建立了完善的沟通机制和反馈渠道，确保员工的意见和建议得到及时的回应与处理。

心系群众，助力民生。多宝电缆积极参与脱贫攻坚和乡村振兴伟大战略，主动融入云南“3815”发展战略，多次到贫困地区开展帮扶活动，依托党建引领，围绕为民办实事“小切口”巧下功夫，将企业的生产优势转化为助力乡村振兴的红色力量，以高质量党建引领企业高质量发展。多宝电缆与禄劝、东川等国家贫困地区开展结对共建，进行消费帮扶、爱心助学、就业帮扶、产业帮扶等；在各种旱灾、水灾等灾害发生时勇挑重担；向多宝电缆驻地园区街道，以及西双版纳、丽江、香格里拉等地困难家庭老旧电线改造项目捐赠电线电缆产品等。

引凤归巢，激励人才。多宝电缆非常注重员工的权益保障和职业发展，建立了健全的劳动保障制度，以期为员工提供完善的福利待遇和多样化的培训与发展机会。多宝电缆拥有云南省政府特殊津贴获得者、昆明市劳动模范、昆明市学术和技术带头人、全国机械工业劳动模范等人才，且高级技术技能人才、中级技术技能人才、特种作业人员逐年增加。多宝电缆的员工满意度和忠诚度均较高，形成了良好的企业文化和团队氛围。集团董事长郑晓城于2022年当选云南省工商联（总商会）副会长，2023年当选云南省第十三届政协委员，荣获第十届“云南青年创业省长奖”，是全国优秀企业家、全国工商联青年企业家委员会委员、云南省信用兴滇优秀企业家等。“青年强，则国家强”，郑晓城深知使命在肩，作为新时代的滇商青年，他用实际行动书写责任担当，带领全体多宝电缆人向上向善、知行合一，在云南这片红土地上，为中国制造强国梦贡献多宝电缆力量。

多宝电缆积极参与社会公益事业、回馈社会，得到社会各界的广泛认可。多宝电缆受到多家媒体的高度关注，信赖多宝电缆品牌的消费者和客户越来越多，用户黏性越来越强，市场占有率越来越高。未来，多宝电缆将继续致力书写企业社会责任新篇章，传播中国企业“好声音”。

责任始于热爱　做有温度的体育人

——云南海克体育文化传播集团有限公司

云南海克体育文化传播集团有限公司（简称“海克体育”）成立于2014年，现有门店20余家，员工700余人，入册会员30余万人。海克体育始终坚持以“弘扬品质、服务”为经营宗旨，以“运动·生活·有温度”为经营理念，以主流商圈为发展载体，大力弘扬奥林匹克精神，响应全民健身的号召，牢记社会责任，并且成立了行业助学基金。海克体育旨在打造客户体验为先、服务至上的全国最具影响力的专业健身连锁品牌。海克体育先后获全国百强连锁俱乐部认证、国家体育总局五星健身房认证、第16届中国商业地产金坐标奖2020—2021年度行业创领品牌、云南商业地产金孔雀奖2020—2021年度行业创领品牌、IWF行业践行者奖等。海克体育以LESMILLS、ZUMBA等风靡全球的体系化课程服务会员。2022年12月，海克体育被评为“云南省青年企业家商会副会长单位”；2023年12月，海克体育当选云南省工商联（总商会）执委企业；2023年3月，海克体育被授予“盘龙区新的社会阶层人士工作站”牌匾。

一、助力体育健康事业

体育承载着国家强盛、民族振兴的梦想。党的二十大报告强调，要广泛开展全民健身活动，加强青少年体育工作，促进群众体育和竞技体育全面发展，加快建设体育强国。《“十四五”体育发展规划》中也明确了到2035年我国将建成社会主义现代化体育强国的目标。社会主义现代化体育强国的建设情况能够体现一个国家的综合实力和社会文明程度，需要全社会的共同努力。海克体育始终把党的政策方针作为企业发展指导纲领，贯彻落实党和国家关于建设体育强国的重大战略部署，为全面建成社会主义现代化强国的第二个百年奋斗目标、满足人民健身需要，积极创新运作模式，联合各行各业，共同推进祖国体育健康事业蓬勃发展。

海克体育通过举办各种赛事推动体育事业发展。2019年，海克体育承办了第十届中国年度健身榜样大赛。中国年度健身榜样大赛是一项知名时尚健身赛事，由中国体育报业总社发起，健与美杂志连续七年与多家国内知名健身俱乐部品牌、健身营养品牌联合承办，是中国历史最久的时尚健身选秀赛事。海克体育作为云南体育健身大会承办单位，让更多的人了解和关注体育运动并参与其中，引领了一种健康的生活方式。

二、弘扬企业家精神

海克体育创始人耿彦峻因父亲是一名军人，从小受红色思想熏陶，在创立“海克”品牌之初就建立了企业文化，并在经营和管理过程中提倡积极向上、开拓创新、勇于担当、拼搏奉献的创业精神。成立以来，海克体育不断探索和创新运营模式与管理模式，打造艺术运动会馆，以尽可能满足都市人群的高品质审美需求。海克体育是云南省第一家提供“一站式”服务的健身俱乐部，第一家使用全套智能设备、精细化服务会员的企业。

海克体育引进了全智能管理系统、国际先进3D Visbody-D PRO3身体检测仪器，搭配艺术简奢设计空间，为客户提供良好的运动环境，给客户良好的运动体验，将运动与生活完美结合，让运动为生活赋能。耿彦峻有强烈的拼搏精神和进取心，勇于面对市场挑战，始终坚守经营宗旨不动摇，带领海克体育不断前行。

海克体育一直坚守推动云南健身行业良性发展的初心，并将行业内成熟的管理模式分享给省内乃至全国各大健身机构，为健身行业的发展贡献自己的力量。海克体育非常注重团队建设，强调纪律，善于激发团队成员的潜力和创造力，形成了良好的团队协作氛围。疫情期间，面对重重压力，耿彦峻先生以云南健身行业服务协会执行会长的身份，召集云南健身行业的企业家进行培训，分享海克体育的运营模式，并与大家共同探讨行业发展趋势，以期为行业发展赋能。此外，海克体育还非常关注社会公益事业，成立了海克助学金等，以实际行动回馈社会。海克体育先后为云南省多所高校、企事业单位、公益基金会捐款捐物，价值达560余万元。

三、倾心服务社会

海克体育一直秉持“诚信经营，回馈社会”的理念，为社会经济发展贡献着自己的力量。2021—2023 年，海克体育的纳税贡献为 933 万元。2019 年，海克体育成立了海克助学金，先后为多所高校提供助学金、健身设备设施及其他物资。2019 年，海克体育向云南西南林业学院捐赠了一批价值 80 万元的健身器械，为学生打造校内健身房，并资助了 40 多名学生。2022 年 11 月，海克体育向云南民族大学捐赠了一批价值 100 万元的健身器械，并资助了 30 多名学生。2023 年，海克体育向云南体育运动职业技术学院捐赠奖学金 10 万元，并资助了 50 多名学生；向昆明市盘龙区三转弯小学捐赠 100 多床毛毯，向盘龙区滇源街道白邑小学捐赠 120 多件冬装。2024 年，海克体育向云南民族大学捐赠助学金 3 万元，并资助了 30 多名学生。海克体育铭记初心，不断践行社会责任，致力帮助贫困学生和优秀学生，改善校园健身环境，促进社会和谐发展。

四、支持公益活动

海克体育积极推进社区基金建设。昆明市金辰街道联合腾讯公益、恩派公益上线“云南社区公益行动”慈善项目。海克体育每年为该社区捐赠 5000 元，还联合社区居民、志愿者、社区自组织、社区组织、社区企事业单位、社会爱心人士等，共筹社区公益基金，支持开展社区为老服务、社区儿童服务、社区特殊人群服务、社区卫生健康服务、社区环境改善、社区动物救助等方面的公益活动，致力打造环境优美、生活和乐、邻里互助的幸福云南。

此外，海克体育积极参与乡村振兴活动，为当地居民提供实质性的帮助。2022 年 7 月，海克体育向壹基金联合救灾基金会捐赠一批价值 30 万元的办公设备，用于改善乡村办公环境。2023 年，海克体育向云南省光彩事业基金会捐赠 1 万元，帮助西双版纳州勐腊县勐满镇卫生院改善医疗设施和环境；在香格里拉虎跳峡乡村振兴活动中捐赠 1 万元，为乡村建设贡献力量。2024 年，海克体育向普洱市孟连县芒信镇拉嘎村捐赠 1 万元，用于拉嘎村塘白小组党支部会议室建设和拉嘎小学学校设施建设。

万家灯火　雄风情深

——昆明雄风电力工程有限公司

2010年12月，昆明雄风电力工程有限公司（简称“雄风电力”）通过嵩明县人民政府招商引资入驻嵩明县嵩阳镇牛墩村。雄风电力占地面积11.2亩，注册资金4860万元，总资产2亿元，2021—2023年连续3年产值突破1.5亿元，工程完工率达100%。雄风电力在丽江、西双版纳设有两个分公司，在昆明、大理、德宏、文山等地设有多个项目部、8个施工队，现有职工168人（其中，高管人员16人，高级工程师3人，中级工程师5人，助理工程师8人，技术员60余人）。此外，雄风电力还在云南、贵州多个地州（市）设立了分支机构。

一、抓党建、聚合力，提升企业文化引领力

雄风电力坚持以“党建引领+”模式为抓手，以“党建文化”“民间民俗文化”“企业文化”引领企业发展，增强了职工群众的凝聚力、向心力和创造力。2021—2023年，雄风电力投资400余万元打造党建文化和企业文化阵地，新建了3000余平方米的室内多功能厅及室外民族民俗文化广场和长廊，增加各类文化展板400余块，各类健身器材及文化用品200余件。在公司战略部署和重大决议中，党组织积极发挥政治引领和政治核心作用，引导企业依法依规、合法经营，并根据企业战略目标，积极献言献策。在生产管理中，党组织带领广大党员积极发挥先锋模范作用，攻坚克难，开拓进取。

二、抓业务、强基础，夯实企业核心竞争力

雄风电力以“全面优化管理系统提升”为核心，秉承“主动作为、创

新突破、解决问题、持续改进”的理念，实现了生产经营、党建工作双提高的目标。2021—2023 年，雄风电力共完成产值 1.2 亿元，缴纳税收 3000 余万元。近年来，雄风电力先后获得云南省建筑业诚信企业、昆明市先进建筑业企业、昆明市“守合同重信用”企业、县级文明单位、信用 AAAAA 级企业、2019 中国品牌强国创新力百强企业、全国电力工程建设公众满意十大典范品牌、云南省民族团结示范单位等荣誉，雄风电力党支部先后获得昆明市“五星级”党支部、昆明市“党建强 发展强”示范党支部等荣誉。

三、抓成果、创品牌，增强企业文化示范力

雄风电力党支部与 20 余家机关、企事业单位的党支部开展了“党建联建”实效活动 40 余次，增强了道路自信和文化自信；按照公司整体战略部署，构建了“一园、三区、五篇章”。“一园”即民族团结示范园，是昆明市嵩明县民族团结创建“十进”的成果；“三区”即党建引领示范区、企业文化展示区和民族民间文化展示区；“五篇章”即雄风之路、匠心如磐、公益之路、合作共赢和展望未来 5 个文化展示基地。雄风电力党支部以“12345 党建工作法”为引领，创建了“万家灯火，雄风情深”的党建品牌。

四、抓公益、强效应，回馈社会展活力

在民生保障方面，每年春节、重阳，雄风电力都投入 8 万余元对嵩明县各乡镇困难群众和困难党员开展关爱慰问；在捐资助学方面，雄风电力投入 5 万余元为木作小学建设了标准化运动场，为匡郎完全小学购置了教学器材，为县内 30 余名困难儿童购置了学习用具；在乡村振兴方面，雄风电力向云林社区捐赠 3 万元，向七丛龙村小组捐赠 4 万元，开展乡村基础设施建设。

疫情期间，雄风电力先后 4 次捐资、捐物，价值 20 余万元。向嵩明县嵩阳街道商会捐资 5000 元；向牛栏江镇捐资 5 万元，捐赠消毒液、口罩等物资，价值 1.5 万元；向嵩阳街道捐资 3 万元，捐赠矿泉水、口罩等物资，价值 2.1 万元；向杨桥街道捐赠矿泉水、消毒液、口罩等物资，价值 2 万元。此外，组织公司全体党员对奋战在疫情一线的 14 个居民小组及社区居委会、4 个高速公路堵卡点的战友进行慰问。

五、抓管理，强关爱，激发全体职工工作热情

雄风电力依法依规经营，与职工和谐共融、合作共赢，并率先在县内创建了劳动关系和谐企业。雄风电力把职工当家人，职工把工作当事业。在福利方面，雄风电力共计用工4000余人次，累计发放工资约2亿元，投入200余万元开展困难职工帮扶50余次，开展大病救助6次，一日三餐全免费，组织职工国内外旅游30余次，重大节假日等职工福利从来没有间断过；在人才培养方面，雄风电力运用“三培养机制”（把党员培养成骨干，把骨干培养成党员，把党员骨干培养成公司管理层），有效提升了职工的职业素养，也打通了他们的晋升通道，对工作能力强、爱岗敬业、有责任心的职工给予股份奖励，从而进一步增强了职工的归属感和创造力。

让智能技术闪耀公益之光

——云南延奔信息安全技术股份有限公司

云南延奔信息安全技术股份有限公司（简称“延奔信息”）于2015年创办，主营业务包括技术服务、技术开发、技术咨询、技术交流、技术转让、技术推广、信息安全设备销售、信息系统集成服务、网络与信息安全软件开发、信息技术咨询服务、信息系统运行维护服务、商用密码产品销售、地理遥感信息服务、卫星遥感数据处理、卫星技术综合应用系统集成、卫星遥感应用系统集成、卫星通信服务、5G通信技术服务、智能无人飞行器销售、云计算装备技术服务、大数据服务、计算机系统服务、软件开发、软件销售、标准化服务、地震服务、紧急救援服务、安全技术防范系统设计施工服务、互联网销售等。延奔信息通过了ISO27001信息安全管理体系、ISO20000信息技术服务管理体系、ISO9001质量管理体系、ISO14001环境管理体系、ISO45001职业健康安全管理体系的认证，是云南省军民融合企业、国家科技型中小企业、云南省专精特新中小企业；拥有发明专利2项、实用新型专利5项、软件著作权27项；先后获得AAA企业信用等级证书、AAA企业资信等级证书，以及AAA诚信经营示范单位、AAA质量服务诚信单位、“守合同重信用”企业等荣誉，是云南省软件行业协会会员单位、军民融合发展协同创新协会会员。

一、积极履行社会责任

延奔信息秉承“自立自信、守正创新、胸怀天下”的经营理念，积极履行社会责任。2022年，延奔信息营业收入4139.1万元，利润总额15.0万元，纳税额55.4万元，研发费用331.7万元，总资产2372.3万元，净资产1208.1万元。2023年，延奔信息营业收入4942.1万元，利润总额26.1万元，纳税额46.6万元，研发费用324.5万元，总资产为3097.8万元，净资产为

1226.3 万元，收入增长率为 19.4%。延奔信息积极部署党建工作，把政府的政策要求落到实处，按期参加党建活动，积极与区妇联、工商联、新阶联等进行互动；参加各部门组织的活动，配合昆明市五华社区工作人员开展经济普查、人口普查等工作；落实人才政策，参加社会招聘和校园招聘，优先聘用退役军人、应届毕业生等。在与供应商合作的过程中，延奔信息始终坚持“公平公正、互惠互利、诚信友善”的原则，遵守市场规则。此外，延奔信息始终关注消费者的消费体验，尽最大努力获得消费者的认可。对于其他非营利性社会组织开展的各项活动，延奔信息也在能力范围内尽可能地参与和配合。

二、真心关爱企业员工

作为社会的一部分，延奔信息高度重视社会责任的履行，除了对利益相关方始终坚持公平、互惠的原则外，也非常关注公司内部员工的发展。延奔信息按照相关法律规定与员工签订劳动合同，按时发放工资、按规定缴纳五险一金，保障员工合法权益，关注员工身心健康，为员工创造良好的工作环境。

“公司每年都会存一笔钱到一个单独的账户上，如果有员工因家庭遭遇重大意外而无法承担，可以向公司申请基金救助，在员工用不上的情况下，我们会考虑捐献给社会。”这是延奔信息董事长游俊给员工的一颗“定心丸”。这充分体现了延奔信息“以人为本”的企业文化。

2022 年延奔信息员工购买五险人数为 28 人，2023 年为 30 人，合同签订率为 100%，社保购买率为 100%。除了给员工购买社保外，公司还有其他福利，如：每个工作日为全体员工订工作午餐，每月安排 3~4 次下午茶，员工享受带薪休假，为员工准备生日补贴；春节、元宵节、端午节、中秋节、元旦等节假日，向全体员工发放慰问品；关注员工身心健康，对于新入职的员工，会安排体检，体检费用在员工转正之后给予全额报销，并且每年都会为正式员工安排体检；组织团建活动，如每年 6~8 月，根据野生菌上市情况组织员工聚餐吃菌，每年 8 月为员工订购橙子等应季水果。以上种种，无不体现出公司对全体员工的关心及关爱。

此外，延奔信息时刻不忘把环保理念融入员工日常工作，如倡导节约用水用电，办公用品合理利用，打印、复印尽量双面使用纸张，出行工具尽可能选择公交、地铁等。

三、主动参与公益活动

履行社会责任会让企业发光发亮，让更多的人看到、感受到企业作为社会一分子存在的价值，会把有责任、有担当的企业形象展示给社会，从而让员工对企业有更大的归属感，促进企业的良性发展，也让社会各界更多地了解、认可企业。

延奔信息积极参加非营利性组织举办的各类慈善活动，勇担社会责任。2021年5月，购买家庭急救包发放给大理漾濞5·21地震灾害中的受灾人员；2021年8月，驰援河南水灾；2021年12月，在“微公益——小小心愿”活动中采购新年礼物，并组织员工制作贺卡送给受助的小朋友；2022年4月，购买一次性防护口罩，请云南省红十字会代转给在文山州马关县和红河州农业学校参与疫情防控的工作人员，购买矿泉水送给五华区莲华街道；2023年6月，参加云南省红十字会主办的茶叶义卖活动，并将义卖款项用于昆明市华山中学、莲华中学、江岸小学和昭宗小学4所学校博爱图书角援建项目；2023年11月，向昭通市彝良县龙安镇中学捐赠一批办公电脑；2024年3月，参加“滇苗助学”项目，援助临沧市凤庆县10名学生。在爱心捐赠的同时，延奔信息也积极参加其他活动，如给山区儿童织围巾、参加防艾宣传等。

在自身条件允许的情况下，延奔信息主动参加公益捐赠。例如：给学校捐赠教学电脑，使教师在备课和授课的过程中减轻了负担，学生在上课时增强了实操性，也更容易掌握相关知识点；给学校捐建图书角，既增加了学生的阅读选择和阅读量，也可以间接培养学生的阅读习惯，还可以帮助学生通过书本知识去了解世界、铸造个人精神世界；为学生提供捐助，让他们知道自己一直被关注着，社会不会将他们遗忘，只要他们愿意学习、愿意付出，国家和社会就会看见他们，并为他们创造更好的条件；向受灾地区捐赠物资，给灾区人民送去物资，以及社会各界的关心和期待，让他们知道，灾难无情人有情，只要大家齐心协力，就一定能重建美好家园。

履行社会责任，就是在回馈社会。游俊深知，企业的发展离不开国家、政府以及社会各界的支持，在取得经济效益之后，更应该关注国家、政府和社会对企业的相关建议与意见，同时，结合自身情况进行改进或调整，只有这样，企业才能往更好的方向发展。正是因为拥有强烈的担当意识，他才会带领延奔信息积极履行社会责任，延奔信息的事业才能蒸蒸日上。在今后的发展中，延奔信息将继续在践行社会责任的道路上勇毅前行。

润物无声承使命　城载大爱献初心

——云南润城投资有限公司

云南润城投资有限公司（简称“润城投资”）成立于2006年，主营业务是房地产开发，在国内已开发多个精品项目。润城投资以“善”文化为核心发展理念，始终坚持“诚信、互利、创新、卓越”的企业精神，遵循“以人为本、守法经营、科学决策、稳步发展”的经营理念，秉承“创变城市、奉献社会”的企业宗旨，不断发展壮大，实现了企业规模、经营效益的逐年提升。润城投资先后获得“云南省民营企业百强”“省级先进私营企业”“重合同守信用先进企业”“昆明市私营企业五十强”“2023年党建先锋企业、坚守笃行企业、交房示范楼盘”等荣誉，并与国内外多家房地产企业、投资机构、金融单位建立了良好的合作关系。

一、创变城市，奉献社会

企业履行社会责任的最佳途径，就是办好企业、做好主业。在做好主业的前提下，润城投资秉持“奉献社会”的责任感、使命感，履行对业主、对客户、对合作方、对员工的承诺，保障经营环境的有序、员工生活的和谐。

高品质交付所有回迁安置房。2021—2023年，润城投资妥善安置回迁房2025套，安置面积达20万平方米。润城投资用实际行动，践行了对回迁业主、对政府的承诺，且用心打造良好的社区生活环境，为回迁业主子女提供优质的教育资源。

高质量保交商品房。在市场环境严峻、疫情暴发、政策加码等多重因素的影响下，润城投资宁可承担延期交付的违约金，也要保证商品房交付质量——将质量达标、品质过硬的商品房完整地交到业主手中，对得起业主的信任，而非为了免于承担违约责任，将不合格的产品匆忙交付。这不仅体现了润城投资对客户的高度责任感，也是润城投资勇于承担社会责任的表现。

千方百计筹措资金支付工程款。面对市场下行、行业收缩等巨大挑战，润城投资坚持履行社会责任，采用多方融资、能融尽融、抵押资产、盘活存量、资产变现、让利促销、增加回款等方式，坚持按时支付工程款，让合作方及农民工兄弟的利益得到保障。

想尽办法支付员工工资、社保、医保、公积金等。拒绝“躺平”，竭尽全力维持生产、保障员工权益。这是润城投资对自己人最忠诚也最实在的“告白”。

为广大业主、拆迁户、员工办好教育，践行“一天之城，一家之城，一生之城”的开发理念。为了使广大业主子女享受到良好的教育资源，润城投资着重在师资力量、硬件设施等方面下功夫，努力提高昆明润城学校的办学质量。

二、守法经营，积极纳税

民营企业积极纳税不仅是法律义务，也是履行社会责任的重要体现。润城投资将诚信纳税作为企业社会责任的一部分，密切关注税收政策变化，确保企业纳税符合最新规定；按时申报增值税、企业所得税等税种，避免因延迟或错误申报而产生罚款；建立了规范的财务制度，确保账目清晰、准确，避免因财务混乱导致税务问题。

2021—2023 年，在“以市场为导向，精耕细作；以客户为中心，创造价值；专业敬业，追求结果；居安思危，拥抱变化；重诺守信，合法合规”的企业文化指引下，润城投资全员努力、坚持不懈践行对社会的承诺，累计创造 4.4 亿余元的纳税贡献。

三、倾心公益，爱心捐赠

以“善”文化为核心的发展理念始终伴随润城投资的发展。成立以来，润城投资共捐赠 2405.76 万元。2021 年捐款 259.00 万元，2022 年捐款 74.13 万元，2023 年捐款 61.36 万元，3 年合计捐款 394.49 万元。润城投资坚持公益初心，倡导全体员工存善念、恒善心、执善行。2021 年，润城投资帮助昆明市西山区各社区困难对象 142 人次，看望 2019 人次。润城投资提供助力的组织包括：慈善机构 10 家（洛克米儿童潜能拓展中心、昆明蒙多贝自闭症儿童康复中心、团结乡喜福乐老年公寓、五华区阳光公寓、富民麻风村等），学校 5 所（分别为徒普鲁小学、云南省残疾儿童康复学校、云南财经大学、巍山县一中和巍山县二中）。润城投资还向省红十字会捐赠衣物，送给红河州金平县的精神病患者。

2021—2023 年，润城投资每年资助云南财经大学 60 名品学兼优但家庭有困难的新生，发放助学基金 24 万元，3 年资助 180 名学生，累计捐款 72 万元；每年对巍山县一中、二中的 16 名优秀骨干教师及 66 名品学兼优但家庭有困难的新生提供资助，发放助学奖金 30 万元，3 年共资助 48 名教师、198 名学生，累计捐款 90 万元。

疫情期间，润城投资主动向省红十字会捐款 300 万元，并配合采购急需医疗设备与物资，为疫情防控提供有力支持；倾力开展人道救助，为受疫情影响的医务人员和困难群众送去关爱与温暖。润城投资以实际行动践行社会责任，维护了公共利益。2021 年 5 月 8 日，润城投资获得“中国红十字会关于新冠肺炎疫情防控工作作出突出贡献”奖章。

发挥科技优势　打造特色产业示范园

——巧家县华瑞农业开发有限公司

巧家县华瑞农业开发有限公司（简称“华瑞农业”）成立于2014年，注册资金300万元，核桃种植6700余亩，涉及4个乡镇，带动2376户农户从事核桃种植，在人力、物力、苗木等方面投入资金2000多万元。华瑞农业致力于农业产业田园综合体建设，在白鹤滩街道水塘村、核桃村、玉屏街道中村等村建设水果产业田园综合体，打造集水果种植采摘、农业体验观光于一体的农业生态综合采摘园，并将其发展为巧家县乡村振兴的特色产业示范园。华瑞农业在2014年获得省级示范及市级示范荣誉称号，以及市级“科普集体”荣誉称号；2022年初获得省级科技奖励资金20万元、市级科普示范基地奖励10万元，解决了部分资金问题。此外，华瑞农业加强了与科研院所的合作，以加大科技培训、创新研发力度，更好回馈社会。

一、坚定政治方向，找准角色定位

华瑞农业始终坚持中国共产党的领导，坚决把党对民营企业的要求贯穿于发展的全过程，坚持民营经济“两个健康”发展理念，同时，注重职工的理想信念教育——每年组织职工与县工商联等单位联合开展理想信念教育活动，通过听取专题党课、爱国主义教育、感恩教育等方式，引导职工感党恩、听党话、跟党走，确保公司在党的领导下健康发展。作为市工商联五届执委单位，在市、县工商联的领导下，认真履行执委职责，积极参与市、县工商联的各项活动，积极发展会员，并千方百计地为会员做好服务、做好表率，发挥市、县工商联组织联系广大民营企业的桥梁和纽带作用，全力维护工商联的良好形象。作为基层商会，致力加强商会标准化建设，组织会员开展各类活动，积极宣传党对民营企业的各项政策，团结带领会员共同发展。同时，加强商会班子建设，带领会员共同发展。

二、严格遵纪守法，加快企业发展

华瑞农业严格维护宪法权威，遵守国家法律法规，严守纪律红线和道德底线，合法合规开展经营活动，加强与县司法机关和县工商联的对接，开展法治护航活动，认真组织每年的法治体检，经常开展法治宣传，主动对接法律服务，确保公司健康发展、行稳致远。华瑞农业十余年砥砺前行，引进农业产业开发项目，通过“公司＋基地＋农户”的形式，大力推进农业产业化，组织和建设育苗基地，形成规模效应，带动农村经济发展。华瑞农业坚持以规模化、集约化、科学化的模式运营，充分发挥农业带动作用，以提供高品质绿色食品为初衷，专注于特色农业水果育苗选种业务。华瑞农业在2023年获得省级科技奖励和市级科普示范基地奖励，总经理兰华获得昭通市2023年“最美科技工作者”荣誉称号。华瑞农业准确把握新发展阶段，主动融入新发展格局，凭借白鹤滩水电站这张名片，抓住巧家“两区一地”（脱贫致富示范区、金沙江下游生态保护修复重点区、湖滨旅游康养目的地）建设发展契机，根据巧家县委、县政府产业发展规划，大力发展地方特色产业，切实提升农产品质量，同时，探索技术人才培训、创新实践模式，打造巧家特色经济林果示范基地、“万企兴万村”示范基地，发扬光彩精神，积极回报社会，做好产业文章，融入巧家发展大局。

三、认真履行社会责任，发挥企业家精神

积极参加省、市、县工商联举办的各类交流、培训活动，充分发挥熟悉农业科技的专业优势，向县委、县政府及各部门建言献策，积极参与县委、县政府组织的各类专题会议、座谈会议，并提出相关建议。2024年春节期间，昭通市巧家县白鹤滩街道商会联合玉屏街道商会，通过会员筹资方式承办了巧家县首届春节联欢活动，组织开展了跨年烟花秀、春节灯展、春节特色年货展等活动，得到群众的好评和县委、县政府的肯定，在打造“金沙江畔 水韵巧家”特色文化旅游的过程中展现了巧家民营企业和商会的担当作为。

主动参与社会协同治理和社会信用体系构建，全面履行社会责任。华瑞农业建立和完善了企业信息披露制度、信用承诺制度、遵守商业道德制度、预防财务违规制度、守法合规经营制度、企业内部信息奖惩制度六项

制度；主动参与社会协同治理，主动融入创文创卫、城市治理等工作；遵守诚信合规经营承诺，加大信用政策和先进典型的宣传力度，强化信用修复工作，开展民营企业诚信文化建设，促进公司健康发展。

发挥企业家精神。华瑞农业与玉屏街道中村村和白鹤滩街道核桃村共同开启了“万企兴万村”帮扶行动，带动玉屏街道中村村、官村村农户450余户种植樱桃360亩、车厘子2080亩，以及白鹤滩街道水塘村、核桃村670余户农户种植车厘子3360亩，并为他们帮扶发放果树苗木；为农户开展种植技术培训20多场次，累计培训1200余人，提供就近就业岗位100余个，全力致力乡村振兴。此外，华瑞农业积极投身助学助残事业，截至2023年底，累计捐款捐物10余万元。

履行社会责任　彰显民企担当

——云南滇中好运物流集团有限公司

云南滇中好运物流集团有限公司（简称“滇中好运”）成立于2022年4月，总投资50亿元，是一家以数字平台经济、智慧新能源物流、车后市场、大宗商品供应链、公铁多式联运为核心要素的现代物流企业。滇中好运成立以来，积极搭建网络平台，整合社会零散车货资源，利用大数据快速匹配车货交易信息，为卡车司机、货主企业提供线上运力自主交易服务，践行“让科技改变物流，用服务创造价值”的理念。滇中好运设立了17家全资子公司（分布于云南省曲靖市的马龙区、麒麟区、富源县，云南省玉溪市的华宁县、峨山县，以及贵州省的盘州等地）。2023年，滇中好运实现营业收入67.48亿元，新增就业岗位1000个，荣获“2023云南100强企业”“2023云南民营100强企业”“2023云南服务业50强企业”等称号。

一、壮大员工队伍

2022年11月，滇中好运建成曲靖市第一家具有网络货运资质的“运八网络货运平台”，打造出云南货运版滴滴。该平台融合5G、AI、物联网、云计算、移动互联网等新技术，以“物流降本增效、保障运输安全、确保税务合规、拓展增值服务”为着力点，在货主、承运商、司机、仓储服务商及收货人之间架起了高效快捷的信息桥梁，为货车司机提供了直观、便捷的查询和管理服务，科学合理地解决了车等货、货找车等实际问题，既节约了时间、降低了空载率，也解决了司机开票难、结算难等问题，使物流价格更加透明、环节更加简单、成本更加低廉。该平台与多家保险公司、金融机构合作，为货车司机提供增值服务，并且不断提高服务质量，赢得了广大货车司机的信任和支持。目前，该平台注册货主、车队384家，司机1.73万余人，车辆1.86万台。

二、推行绿色发展

滇中好运整合优势资源，与三一集团、一汽解放、东风汽车合作，开展新能源商用车代理销售及售后服务，打造云南省新能源商用车销售和服务总部基地，从购车、落户、汽车金融、保险、车辆检测、维修保养、轮胎配件、车辆报废等多个环节，做大做强卡车全生命周期服务产业链，为货车车主提供更加便捷、价廉质优的服务。2023 年，滇中好运新增新能源营运车辆 300 台，建成“云南一号站呈钢站”“泸西大维站”“麒麟区建宁站”3 座充换电站，安装 54 台充电桩，每次充换电仅需 2 分 19 秒，为大货车司机节约了时间、提高了运营效率，实现吨公里降低运费 20% 以上、二氧化碳排放减少 1.6 千克。

三、拓展服务半径

滇中好运积极响应国家政策，把握市场机遇，通过创新和改革，不断提高市场竞争力，为全区经济社会发展做出了应有的贡献；同时，积极参与公益事业，注重塑造企业形象和维护企业声誉。依托集团公司呈发物流，以“线下物流运营”为主体，提供仓储、装卸和点到点、门到门的一站式公路及公铁多式联运服务，启动全长 9.18 公里铁路专线和面积 48 万平方米货场建设——该项目建成后，将无缝衔接中欧班列、泛亚铁路、中老铁路，是辐射南亚、东南亚的便捷大通道，也是融入“一带一路”的重要途径，可以拓展货车司机服务半径，为滇东地区外贸经济发展提供有力支撑。成立以来，滇中好运订单量超过 30 万单，运费交易额达 11.78 亿元。在发展壮大的同时，滇中好运主动履行社会责任，用实际行动回报社会：积极参与教育、扶贫、赈灾、慈善、植树造林等社会公益事业，捐款捐物达 100 余万元。

四、加持自有运量

滇中好运依托呈钢集团自有 3000 万吨运量优势，整合社会上零散的车货资源，具体措施如下：一是建设运营车辆（电池）租赁、车辆保险、车辆检测、加油加气、充电换电、轮胎配件、维修保养、二手车交易、报废回收等物流配套产业。二是为司机提供稳定的货源和车辆（电池）租赁、售后等服务，收取20%的押金，按月从运费中抵扣租金，48个月后司机可向滇中好运回购车辆（电池）。这样，司机可以通过车辆（电池）以租代购，用小本金从打工者变成老板，从平台获得稳定的运输业务收入，从配套物流产业获得低成本优质服务。三是为货主提供公路物流、铁路物流、多式联运、装卸、仓储、包装、供应链、仓储（供应链）金融、信息咨询等服务，使货主在降低物流仓储成本和融资成本的同时，还能增加融资渠道，取得合规税务发票，享受安全、快捷、省心、高效的一站式物流服务。以上措施实现了司机货主降本增收、滇中好运事业稳步发展、地方产业高速增长的多赢目标。

五、平台赋能引流

近年来，互联网货运平台正逐步成为道路货运市场发展的新引擎，传统货运模式中运力调度的业务流程基本以线下为主，这个流程繁杂低效、中间环节多、信息不对称，服务和交易成本均较高。通过网络货运平台，货主可以在线发布货源信息，物流公司可以在线竞标，货物的运输和配送可以实现在线跟踪与管理。这种模式不仅提高了物流效率，还降低了物流成本，为企业和消费者带来了更好的服务体验。滇中好运以市场为导向，紧紧抓住机遇，搭建了曲靖市第一家具有网络货运资质的网络货运平台，有效聚集了人流、车流和货流。截至2023年底，该平台注册车辆达1.6万台，实现营收5.6亿元。

六、服务管理增效

滇中好运积极解决社会和市场上公路货运的信息差问题，实现了货主端和司机端的线上低成本信息共享，避免了车、货信息不对称的问题，使货物运输的时间和成本大幅下降；解决了货主端和司机端发票开具难的问题，有利于保障车、货双方权益，规范物流运输税费收缴，同时解决了本地物流税费“外流”等问题；解决了网络货运行业的管理问题，通过实名制和实时定位监控等手段，提高了货物运输的安全性、便利性和规范性。滇中好运建立了“司机驿站（驾驶员之家）”，24小时为卡车司机提供便捷服务（座椅、开水等）。平台货车司机结算运费时享受公司加油站200元优惠券，每升优惠 0.7 元左右。

展望未来，围绕打造数字经济、商贸批发和物流仓储、现代物流配套三个百亿级产业，滇中好运将对接国家“一带一路”倡议，主动融入昆曲物流枢纽一体化建设，力争实现年产值超 300 亿元、税收超 10 亿元，并带动数万人就业，成为中国全产业链现代物流标杆企业，业务范围将辐射全国乃至南亚、东南亚地区，为推动曲靖市和马龙区实现高质量、跨越式发展贡献力量。

产教融合育英才
锻造新时代“今飞式”产业工人队伍

——云南富源今飞轮毂制造有限公司

云南富源今飞轮毂制造有限公司（简称“富源今飞”）成立于2015年，总投资达35亿元，是一家集自主开发、设计、自制模具、生产、销售于一体的铝合金汽车轮毂专业制造企业，现有职工1800余人。富源今飞于2017年成立党支部。2023年，富源今飞实现工业总产值约26亿元，上缴税费6000余万元。富源今飞先后获得“第四届曲靖市市长质量奖贡献奖”“2019—2023云南省非公企业100强”“云南省民营企业100强”“云南省企业100强”“云南制造业企业100强”“云南省民营小巨人”“曲靖市优强民营企业”“2022—2023年度云南工业技师学院学生最满意就业单位”等荣誉。

一、思想引领把方向

抓强党建，促进发展。富源今飞始终坚持“党建带工建、工建促党建”工作思路，形成了以党组织为核心、以工会为纽带的“党工共建”格局。以“三个不相信”和“四个更好”的状态，形成了严谨务实的工作作风。以党建工作和生产经营工作“双百分”考核机制为抓手，开展“两带两创”“三亮三比”“双提升”“三降三增”“我是党员我扛指标，我是干部我解难题”等品牌活动，推动党建工作与业务工作深度融合，同心同向齐发力；采取“党员先锋岗+班组”模式，将党员日常工作评价与班组建设成效挂钩，发挥党员先锋模范作用，把红色的力量延伸到生产一线。加大“双培养”力度，“把党员培养成骨干，把骨干培养成党员”，努力实现班班有党员。

强化引领，凝聚共识。富源今飞以党的政治建设为统领，加强理想信念教育，引导产业工人听党话、跟党走。深入开展学习贯彻习近平新时代中国特色社会主义思想主题教育，聚焦生产经营、改革发展中的重点难点问题，把主题教育成果转化为公司高质量发展的成效。坚持每季度开展职工思想动态调研，通过现场调研和职工问卷调研相结合的形式，形成调研报告，并提交公司党委审议。开通职工日常意见建议征集渠道，畅通职工与公司联系渠道，营造和谐稳定氛围。坚持每年在传统节日开展相关活动。定期开展企业文化讲堂、道德讲堂、职工心理疏导大讲堂、劳模宣讲等活动，营造劳动光荣的社会风气，引导职工爱岗敬业、甘于奉献、勇于创新。

二、人才培养强素质

抓实两个通道，提升员工素质。打通“政校企合作、产教融合”人才培养通道。富源今飞先后同云南工业技师学院、曲靖市富源职业技术学校开展校企合作，设立“今飞订单班”“冠名班”，实施定向培养，开设数控加工、机电一体化、机电技术应用等专业。2019 年以来，通过政校企合作培养的技校毕业生约 350 人，其中，约 130 人通过工学交替和顶岗实习等方式到企业进行产教融合，累计领取顶岗实习期间生活补助金 20 余万元，有 80%的技校毕业生走上技术和管理岗位。打通“云南省第三批培育产教融合型企业”入库培育通道。成功加入“曲靖市先进制造业产教融合共同体理事会”，成为理事会会员单位，进一步拓宽了校企合作的人才培养通道。2024 年，富源今飞被列入“云南省第三批培育产教融合型企业”名单。

抓实应届大学生招收、选拔与培养工作。自 2018 年开始，富源今飞每年参加各高校宣讲会、招聘会，选拔 50～70 名本科及以上学历应届毕业生，壮大公司产业工人队伍，并投入培训费用 10 万余元，开展大学生入职、拓展、专项培训等。同时，制定了《应届大学生培养办法》，明确应届大学生队伍建设培养路径与职业发展规划。大学生完成入职培训后，为其制订一对一的培养计划和职业发展规划，助力其迅速成长。

三、技能提升强队伍

加强职业技能培训配套设施投入。富源今飞投入资金 30 万元，设立培训教室 5 个，购置摄像机 3 台、照相机 1 台、投影仪 3 台、音响 4 套、电子屏2套、桌椅200余套，为职工培训提供良好的工作条件。

建立健全各项选拔及激励机制。富源今飞强化了技术工种内部评定管理与技能等级评定。为了提高技术工人的工作积极性，推动实施人才强企战略，进一步提升以人力资本为基础的核心竞争力，富源今飞制定了技术工种内部等级评定方案。富源今飞对机修工、电工、工程技术人员等每年进行技术等级评定，工资待遇按照21个职业等级划分，工资标准为4000～13200元。强化技能认定。富源今飞设立的富源职业技能鉴定中心已在曲靖市人力资源鉴定中心备案，自2020年成立以来，已评定机修工、电工（初级、中级）100人。强化学历提升奖励管理。对于在本公司服务2年及以上的员工利用业余时间参加与工作相关学历教育，如函授、电大、夜大、远程教育、自学考试等，并取得国家承认的大专及以上学历者，富源今飞会给予一次性奖励，具体为大专学历500元、本科学历1000元、研究生学历2000元。

构建产业工人培训体系。强化新员工道场培训。为使新员工尽快适应工作岗位，富源今飞专门构建了成熟的“道场培训”体系，通过师徒间的传、帮、带，扎实开展新员工知识与技能培训，并且专门设置了道场培训教学点，用于新员工独立上岗前的理论与实操技能培训。经过道场培训，员工合格率达100%。同时，富源今飞运用“互联网+”等现代化技术手段提升学徒专业知识和创新能力，开展企业新型学徒制培训。强化健峰外部培训。每年投入50余万元外部培训费，聘请企业管理相关培训机构的资深教师到企业进行中层干部、基层管理人员技能提升及管理能力的健峰培训，逐步形成PDCA闭环管理模式，提升产业工人的管理技能。强化技能培训实效。根据公司《内部讲师选聘管理办法》和《课程体系管理办法》，制订下一年度培训计划和年度培训讲师队伍建设方案，对所有人员进行覆盖培训。富源今飞专门成立讲师队伍（拥有110名讲师，其中，高级讲师2人、讲师6人、助理讲师10人、初级讲师92人），负责培训内容设计与实施。富源今飞每年支付培训讲师课时费约5万元，年终会评选1名优秀培训讲师并给予3000元奖励。

四、建功立业助发展

扩大产业工人队伍，夯实建功立业根基。围绕“弘扬工匠精神，建设技能大军”这一主线，结合不同岗位具体情况制定岗位练兵内容、技术比武方案，在重点、难点领域每年组织开展1~2次劳动和技能竞赛。加强班组建设，将班组建设与安全文化建设相结合。开展“安全、干净”的班组竞赛活动，以“五比十项”（比班组落实责任、比班组学习能力、比班组行为规范、比班组环境状况、比班组设备状态）竞赛为抓手，分解、细化考核细则，明确激励机制与考核标准并严格落实，每年年底评选出优秀班组，给予5000元奖励。

加大科研平台建设力度，提升企业创新水平。围绕生产经营管理的重点和技术攻关的难点问题，搭建专家工作站和创新工作室，带领有技能、有专长、敢创新的职工共同攻克难题，带动更多职工钻研技术、参与创新，逐步推进智能化生产车间建设，充分发挥高技能人才业务专长、技术优势和示范带动作用。截至2023年底，富源今飞有发明专利10项、实用新型专利36项、外观设计专利11项。富源今飞每年坚持举办创新创意比赛，并兑现创新改革奖励；每年选拔1名创新标杆，并兑现创新奖励资金2万元。

五、权益维护强保障

完善产业工人权益维护机制。富源今飞依法与职工签订劳动合同，每年为职工缴纳“五险一金”费用100万余元，为女职工报销生育保险费用约20万元。

强化企业民主管理。富源今飞每年定期召开职工代表大会，及时公布公司生产经营和重大决策、职工利益及生活福利等方面情况。坚持涉及职工利益的重大事项必须通过民主讨论，做到“三公开、三确认、一同时”。“三公开”即绩效考核办法公开、考核过程公开、考核结果公开；“三确认”即考勤公开确认、分配公开确认、结果公开确认；“一同时”即工会组织与上级业务部门同时监督，有效发挥职工民主监督作用，使权力在阳光下运行，公开公正在班组落实。

提高优秀职工代表的比例。认真贯彻落实中央和省委关于党的群团工作会议精神，大力推行技能人才在工会等群团组织中挂职和兼职，把优秀技能人才吸纳进工会，作为公司推荐职工代表的重要人选。将获得“云南省技术能手”“劳动模范”“技术状元”称号的优秀员工推荐为职工代表出席职代会，同时列入公司青年人才库进行培养。富源今飞现有市级劳模1名。

提升职工生活品质。每年开展职工篮球赛、乒乓球赛等活动，丰富职工业余生活，提升团队凝聚力，营造浓厚的企业氛围。建立困难职工帮扶救助机制，采取“日常慰问 + 技术帮扶 + 基金扶持”的方式，对困难职工指定管理人员结对，既解决困难，又扶持发展，将党的关怀体恤落到实处。维护女职工合法权益，保障女职工身心健康。富源今飞在广泛收集女职工意见和建议的基础上，坚持将“关爱女职工”行动落到实处，每年为女职工发放妇女节礼物。富源今飞每年补贴 300 余万元，用于向职工发放用餐补贴和夏季高温补贴、在重大节日发放节日慰问品、在职工生日时为其准备生日礼物、发放年终奖或物资、组织职工进行体检等。近年来，富源今飞累计捐款 200 余万元，积极参与富源县组织的各项公益活动，履行社会责任。

积极践行社会责任　彰显企业时代担当

——云南曲靖钢铁集团凤凰钢铁有限公司

云南曲靖钢铁集团凤凰钢铁有限公司（简称“凤凰钢铁”）成立于2013年8月，生产高线、盘螺、棒材、高强度抗震钢、特钢无缝钢管等，在国家和地方重点项目建设工程中得到广泛应用。凤凰钢铁是云南省高新技术企业、云南省钢协副会长单位、民营企业党建工作省级示范企业、云南省标准化协会理事长单位、中国绿色发展联盟理事单位、中国冶金工业产品MC认证企业、AAA信用企业、安全生产标准化二级企业、宣威市优强民营企业等，多次入围“云南省非公企业100强”和“非公企业制造业20强”。2017年，凤凰钢铁在云南省钢铁行业中率先获得省级“绿色工厂”称号；2020年，凤凰钢铁入选云南省“双百工程”名单，成为云南省重点发展的先进制造业企业之一；2022年，凤凰钢铁被云南省委、省政府评为优强民营企业。

一、经济效益与社会效益双赢

凤凰钢铁积极响应党和国家号召，将企业发展与社会责任紧密相连，形成了一套既符合国家战略导向又体现企业自身特色的发展战略。作为国家鼓励发展的云南省唯一的短流程钢铁企业，在创建之初，凤凰钢铁就把发展重心放在节能减排的短流程炼钢上，发展低碳经济和循环经济，坚定不移地走绿色发展道路，环保治理成效显著。凤凰钢铁坚持高起点、高质量、现代化的发展方针，对炼钢、轧钢及配套设施进行技术改造，使轧钢工艺技术达到了全国领先水平。凤凰钢铁还引进了意大利特诺恩康斯迪炼钢生产线，在西南、西北地区建成投产，使凤凰钢铁炼钢装备在冶炼技术、超低排放、节能降耗等方面都达到了国际先进水平。在党和政府的正确指引下，凤凰钢铁精准确定战略目标，实施无缝钢管项目，是云南省钢铁行业 2020 年第一家提前 3 年完成省政府制定的转型升级目标的企业，形成了石油、化工、船舶、结构、锅炉、液压支柱等多用途的系列产品结构，填补了西南地区和两广地区的市场空白，成为西南地区首家无缝钢管规模化发展标杆企业。

凤凰钢铁主动将社会责任融入发展蓝图，通过创造就业、产业扶贫等具体措施，助力贫困地区经济发展。通过吸纳农村剩余劳动力，尤其是建档立卡户，促进贫困户就业，直接改善了数百个家庭的生活条件，体现了企业对国家政策的精准把握和有力执行。凤凰钢铁不仅关注经济效益的最大化，更始终践行创新、协调、绿色、开放、共享的发展理念，以实现经济效益与社会效益的双赢。例如，特钢无缝钢管生产线全部建成达产后，可为凤凰钢铁增加产值约 53 亿元，为地方增加税收约 1.8 亿元，为当地提供就业岗位 800 多个。这是凤凰钢铁延伸产业链、调整产品结构、提高产品质量，做优做强凤钢品牌，提高产品竞争力，推动持续、快速、健康发展的重要举措，也是凤凰钢铁经营战略与社会责任感的完美结合。凤凰钢铁为全省产业转型升级、产业结构调整、稳定就业、增加利税做出了积极贡献。

二、绿色低碳与环境保护并重

凤凰钢铁作为可持续发展的民营企业先锋，在全球气候变化与经济社会发展的双重挑战下，不仅在业务经营中积极探索绿色低碳路径，引领行业向环境友好型转型，还积极投身产业扶贫、乡村振兴以及教育扶贫等领域，全面践行企业公民的社会责任。坚持将创新作为引领发展第一动力不动摇，持续推动技术创新与产业升级。通过实施科技创新驱动发展战略，加强科研人才培养引进，加大研发投入，全面推进高质量发展，高端产品研发硕果累累，智能制造深入推进。这些标志着凤凰钢铁在节能降耗、环保提升与品质控制方面迈入了新的阶段，巩固了在行业中的技术领先地位，不仅提升了市场竞争力，也为实现低碳经济、保护生态环境贡献了力量。

凤凰钢铁积极响应国家号召，将绿色低碳理念深植于企业发展战略。应用电弧炉炼钢工艺，以废钢为主要原材料，以电力为主要能源，利用再生资源，节约原生资源，发展低碳经济和循环经济。通过多年的资本、技术、市场积累，对炼钢、轧钢及配套设施不断进行技术改造，轧钢装备技术水平国内领先。

在环保设施和技术革新方面，凤凰钢铁引进了国际先进的环保生产线装备和污染治理技术，确保废气、废水、固体废物的排放远低于国家标准，实现了环境影响的最小化。工厂内外的绿化覆盖与吸尘降噪措施，不仅美化了工作环境，更体现了企业对员工健康与周边生态的深切关怀。凤凰钢铁在生产过程中实现了节能减排，降低了成本，提升了产品质量，进一步巩固了在绿色制造领域的领先地位。在污染防治方面，凤凰钢铁也展现出高度的责任感与执行力，通过巨额投资引入国际先进的环保生产线装备与治理技术，确保“三废”排放全面达标，环境影响降至最低。2017年，凤凰钢铁获得省级“绿色工厂”称号。凤凰钢铁工厂内实施的数字化、信息化、自动化高科技工艺，不仅显著提升了节能减排效率，降低了生产成本，还促进了产品质量的飞跃，加速了循环经济体系的构建。

三、产业扶贫与乡村振兴共进

凤凰钢铁深知企业成长与社会责任履行相辅相成，因此，在创造就业机会、助力脱贫攻坚方面不遗余力。凤凰钢铁提供了大量劳动岗位，特别是为多个建档立卡户提供了稳定的就业渠道，实现了“就业一个，脱贫一户”的社会承诺。凤凰钢铁深知企业的社会责任不仅仅局限于生产环节，更在于如何回馈社会，助力脱贫攻坚与乡村振兴，因而积极响应市委、市政府号召，成立了扶贫工作领导小组，参与“挂包帮”“转走访”工作，与贫困户结对帮扶，如：出资18万元，帮助务德镇建设爱心超市3家；出资6万元，支持新华村开展种植和养殖项目。凤凰钢铁的一系列帮扶措施，直接改善了务德镇和新华村等地区的基础设施与产业发展条件，为当地居民提供了便利的购物环境和可靠的农业发展支持，有效激活了乡村经济的内生活力。2022—2024年，凤凰钢铁累计捐款46万元，支持杨柳镇、东山镇、龙场镇、普立乡、文兴乡、宝山镇等开展乡村振兴工作。

四、就业帮扶与教育帮扶并举

凤凰钢铁在创造就业机会方面同样成绩斐然，不仅为农村剩余劳动力提供了广泛的就业机会，还确保了合理的薪酬结构，有效提升了当地居民的收入水平。这种“家门口”的就业模式，让员工得以兼顾工作与家庭，降低了外出务工的成本与风险，促进了家庭经济的稳定增长。在困难职工帮扶方面，企业有温度，员工有依靠。2022 年，凤凰钢铁某员工家属不幸查出患有重大疾病，高额的医疗费用让原本就不富裕的家庭雪上加霜。凤凰钢铁及时伸出援助之手，向全体员工发出募捐倡议，并得到全体员工的积极响应。募捐现场，凤凰钢铁的领导和员工纷纷慷慨解囊，共计捐款约 9 万元。在教育扶贫方面，凤凰钢铁通过参与各类公益捐赠活动，支持学校建设、援助贫困学生等，为贫困地区的儿童搭建起了通往知识与梦想的桥梁。2023 年 5 月，凤凰钢铁向宣威市教育发展基金捐款 200 万元，助力宣威教育事业发展。凤凰钢铁的这些行动，不仅改善了当地教育资源的配置，更为阻断贫困代际传递奠定了坚实的基础。

凤凰钢铁的绿色转型与社会责任实践，达到了良好的社会效果。凤凰钢铁连续多年荣登云南省非公企业百强榜单，促进了地方财政收入和就业市场的稳定；通过实施超低排放和资源循环利用，改善了区域生态环境，提升了居民生活质量；通过产业扶贫、提供就业等措施，赢得了地方政府、社区居民及广大利益相关者的高度赞誉，树立了良好的企业形象，夯实了政商合作基础，为构建和谐社会做出了积极贡献。

履行社会责任　传递温暖与力量

——师宗宏华地产集团有限公司

云南省曲靖市师宗宏华地产集团有限公司（简称“宏华地产”）成立于2006年，旗下有云南世纪德安建筑工程有限公司、云南泰裕矿业有限公司、云南安德智慧物业服务有限公司、师宗县博德体育发展有限公司等子公司，是备受市场认可的品牌房企。宏华地产以初心致敬城市、以匠心砥砺前行，累计开发规模60多万平方米，以多元化的业务板块全维发力，全面更新师宗城市生活方式，多次荣膺政府部门表彰，被评为“守合同重信用”企业。多年来，宏华地产一直遵循“踏踏实实做企业、认认真真做产品”的原则，勇于承担社会责任，热心公益事业，累计捐款、捐物价值1000多万元，支持地方教育、体育、文旅事业的发展。

一、引领聚力，深度融合促发展

宏华地产坚持多元化发展，在开发房地产的基础上，将业务拓展至建筑工程、物业服务、数字智慧城市等领域，涉及子公司及关联企业9家，已形成集团化产业链优势。宏华地产始终坚持按照县委“两新”工委和非公党委工作要求，结合公司实际，采取“党组织＋集团＋子公司”“党建＋团队＋员工”并行的管理模式，将党建工作、文化建设、队伍建设和业务工作深度融合、一体推进。多年来，宏华地产坚持党建引领，遵循联动融合发展的工作思路，把爱岗敬业、甘于奉献的优秀员工发展到党组织中，不断壮大党员队伍，发挥党支部的战斗堡垒作用和党员的先锋模范作用。

二、创先争优，彰显党建品牌

宏华地产党支部以党建引领“红色物业”为主线，以服务居民为出发点和落脚点，推动物业管理与社区网络进一步融合，不断提升居民的获得感、幸福感和安全感。疫情期间，为充分发挥党员敢于担当、不辱使命的先锋模范作用，宏华地产党支部把一面面党旗插在群众最需要的地方，用坚强党性筑起社区抗击疫情的"中流砥柱"，切实发挥党支部第一道防线作用，通过设置党员先锋岗，亮身份、树标杆，带领志愿服务者以实际行动彰显党性修养和奉献精神，真正做到了让党旗飘扬在疫情防控第一线。

三、强化责任担当，共筑和谐家园

宏华地产强化责任担当，在师宗县首次开创性地创建管属小区"邻里中心"，以"邻里中心 +"架起小区邻里互动互联互助的桥梁，积极开展"邻里欢、邻里合、邻里帮"等活动，让居民服务更加温馨、睦邻关系更加和谐、基层治理更加高效。宏华地产响应师宗县总工会的号召，与饿了么师宗工作站联手共建"职工驿站"，解决了部分户外劳动者"喝水难、休息难、如厕难、避雨难"的现实问题，为户外劳动者免费提供"累了能歇脚、渴了能喝水、没电能充电、饭凉能加热"的爱心服务。据统计，每天会有10～15 人到该职工驿站享受服务。2021 年 9 月至今，已有 6000 多人到这里享受服务，这些人切切实实地感受到了驿站的关爱。

四、心怀善念，积极参与社会公益

宏华地产不忘初心、牢记使命，发展实业、争做标杆，立志创办全国一流企业，始终坚持以拼搏进取的精神创造价值，以发展实业的决心造福一方，以感恩之心回馈社会。作为本土民营企业的优秀代表，宏华地产致富思源，心系家乡，回馈社会，积极履行社会责任。2017 年以来，宏华地产先后向师宗教育、文化、体育等部门捐款捐物，累计价值 1000 多万元。在一些岗位的聘用上，宏华地产优先录用家庭困难、有身体缺陷的人士。帮助一个人就是帮助一个家庭，积累小善，也能成就大业。宏华地产用实际行动证明了这样的帮扶理念。宏华地产还向师宗当地遭受自然灾害的群体、部分贫困家庭及贫困学生捐款捐物，价值 100 多万元。

2019 年底，宏华地产密切配合政府主管部门，积极做好疫情防控措施，并想方设法采购疫情防控物资，在保障公司正常运营的同时，向师宗县防疫指挥部、各中小学校及有需求的机关单位捐赠大量口罩、消毒液等防疫物资，为抗疫工作做出了积极贡献。2022 年 3 月 30 日，宏华地产积极开展生产自救及爱心公益，确保人员到位、责任到位、预案到位、保障到位。宏华地产主动开展公益捐助，先后向师宗县防疫指挥部捐款 25 万元，向核酸采集点捐赠矿泉水、方便面、饮料、水果、饼干等物资；制作抗疫倡议小视频，以及售楼部抗疫标准动作视频《用心守护我们的“家人”》，并广泛开展线上宣传。宏华地产责令旗下云南世纪德安建筑工程有限公司不舍昼夜地全力援建“师宗县临时隔离医学观察场所”。以上行动体现了优秀本土民营企业在关键时刻的担当和作为。

2020 年 10 月，宏华地产了解到师宗县高良乡民族中小学的教学条件和住宿条件都极为艰苦，立即召集管理层开会，决定捐赠教学用具、捐建学生宿舍楼等，物资投入价值 200 多万元。在当地党委及政府的重视、支持下，教学用具已投入使用，宿舍楼正在建设。这次捐赠，不仅温暖了偏远山区乡镇民族教育一线的师生，也深深感动和激励着企业内部的员工。

2023 年以来，宏华地产先后向师宗县红十字会捐款 31 万元，用于五龙“三月三”文化节及师宗县教育事业。2023 年 12 月，宏华地产开展“宏华计划”资助项目，资助师宗县第二中学 6 名困难学生。

宏华地产多次被评为“守合同重信用”企业、AAA 级信用优质企业，并获得各种荣誉称号。2018 年 9 月，获师宗县委、县政府授予的“关心支持教育模范企业”称号；2019 年 9 月，获丹凤街道党工委、丹凤街道办事处授予的“关心支持教育模范企业”称号；2020 年 9 月，获师宗县委、县政府授予的“心怀桑梓情系教育”称号；2021 年 3 月，获云南省曲靖市工商联授予的“抗击新冠肺炎疫情先进企业”称号；2021 年 6 月，获师宗县民政局、师宗县儿童福利院赠予的“捐赠助孤　大爱无疆”称号；2021 年 9 月，获师宗县委、县政府授予的“师宗县捐资助学先进集体”称号；2021 年 10 月，获师宗县民政局、慈善总会赠予的“仁爱之企　至善垂型”称号；2022 年 9 月，获中共大同街道工作委员会、大同街道办事处授予的“捐资助学先进集体”称号；2022 年 12 月，获云南省红十字会授予的“博爱捐助”称号；2023 年 12 月，获师宗县委、县政府授予的“师宗县优强民营企业”称号，以及云南省青年企业家商会授予的“爱心企业”称号等。

未来，宏华地产将带领全体员工，统一思想、齐心协力、与时俱进、开拓创新，在企业健康发展的同时，始终如一地勇担社会责任，以“厚德、务实、包容、担当”的师宗精神，造福一方百姓，为地方经济建设增砖添瓦。

践行社会责任　强化使命担当

——罗平成天油脂有限公司

云南省曲靖市的罗平成天油脂有限公司（简称“成天油脂”）成立于2015年2月27日，注册资金1900万元，经营范围如下：油菜籽的收购、加工及销售，农副产品的收购及销售，食用油分包装及销售，油菜籽种植。成天油脂是一家植根于罗平、成长于罗平的云南本土菜籽油生产企业，致力于做“纯正罗平菜籽油的坚守者”，从研发端、种植端、生产端和销售端全产业链助推罗平成为中国高原品质菜籽油核心产区。成天油脂坚持只用罗平本地油菜籽，以“三斤菜籽一斤油”的投入成本，为消费者提供源自罗平、营养健康的纯正罗平菜籽油。在掌握小榨提香优良物理压榨制油工艺的基础上，成天油脂采用行业前沿加工技术，并不断推动技术创新突破。销售终端在为消费者提供“一桶好油”的同时，更希望将罗平乃至全国的菜籽油文化传递给客户。成天油脂是云南省农业科学院科技合作企业，并获得了知法明理企业、电子商务示范企业等称号，以及ISO9001质量管理体系、ISO22000食品安全管理体系、HACCPA危害分析与关键控制点体系认证，以及安全生产标准化三级企业认证。成天油脂的产品获得了绿色食品A级认证。

成天油脂在追求利润最大化之外，还自觉承担社会责任，包括促进农民就业增收、坚持安全生产、注重保护劳动者合法权益、节约和爱护资源、支持慈善事业、投身社会公益等。成天油脂把履行社会责任融入运营全过程和日常管理，积极开展各种公益活动，在制度、资源和人员方面保障经营活动达到安全、高效、绿色、和谐的要求，确保企业全面、全员、全过程履行社会责任。

一、促进农民就业增收

成天油脂引进国内先进的油菜籽加工工艺和设备，建成了自动化程度高、节能环保、安全卫生的菜籽油生产线，年加工油菜籽能力达到 4 万吨，生产纯物理压榨一级清香型绿色菜籽油及浓香型物理压榨二级菜籽油。此外，成天油脂年均生产副产物优质菜粕 2 万余吨，带动 10 余人就业。成天油脂的生产线建设，对打造罗平县油菜籽产业集群、促进农民稳定增收、优化油菜籽产业结构、增强油菜籽产业核心竞争力等都具有重要意义。

回望企业多年来的发展历程，成天油脂的壮大离不开自身的努力，也离不开中国特色社会主义市场经济体制的支撑。作为企业公民，成天油脂利用自身在市场、资金、人才、技术等方面的优势，为罗平县的脱贫攻坚贡献了力量。成天油脂与罗平县政府签订了产业扶贫资金入股合作协议。从 2017 年到 2026 年，罗平县人民政府安排产业扶贫资金 143 万元用于支持马街镇 78 户、老厂乡 30 户、长底乡 15 户、鲁布革乡 20 户（共计 143 户）建档立卡贫困户稳定增收。该产业扶贫资金入股成天油脂，依托其经济实体（油菜籽种植基地和油菜收购、加工基地），组织建档立卡贫困户发展油菜种植或参与建设油菜种植基地，带动油菜产业发展。成天油脂每年按照股金 10% 的比例支付收益，由被扶贫的四个乡镇将收益金兑现给建档立卡贫困户，每户每年实现 1000 元增收。成天油脂流转罗平县九龙街道办事处 5 个村委会 8 个小村上千户农户，形成“企业 + 基地 + 农户”的农业产业化经营模式，为城镇提供优质、安全、充足的菜籽油。此外，成天油脂培养了很多新型职业农民和产业技术工人，为促进社会稳定和谐做出了积极贡献。

二、坚持绿色低碳发展

为打造安全、优质、高效、生态的菜籽油品牌，成天油脂选择罗平县腊庄村 3009 亩、江尾村 3501 亩、江边村 2659 亩、以德村 3364 亩、鲁特村 3187 亩、备车村 2285 亩、以洪村 5091 亩、阿耶村 2504 亩（共计 25600 亩）作为绿色食品基地，于 2017 年首次获得绿色食品 A 级认证并延续至今。成天油脂产品的生产及加工处理过程严格按照绿色食品生产标准，并制定了《绿色食品菜籽油生产质量管理规范》，指导种植、管理和采收，同时实时严格监控油菜籽从种植、管理、采收到运输、加工的全过程。在绿色生产的理念下，公司品牌“菜之韵”以一套科学严密的程序控制种植的每一个环节：合理施用农药及肥料，如实记录田间管理过程，遵循可持续发展理念，生产无污染的安全、优质油菜籽。2023 年，成天油脂与西南区域头部种业公司云南大天种业合作，研发、培育出适合罗平种植的油菜种子，并流转了罗平产区油菜种植面积约6万亩，与当地油菜种植户合作，增加当地农户收入。成天油脂加工菜籽油所得副产物（菜籽油粕）用于基地施肥，实现了绿色循环经济。2023年以来，成天油脂以市场需求和国家产业政策为导向，以高新技术为手段，利用先进的管理方式，提升了油菜籽加工深度，节约了资源，获得了1项发明专利。

作为一家现代企业，成天油脂充分认识到环境保护的重要性，建成了自动化程度高、节能环保、安全卫生的菜籽油生产线。采用电磁恒温炒籽，不使用煤炭，避免了高温产生的苯并芘，并可为环境减负，确保生产过程对环境的影响最小。成天油脂严格按照排污要求进行生产，有效合理处理生活污水，污染物排放符合国家和地方标准。成天油脂绿化面积覆盖率较大，达到厂区面积的20%以上。

三、严格保障食品安全

成天油脂以“非好油不做，非高质量产品不卖”为经营理念，只生产健康、卫生、安全的好油。“高原天成，抱朴守真”是成天油脂的品牌之魂，成天油脂正致力于成为中国品质菜籽油产区的领导品牌和“国民好油专家”，以及中国菜籽油科技创新的引领者、菜籽油营养安全的倡导者和菜籽油美食文化的推广者。成天油脂始终坚持把好产品质量关，注重树立品牌形象。2016年9月，“菜之韵”品牌首次获得ISO9001质量管理体系和ISO22000食品安全管理体系双认证。2017—2018年，成天油脂协同新华网，投资200多万元打造溯源管理系统。溯源管理系统于2019年5月正式上线，成天油脂的产品从此实现了从农田到餐桌的全过程实时监控。每瓶“菜之韵”都有独特且唯一的身份证明，扫描瓶身二维码，消费者对属于自己的那一瓶“菜之韵”从农田到餐桌的所有过程都将了如指掌，即实现了消费者对生产过程的全程监督。2019年4月，成天油脂通过“安全生产标准化三级企业”认证，进一步规范了安全生产工作，保障了安全生产的顺利进行。同年，ISO9001质量管理体系、ISO22000食品安全管理体系续展成功，HACCP危害分析与关键控制点认证成功。

为提高员工整体素质，每一位新员工在入职后都要进行培训，达到要求后方可进入生产线。成天油脂设有品控部，专门负责产品的质量控制。此外，成天油脂聘请了专业技术人员，采用国内先进生产设备进行生产，保证了菜籽油的高品质。从油菜籽的种植、收购，到加工、生产，再到成品包装、入库保存等，成天油脂实现了全程监控、监督，建立了完善的奖惩制度，让产品工艺流程中的每个环节都有标准可依，并将食品质量安全落实到责任人，构建了完善的食品追溯体系，以保证安全合格的产品流入市场。

四、依法保障员工福利

员工是企业的重要资源，成天油脂为员工提供了广阔的学习和成长空间：定期组织培训和技能提升课程（包括食品质量安全总监、生产安全员、粮食仓管员培训，油菜籽的种植管理培训等），以提高员工的综合素质和专业能力，鼓励员工自我发展，激励员工创新，从而推进企业的发展。成天油脂现有职工 10 余人，且仍在扩大产能，可以提供就业岗位。成天油脂严格遵守、全面贯彻《中华人民共和国劳动合同法》等法律法规，遵循合法、公平、平等自愿的原则与员工签订书面劳动合同，并依法进行劳动合同的履行、变更、解除和终止。成天油脂制定了公平合理的薪酬制度，按时足额支付员工薪酬，并依法为员工按时足额缴纳养老金、工伤保险费、医疗保险费、生育保险费、失业保险费等。在“安全第一，预防为主”的方针下，成天油脂积极排查安全隐患，保障生产安全及员工人身安全。在员工培训方面，成天油脂开展全方位、多层次、系统化的教育培训，如上岗培训、班长培训、岗位技能培训等，以及针对各车间的专业性培训，并于每月底进行考核。

五、助力公益慈善事业

在各级政府、合作伙伴和其他社会各界人士的关心与支持下，成天油脂汇聚成长力量，把握发展机遇，积极履行企业公民的社会责任。2023 年，成天油脂通过罗平慈善工会捐赠 10 万元，用于资助贫困学生。2023 年 10 月，成天油脂参与民政局敬老志愿活动，进乡村、进社区集中进行普法宣传，提升了社区居民的法律意识，面对面进行无障碍环境建设、老年人权益保障、防范养老诈骗宣传，解读老年人享有的权益保障和优待政策，详细讲解“谨防养老诈骗”知识，提高了老年人的防骗意识和识骗能力，让老年人认识到，无障碍环境建设是保障各族残疾人、老年人等群体平等充分便捷地参与社会生活、促进全民共享经济社会发展成果的一项重要工作，是提升无障碍环境建设质量、提高人民生活品质的有力保障。开展“智慧助老”志愿服务，以及慰问和关爱帮扶活动，为独居、空巢、留守、残疾、计划生育特殊家庭老年人等发放慰问金、礼品；倾听群众呼声，传递暖心关怀，帮助相关人员解决实际困难，排查化解涉老矛盾纠纷。罗平的油菜花旅游节可谓当地的著名盛事。2023 年，成天油脂赞助 500 万元，用于筹备 2024 年曲靖花海马拉松比赛，旨在推进全民健身，让广大参赛人员了解罗平的美和罗平的特产——菜籽油，带动了当地经济的发展。

新时代的气象更加恢宏，新时代的征程更加壮阔。在这样的时代背景下，企业发展与国家繁荣、民族兴盛、人们幸福更加紧密地联系在了一起。未来，成天油脂将继续坚定不移“听党话，跟党走”，以实际行动展现民营企业的家国情怀和责任担当!

积极承担社会责任　持续助力乡村振兴

——云南滇雪粮油有限公司

云南滇雪粮油有限公司（简称“滇雪粮油”）成立于1980年，是集油脂油料生产、储运、贸易于一体的现代化农产品深加工企业，现有职工670余名，拥有“滇雪”“菜家村”两个云南知名品牌。滇雪粮油是国家农业产业化国家重点龙头企业、中国好粮油示范企业、国家级粮食应急保障企业、全国放心粮油加工示范企业、全国粮油加工50强、云南企业100强、云南省专精特新“小巨人”企业、云南省制造业单项冠军示范企业，拥有达到国际领先水平的食用油加工生产线，年加工能力30万吨，仓储能力4万吨，年灌装能力30万吨。2023年，滇雪粮油销售收入突破30亿元，同比增长19%，在国内的影响力进一步提升，在西南地区的市场占有率也有所提高。滇雪粮油坚持做市场、做品牌、做特色、做基地不动摇，从一个名不见经传的地方企业，成长为在全国有一定知名度、得到业内广泛认可的优秀粮油企业。

一、强化联农带农，促进一二三产业融合发展

滇雪粮油通过“企业＋基地＋农户”的产业化运作模式，带动全省30万户农户增收致富。采用“企业＋合作社＋农户”的合作发展模式，在云南省建立了占地40万亩的油菜种植基地，实施规模化、规范化绿色生产，原料收购采用订单式，既讲好了滇雪高原现代农业的特色故事，又促进了农民增收。2022年油菜籽收购价格为每吨7000元，与2021年的每吨6000元相比，每吨提高了1000元。油菜籽收购业务给云南省种植户带来的增收超亿元，基地建设成效显著。滇雪粮油计划在5年内将滇雪优质粮油原料基地建设到100万亩，在企业高质量发展的同时，带动产业链的协同发展。经过油菜全产业链示范应用推广，以特色品种、绿色生产技术、高值化产

品研发与品牌创建，打造出云南高原特色高油酸菜籽油品牌——“滇雪”“菜家村”“糯福”“荒坝农场”等，实现了农业增产、农民增收、企业增效，推动云南省油菜全产业链高质高效发展。

二、发挥科技优势，实施产业扶贫

为把油菜产业做成深度融合产业，滇雪粮油与云南省农科院紧密合作，充分发挥高原特色农业科技创新优势，同时利用云南区域生态优势，创新研制油菜新品种“云油杂 51 号”“云油杂 52 号”等优质杂交油菜良种，依托各县（市、区）农业技术推广部门，建立农户名册，将优质的油菜良种、化肥农药等物资发放到农户手中，建立良种繁育基地，挖掘全产业链价值，提高产品品质，推动品牌建设。从 2018 年开始，滇雪粮油实施“中国好粮油”行动示范项目，结合扶贫和乡村振兴战略，与全国贫困县澜沧拉祜族自治县签订战略合作协议。滇雪粮油是一二三产业融合的现代化农产品深加工企业，从事的是关乎民生的事业，与农民打交道最多，对农民的了解也最多，深刻感受到农民生活的不易，也在竭尽所能地帮助贫困乡村和农民。经过多地多次考察调研，滇雪粮油采取“政府 + 企业 + 科技 + 农民”的合作模式，与澜沧县政府签订了基地建设合作协议。该项目依托澜沧县的地理区位优势，借力滇雪粮油的品牌优势，以乡政府为纽带，以合作社为支点，以科学技术为支撑，先后投入 1600 余万元，主要种植油菜和水稻。

滇雪粮油把澜沧县发展河乡荒坝寨作为扶贫点，实施亩产千元增收计划，为农民提供油菜、水稻种子，按保护价收购油菜籽和谷子，就地加工大米，用产业发展助力乡村脱贫和振兴，让从未分过钱的澜沧县荒坝合作社每年都有 30 万元的分红，带着拉祜族乡亲致富奔小康。这几年，每年的春节前夕，滇雪粮油总经理刘军都会到荒坝小组，和村民一起以“脱贫路上一起走，乡村振兴一起干”为主题，开展座谈交流和春节慰问活动。

三、主动作为，积极承担社会责任

自 2017 年起，滇雪粮油和澜沧县共建澜沧滇雪高原特色油料基地、优质稻谷种植基地，加强产业建设。2017—2023 年，澜沧县共有 19 个乡镇种植油菜，面积为4.6万亩，核心示范面积1.7万亩，均列入亩产1000元增收计划。在刘军的奔波走访与协助下，澜沧县争取到了中央财政中国好粮油专项扶持资金1100万元，用于种植、化肥、农药技术、扶贫车间、品牌建设等方面。滇雪粮油与澜沧县政府及各乡政府签订种植协议，安排种植面积，实行保护价收购，提供种子、化肥、农药等，并负责邀请云南省农科院给予技术指导。滇雪粮油在澜沧县创立的“糯福”粮油品牌从无到有，销售收入一路飙升，2019年为3600万元，2021年突破8500万元，2022年突破14693万元，2023年突破17000万元。在坚决打赢脱贫攻坚战的进程中，在促进少数民族团结奋斗、共同发展的过程中，滇雪粮油一直与澜沧县各民族乡亲一道努力，做到了脱贫路上各民族兄弟姐妹一起走。

滇雪粮油还与玉溪市红塔区把者岱村签订了“万企帮万村”村企结对帮扶协议。滇雪粮油根据企业自身能力和特点，结合把者岱村实际，从发展产业、就业帮扶等方面，策划具体的帮扶内容，把公司技术、市场、人才等优势与把者岱村土地、劳动力、特色产业等优势有机结合起来，共同谋划村企合作，助力把者岱村脱贫攻坚，在发展自身企业的同时，积极承担社会责任。同时，滇雪粮油把党建与扶贫帮扶有机结合，实现了扶贫与基层党建双推进。此外，滇雪粮油与把者岱村党支部联合开展“结对帮扶共建手拉手”暨主题党日活动，并向把者岱村村委会捐赠价值2万元的桌椅、电脑等，捐赠价值1万余元的滇雪菜籽油，进一步改善了把者岱村村委会的办公环境，为村民文化活动的顺利开展提供了保障。

2020年新冠疫情暴发后，滇雪粮油积极响应国家粮食和物资储备局的倡议，第一时间站出来向社会发出四项承诺：第一，疫情防控期间不涨价，保证质量，保障供应；第二，管理好储备食用油，只要需要，及时供给；第三，云南省超市的160余名促销员坚持上班，坚守一线；第四，成立应急运输小组，专人专车，省内哪里急需，24小时送达。滇雪粮油努力承担社会责任，向红塔区红十字会捐款20万元，向受疫情影响和被隔离的101户小区群众捐赠了价值5050元的食用油。2021年7月，滇雪粮油得知边境防疫卡点值守人员工作和生活中存在困难，第一时间安排人员向德宏、西双版纳、普洱三州市边境防疫卡点捐赠总价值36万元的防疫物资，为抗疫一线工作人员和边民献上爱心。

2024年1月，在得知昭通市镇雄县发生山体滑坡灾害后，滇雪粮油第一时间通过工商联光彩事业基金会向镇雄县灾区捐赠价值22万元的油和米，用实际行动为灾区乡亲送上温暖和关爱，期盼灾区的乡亲早日渡过难关。

四、多样帮扶，实现民族团结一家亲

在发展经济的同时，滇雪粮油一直以回报社会、回报家乡为己任，多年来共出资200多万元开展公益事业，包括捐资助学、捐赠图书、慰问困难户、修建道路等。盈江、鲁甸地震，玉溪高仓修路，瑞丽捐资助学，玉溪公益活动，通海地震，都能看到滇雪粮油员工的身影。滇雪粮油还专门成立了滇雪爱心互助基金，进行员工救助和帮扶，目前通过各种形式帮扶员工已投入30余万元。

滇雪粮油热心公益事业，关爱各民族同胞，持续开展扶贫帮建工作，除了为乡亲排忧解难外，还组织形式多样、内容丰富的宣传、公益等活动。例如，2019年9月25日，滇雪粮油组织参加云南高原特色油脂油料产业论坛的专家到荒坝寨现场调研中国好粮油基地建设情况。调研中，专家看产品、交流信息、探讨问题，为荒坝寨的水稻种植问诊把脉，从育苗、插秧、施肥、收割等各个环节，对拉祜族乡亲进行现场指导。2019年10月30日，为加深了解、增进友谊，滇雪粮油业务团队一行50余人，到云南省普洱市景谷县勐乃村与当地的哈尼族、拉祜族村民开展联谊活动。2020年1月12日，滇雪粮油一行9人与北京市人才中心201党支部一道，到云南省普洱市澜沧县开展送温暖慰问活动，捐赠了价值6万元的滇雪食用油；到滇雪脱贫帮扶基地荒坝寨看望拉祜族老人，慰问贫困户，为37名学龄儿童赠送羽绒服、书包等，拉近了和拉祜族乡亲的距离，实现了民族团结一家亲。

坚守实业　让责任与使命照亮慈善之路

——云南穆光工贸有限公司

云南穆光工贸有限公司（简称“穆光工贸”）按照习近平总书记“爱国敬业、守法经营、创新创业、回报社会”的要求，确立了“打造区域具有较强竞争力和影响力的民族团结进步示范企业”的愿景，钢铁报国意志更为坚定，实业富民行动更加坚决，生产经营效益和发展质量不断提升，在为地方经济社会高质量发展做出积极贡献的同时，主动履行社会责任，持续打造“自强穆光、绿色穆光、创新穆光、文化穆光、和谐穆光、幸福穆光”的新时代形象，努力参与地方民族团结、脱贫攻坚、乡村振兴、教育卫生等公益事业。截至2023年底，穆光工贸累计向社会捐助3000多万元，为弘扬公益精神、共创和谐社会贡献了一个良心企业最真诚的努力和崇德向善的坚持。

一、心系家国彰显担当

2020年新冠疫情期间，穆光工贸以实际行动践行全民“抗疫”的责任与担当。面对严峻的疫情防控形势，公司上下一心，凝聚力量，坚持值守到位、责任到位，一手抓疫情防控，一手抓安全生产。为保障坚守生产一线员工的身体健康，穆光工贸将在岗人员压缩到最低数量，并为每位员工做实做细安全保障工作，确保疫情防控与安全生产齐头并进，真正做到了守土担责、守土尽责。在全力做好企业自身防控工作的同时，穆光工贸也在持续关注疫情发展。在了解到通海县疫情防控物资储备不足，特别是一线人员口罩紧缺的情况后，穆光工贸立即安排调拨1万余只公司储备的N95防护口罩送至防控一线。此外，穆光工贸向通海县民政部门捐款80万元，专项用于疫情防控工作，用实际行动、真情实意全力支援家乡，为疫情防控尽心、出力，和通海县人民同舟共济，为打赢疫情防控阻击战做出了应有的贡献。

二、慈心构筑善行工程

慈善不仅是穆光工贸的亮丽底色，更是其价值本色。穆光工贸董事长马跃升经常说：企业发展离不开党的正确领导，没有党的好政策、没有政府的大力支持，企业不可能做大做强，也就不会有穆光工贸的今天，我们要感谢党、感谢国家，好好发展企业，多创效益多缴税，回报党和国家。这种朴素的感恩情怀深深地嵌在他的生命里，也流淌在穆光工贸每一位员工的血液里。对穆光工贸来说，做慈善，让一个企业存在的意义不仅限于为社会创造财富，勇敢地去承担社会道义，为众人带来福祉，更是一种高尚、一份责任、一份使命。2020 年，穆光工贸积极响应通海县民政部门的号召，牵头发起成立通海县慈善总会，充分利用各类资源，积极开展形式多样的募捐活动，使慈善捐赠向多元化、大众化方向转变，增强了慈善事业的发展动力。截至 2023 年底，穆光工贸共筹措善款 500 余万元，其中，企业捐赠 200 万元、管理团队个人捐赠近 70 万元。在 2021 年召开的通海县慈善总会成立大会上，马跃升当选首任会长。穆光工贸是“坚守初心、崇慈向善”的践行者，也是区域公益慈善事业的引领者，掀起了积极向上向善的新风尚，推动了公益慈善事业的蓬勃发展，以实际行动弘扬了中华民族传统美德，为幸福通海、和谐家乡建设做出了贡献。

三、帮扶延伸发展之路

穆光工贸以让老人晚年更幸福为己任，加大宣传力度，弘扬爱老美德，大力开展为老助老公益活动。穆光工贸连续 12 年每年出资 100 余万元开展爱老助老活动，受助老人累计 29976 名，资助资金高达 2500 余万元。马跃升被评为“全国敬老爱老助老模范人物”。慈善事业不仅是扶危济贫，更宏观的概念是“充分利用企业自身发展优势，帮助每个个体实现对美好生活的向往”。就业为民生之本，一人务工全家脱贫。穆光工贸积极吸纳本地贫困农民就业，建设扶贫车间 3 个，提供扶贫就业岗位 65 个，每名员工每月工资收入超过 4000 元，保障了家庭经济来源的稳定。从就业扶贫到爱老敬老，从捐资助学到扶难济困，从义赈救灾到公益建设，穆光工贸用行动践行使命、以奉献诠释责任，竖起“钢铁报国，实业富民”的旗帜。2020 年至今，穆光工贸先后投入资金260万元，完成乡村党建工作室、人畜饮水、修路、修桥、学校修缮等帮扶项目11个，积极构建和谐企地关系，赢得了社会各界的褒奖和赞誉。

穆光工贸在社会责任领域的坚持和坚守，不仅得到了社会的广泛认同，也为企业赢得了广阔的发展空间。2021—2023年，穆光工贸连续3年入选“云南省非公企业100强”和“云南省非公制造业20强”，先后获得“安全生产标准化三级企业”“新冠疫情防控贡献奖”“慈善捐赠特大贡献单位”等荣誉，很好地承担起了优秀企业的责任和使命。

感恩党和人民　努力扶贫帮困

——云南玉溪仙福钢铁（集团）有限公司

云南玉溪仙福钢铁（集团）有限公司（简称“仙福钢铁”）是2001年通过招商引资在新平县兴办的民营企业，2003年成功收购鲁奎集团的铁矿山和钢铁公司，接收原企业职工650人就业，成为玉溪市国有企业改制的典范。经过20多年的发展，仙福钢铁现占地5000亩，资产总额135亿元，员工近7000人，已形成集矿山开采、高炉炼铁、转炉炼钢、连续轧材于一体的现代钢铁联合企业。2023年，仙福钢铁工业总产值250.27亿元，上缴税金1.84亿元，成为新平县龙头企业，以及推动地方经济发展的骨干力量。

仙福钢铁充分发挥公司党委作用，始终坚守回报社会初心，本着“义利兼顾、以义为先”的原则，探索搭建“党建＋公益”模式，凝聚各方力量，以项目投资、爱心帮扶、村企结对、工业反哺等方式，积极参与抢险救灾、扶贫帮困、希望工程等光彩事业，累计投入超3亿元，充分展示了云南闽商的良好形象。帮助西南边陲地区脱贫，体现了仙福钢铁的社会光彩精神。在实现企业自身发展的同时，仙福钢铁先后获得“全国模范职工之家”“全国就业与社会保障先进民营企业”“全国AAA级信用企业”“云南省优强民营企业”“云南省优秀纳税企业”“云南省劳动关系和谐企业”“云南好雇主”“公益之星”等多项荣誉。

一、积极开展就业帮扶

仙福钢铁属地西南边陲的少数民族地区，人均耕地面积少，且大部分粮食作物产量低，农民增收困难。仙福钢铁成立以后，积极扩充就业岗位，吸纳本地劳动力就业。只要当地居民愿意到仙福钢铁工作，仙福钢铁就优先与他们签订劳动合同，并为他们缴纳五险。仙福钢铁每年投入100万元培训经费，建成了首批玉溪市产业工人培训培养实习实训基地，免费提供就业技术指导等，是云南省第一家自主认定中级技术职称的民营企业，年培训人员达18000人次以上。仙福集团先后解决了近7000名新平籍人员的就业问题，培养技能方面熟练工1091人、初级工2156人、中级工1401人、高级工346人、一二级技师13人，为新平工业经济可持续发展提供了人才支持。仙福钢铁职工收入大幅提升，工人获得感、幸福感不断增强，用实际行动扎实推进稳就业及脱贫攻坚成果的巩固。

二、村企结对精准扶贫

2013年以来，仙福钢铁积极响应新平县委、县政府“千企扶千村”“脱贫奔小康”的号召，把“乡村所需”和“企业所能”结合起来，积极投身“万企兴万村”行动，与2个村委会和1个社区开展“村企结对”定点帮扶，因地制宜发展现代农业、种养业、农产品加工业等，转“输血”为促“造血”，实现联系村全面脱贫。与仙福钢铁相邻的新平县大开门社区坝分田小组，地理位置偏远，人均可耕地面积少，农业灌溉设施差，农业产业单一，基本是靠天吃饭，加上劳动力缺乏、因病致贫、产业方向不明等，部分村民在致富奔小康的路上逐渐掉队。脱贫难的主要原因是对调整产业缺乏信心，缺乏资金、技术和科学管理。如何使坝分田村民快速脱贫致富，成为当地政府的一块心病。仙福钢铁通过深入调研、科学谋划，最终确定了“抓就业、建新居、促增收”的帮扶措施，3年共出资8000万元，帮助坝分田小组86户贫困户进行住房整体搬迁，为他们修建新房，并完善村庄水电路、绿化、老年活动中心等基础设施；主动吸纳小组人员到公司就业，带动小组每户年均增收3万元以上，努力提高他们的“造血”能力。如今的坝分田新村，家家户户都住进了宽敞明亮的小楼房。仙福钢铁出资700万元，与新平县政府共同修复原213国道扬武镇大开门社区小团山、营盘、甘棠桥、大平地等村组的路段，为各贫困村组的生产生活及出行提供了便利的交通条件；投放扶贫资金600多万元，帮扶建设村委会集体经济养猪场、解决茶叶等农产品的销售问题等，多渠道增加村集体经济和农户收入，带领结对联系村及农户走上致富路。

三、延链补链助力乡村振兴

2018年以来，根据国家相关政策要求，仙福钢铁投入103亿元对生产装备及设施进行升级改造，在产能不扩大的情况下，提高了产品质量和效益，实现了升级换代。炼铁高炉、炼钢转炉、高速棒材、优特带钢等10个项目已全部完成并投产使用，达到新增工业总产值80亿元、新增税收3亿元。结合云南绿色钢城的定位，仙福钢铁围绕工业制造业的主题及产能置换技改升级项目建设，立足推进产业链延伸，大力发展板材精深加工、管材制造、五金加工等下游产业，带动本地红山球团公司、鲁电矿业公司、瀛洲水泥公司等多家企业发展壮大，助力地方经济繁荣，共享发展红利，真正将绿水青山变为金山银山，为玉溪市建设“云南绿色钢城”打牢基础。仙福钢铁的一系列举措，也带动了所在地餐饮、住宿等第三产业的协同发展。

四、捐资助学扶贫扶智

教育承载着民族的希望，是功在当代、利在千秋的德政工程。尊师重教是社会乃至每个人义不容辞的责任和义务。多年来，仙福钢铁先后向玉溪市及新平县的教育事业、青少年发展基金等组织捐款超774万元，积极开展“金秋助学”“捐资助教”等教育帮扶活动。具体如下：捐资100万元，用于新平教育发展资金建设，在教育领域“奖优扶困”；捐资100万元，在新平一中设置“仙福奖学金”；自2023年起，每年捐赠20万元，对品学兼优的学子进行奖励，激励更多的学子树立坚定目标，满载美好的希望和愿景，开启新的征程。

一路风雨，一路荣耀。仙福钢铁将进一步深入学习贯彻习近平总书记关于民营企业和民营经济发展有关重要指示精神，认真践行“行山水之远、筑百年基业”的企业文化，在企业自身健康发展的同时，一如既往地关注和参与光彩事业等公益活动，重视扶贫济困，关心弱势群体，助力乡村振兴，为社会多做实事，用实际行动践行企业社会责任。

实业报国三十载　初心如磐显担当

——云南保山恒益实业集团有限公司

云南保山恒益实业集团有限公司（简称“恒益实业”）创立于1994年，目前已发展成产业涵盖能源、国际产能物流、文旅康养三大事业群，以及农业生鲜、供应链、跨境电商三大事业部的综合性集团。恒益实业在2023年云南省非公企业100强中位列41，服务业20强中位列13，连续3年位列云南省非公企业百强榜前50。据不完全统计，恒益实业及下属公司累计斩获国家级、省级、市级荣誉170余项，涉及科技创新、安全生产、经济发展、公益慈善等领域。其中：2020年，中国红十字会授予恒益实业“中国红十字会奉献奖章”；2020—2023年，恒益实业生态农业产业荣获国家级畜禽养殖标准化示范场（肉牛）、高新技术企业、国家级畜禽养殖标准化示范场等国家级荣誉；2021年，恒益实业矿业获得云南省总工会授予的非公企业“云南省五一劳动奖状”，云南省委、省政府授予的“第九届云南省优强民营企业”等多项荣誉。

恒益实业董事长段治葵始终坚持在产业重心上紧跟党和国家战略，积极响应国家号召，开展对外投资合作，带领恒益实业走高质量发展之路，产业转型升级覆盖矿产资源开发、进出口贸易、新能源产业开发、国际产能合作、现代物流、文旅康养、农业生鲜、生物科技等多个领域。“时刻与党中央保持高度一致，紧跟时代发展潮流，做有情怀、有担当的民营企业。”这是恒益实业坚守的理念。多年来，恒益实业坚持以依法纳税、合法经营为己任，争做爱国敬业、守法经营、创业创新、回报社会的典范；坚持以实业兴邦、实业强国为己任，努力做到富而有德、富而有爱、富而有责，累计纳税50余亿元；常年在职员工2000余人，带动20000余人就业，有力地推动了地方经济和社会发展，得到社会的广泛认可。“做人要学会互助，懂得感恩。我们企业能够做大做强，离不开社会各界的支持和帮助。我们要承担起社会责任，除了提供优质产品和服务、创造就业、贡献税收外，做慈善、做公益是我们回报社会的最好方式。只要我的企业存在，并健康持续地发展下去，我的公益慈善事业就会永远做下去。”段治葵表示。

一、产业布局，服务国家经济发展战略

落实战略性矿产资源供应保障。恒益实业目前拥有6个采矿权证，开采范围9.5平方公里；11个探矿权证，探矿范围约210平方公里，探明金属、非金属等战略性矿产资源储量超过1.5亿吨。恒益集团在国内和缅甸都有矿产资源布局，国内主要有6座矿山、4个选厂，国外主要有3座矿山、3个选厂，具有铁、铜、锡、钨、铅、锌、硅石、石灰石等的综合回收加工能力，在金属和非金属矿采选领域形成了独特的技术优势，加工工艺技术达到国内领先水平。恒益实业年开采原矿石规模达500余万吨，年产高品质铁精矿、硅石矿等300余万吨。

恒益实业注重绿色创新发展，掌握业内多项核心技术，目前拥有11项实用新型专利和发明专利，落实“绿水青山就是金山银山”发展理念，开展矿山露天采空区回填、植被恢复、生态修复治理等工作，向“绿色矿山”“智慧矿山”不断迈进。2024年3月，恒益实业滇滩铁矿矿山顺利通过绿色矿山遴选申请。

助力云南省面向南亚东南亚辐射中心建设及“三大经济”发展壮大。恒益实业在中国保山、德宏，缅甸仰光、曼德勒、克钦邦等多地进行规划布局，积极拓展国际产能物流业务。目前，重点投资开发了缅甸甘拜地边境经济合作区、缅甸密支那经济开发区、中国瑞丽－缅甸木姐国际产能合作区，以及中缅跨境多式联运、中缅农业合作、中缅水电开发等项目，形成了“产能合作园区为骨架、跨境多式联运为脉络、两国优势产业相促进”的整体发展格局。

建设世界旅游文化名城。恒益实业以腾冲东山国际康养度假区开发为核心，着力打造“以康养、旅居为主题和特色的世界一流康养特色小镇”。目前，恒益实业依托度假区内独特的温泉资源，联合法国国家温泉医疗研究联合会、法国国家温泉医疗机构协会、欧洲温泉协会、法国赫卡特水疗教育学院等机构，以及云南高原温泉康养产业创新研究院平台及专家资源，以东湖温泉健康管理中心为载体，整合恒益健康体检中心、恒益国医馆等医养、康养资源，着力构建“温泉＋中医＋运动＋食疗”核心产品体系，针对亚健康人群进行有针对性、科学的健康干预，实现从温泉旅游产业到

温泉疗养产业的转型升级。截至 2024 年 4 月，东山国际康养度假区累计完成项目投资 49.1 亿元，被列入云南省 2022 年度省级重大项目清单。

推动乡村振兴战略实施。恒益实业以肉牛、玫瑰、中药材、三文鱼产业发展带动乡村振兴，实施“三个万亩”生态农业项目，建设万头肉牛观光产业园、万亩玫瑰产业园、万亩中草药种植产业园及三文鱼良种繁育基地。在生态农业方面，目前投资约 6 亿元，流转土地约 2.38 万亩，从业人员达 600 余人，带动农户 2000 余户，间接带动 5000 余人就业，年实现产值 2 亿余元，先后获得 40 余项荣誉。

二、数字化转型，推动企业高质量发展

现代物流数字化转型亮点。恒益实业积极布局国际产能物流业务，以“近期布节点，中期畅通道，远期搭平台”为战略步骤，已在国内的北京、天津、新疆、广西、四川、云南多地，以及国外的密支那、曼德勒、仰光等地设立分、子公司（事业部或办事处）。按照“统一规划，分步实施”策略，积极推进重要节点物流园区建设，在国内和缅甸拟投资或正在投资 10 余个物流基地项目，将建成公司自有物流“地网”，同时，以网络货运平台为基础，努力推进多式联运网络货运平台、区块链跨境贸易及支付清算平台、智慧物流综合服务平台等云南省重点科研项目，打造自有物流“天网”。以“地网”为实体支撑、以“天网”为信息协同、以“商网”为融合手段，提升公司物流业务核心竞争力，以实现规模与利润同步增长、经济效益与社会效益兼顾的可持续发展，最终实现千亿级现代物流企业的远景目标。恒益实业目前取得的主要创新成果包括“智慧物流数字化服务平台”“跨境物流平台”“多式联运网络化平台”“物流业财税一体化系统”“缅甸车管家系统”“智慧公铁联运物流园”等。

智慧口岸亮点。恒益实业布局口岸业务，云南大通汇电子科技有限公司是一家致力于“互联网 + 口岸通关 + 口岸物流 + 跨境贸易 + 产业融合”服务领域研究、技术研发和运营的科技企业。作为昆明海关“互联网 + 边民互市”业务模式下的技术服务支持单位，云南大通汇电子科技有限公司在昆明海关的支持及指导下，自主研发了具有独立知识产权的“边互通综合服务平台”（简称“边互通”）。边互通包括边民互市双边交易系统、边民互市二级市场交易系统、边民互市跨境结算系统、边贸二级市场商城系统、商城后台管理系统、智能服务开票系统、一级市场越南销售商品展示平台、

二级市场国内需求展示平台。截至2023年底，边互通已在金水河、河口、天保、孟连、磨憨、清水河、南伞、畹町、勐龙、勐康、沧源（云南口岸），龙邦、东兴（广西口岸），黑河（黑龙江）等多个口岸落实运行。边互通不仅极大地推动了边境互市贸易的数字化转型，提升了交易的便利性和效率，更展示了边境贸易中的创新做法与突出成效。2022年9月，《国务院办公厅关于对国务院第九次大督查发现的典型经验做法给予表扬的通报》对实施“互联网+边民互市”助力边贸发展的做法给予了充分肯定。

三、论坛经济，促进产业新发展

2022年至今，在省市各级政府的牵头下，恒益实业连续成功举办腾冲科学家论坛·孟中印缅地区国际物流通道合作论坛、温泉医康养产业发展论坛、地热资源与温泉医康养产业发展院士讲坛、备战巴黎奥运会高原训练和温泉水疗康复院士讲坛等活动。在孟中印缅地区国际物流通道合作论坛期间，参加论坛的院士和专家学者对保山国际物流通道进行了现场考察，围绕“推进孟中印缅地区国际物流通道运营联通”“孟中印缅地区交通物流数字化发展与应用”“中国猴桥——缅甸甘拜地边境经济合作区建设”等议题进行研讨、交流，并签订了系列协议；温泉医康养产业发展论坛吸引了来自全国各地的近200位专家、学者、企业家共襄盛举，集合了当前全球大健康趋势、中国大健康环境、腾冲大健康资源，围绕温泉医疗和康复两个重点方向，探讨促进产业升级和转型发展路径。恒益实业旗下的东湖温泉健康管理中心被确立为“温州医科大学温泉康复人才实训基地”“昆明医科大学温泉康复人才实训基地”；在备战巴黎奥运会高原训练和温泉水疗康复院士讲坛期间，业界、学界专家及政企人士汇聚一堂，共同探讨高原训练和温泉水疗康复的前沿科技与实践。这些论坛的成功举办，能够深化产业发展相关议题的探讨，助力云南口岸经济、温泉康养产业高质量发展。

四、全面发展，让职工与企业共同成长

恒益实业专门设立了党群建设办公室，以积极发挥党建引领作用。“公司把职工放在心上，职工才能把公司发展的责任扛在肩上。”在劳动关系中，“人”是主体，只有解决好“人”的问题，职工与企业才能共同成长，企业高质量发展才能有保障。腾冲市恒益矿产品经贸有限责任公司作为恒

益实业旗下全资子公司，于2003年成立工会，如今594名职工已全部入会。该子公司坚持与职工协商共事、机制共建、效益共享、利益共享，采用线上调查的方式，让广大职工对公司经营管理提建议，由工会委员收集整理，为公司决策提供参考。此外，该子公司还设立了劳动纠纷调解办公室，并采取了以下举措：组织广大职工学习《中华人民共和国工会法》《中华人民共和国劳动法》等法律法规，让职工懂得如何保护自己的合法权益；设置职业病防治知识宣传栏，为广大职工身体健康保驾护航；严格工会会费的管理和使用，组织健康户外徒步活动、篮球赛、劳动技能竞赛等文体活动，丰富职工的业余生活；职工或其家属患重大疾病、子女上大学等导致家庭困难的，工会会帮助职工解困脱困。通过以上举措，广大职工感受到了工会组织的温暖，归属感大大提升，离职率常年维持在3%以下。此外，该子公司工会认真落实各级精神，在“三八”妇女节、“五四”青年节等节日组织活动，丰富员工生活，提升企业凝聚力；组织开展员工生病慰问、职工大病互助、金秋助学等关怀活动，及时为困难员工送爱心，让员工深切感受到“恒益大家庭”的温暖。

五、助力振兴，积极参与“万企兴万村”行动

恒益实业积极参与“万企兴万村”行动，挂钩帮扶腾冲市、施甸县11个村（社区），采取产业带动、吸纳就业、定向捐赠等多种形式，将集团优势与地方资源充分结合，推动村企联建，促进一二三产业融合发展，成功建立了促进地方经济发展的长效机制。恒益实业充分发挥决策机制灵活、市场反应灵敏、产业带动有力、资源配置高效等优势，坚持因地制宜、因人施策，在各类帮扶举措上下足了“绣花”功夫，找准“穷根”，对症下药。推行“企业+养殖户”合作模式，即企业提供基础母牛、养殖技术，养殖户提供场地、劳动力、饲料，并按标准养殖流程进行养殖，待犊牛6月龄至8月龄时，企业按市场价进行收购。与农户签订青贮玉米收购合作协议，企业提供种子和种植技术，农户提供土地、劳动力等，企业按高于市场价5%的价格进行收购。优先招录项目区群众开展基地维护、牛只饲养等工作，增加群众劳务收入。截至2023年底，恒益实业累计带动1.15万养殖户进行养殖，带动人数2.3万余人，人均增收3000元，总增收近7000万元。2022—2023年，恒益实业挂钩帮扶腾冲市滇滩镇联族村，累计定向捐赠69万元。

六、服务社会，积极投身公益事业

恒益实业在自身发展的同时，积极践行“义利兼顾、以义为先”的光彩精神，秉承“有利国家、有利社会、有利员工”的“三利”方针，在参与助学助教、抗击疫情、脱贫攻坚，投身家乡建设，促进共同富裕等方面做出了重要贡献，有效推动了经济效益与社会效益的提升。截至2023年底，恒益实业在各项社会公益活动中累计捐款近2亿元，其中，在校舍建造、教育设施完善、学生资助等方面累计捐资近4000万元，帮助60余名贫困生圆梦大学。

2020年疫情暴发后，恒益实业通过多种渠道采购了价值700余万元的防疫物资，先后捐献给腾冲、隆阳、龙陵、德宏、缅甸等地抗疫一线，并主动承担腾冲市委、市政府捐赠武汉物资的运输工作，彰显了企业担当。

段治葵及其夫人黄爱丽捐建北京知见行公益基金会，捐赠创始资金800万元。该基金会本着“知公益、见公益、行公益”的设立初衷，围绕助学、济困、环保等开展公益活动；同时，引入“希望工程”早期公益人之一、中国青少年发展基金会原秘书长、中国篮球协会原秘书长涂猛，北京春晖博爱公益基金会副秘书长李妮等运作基金会，先后启动“恒益助教金”“筑梦计划”“知航计划”“体育铸未来”等项目。2022—2023年，恒益实业先后为腾冲市10所学校捐赠360万元，用于支持鼓励优秀教师；2023年11月，为瑞丽市学校搬迁工程及示范校建设捐赠100万元；2024年1月，为保山市乡村学校基础设施改善捐赠70万元。资助困难大学生20人，并在寒暑假期间为学生提供在恒益实业勤工俭学的机会，受益人在取得劳动报酬的同时，实践能力也得到了锻炼。基金会还为10位乡村女童提供了教育资金支持，并于2023年7月开展研学活动，带领她们走出大山。2023年8月，由基金会冠名赞助的“知见行杯”2023年姚基金希望小学篮球季云南赛区省级联赛圆满落幕；11月，基金会邀请NBA球员马布里到腾冲，为百年名校腾冲一中的学生带来了一节意义非凡的篮球课。2023年10月，恒益实业向北京春晖博爱公益基金会“关爱之家”项目提供10万元的资金支持，同时，为全国各地福利院的孤残儿童在京治疗期间的生活提供保障。

营养护航十五载　公益反哺守初心

——保山茶军营养餐配送有限责任公司

保山茶军营养餐配送有限责任公司（简称“茶军餐配”）成立于2008年，是一家专注于热食类食品制售、预包装食品销售及学生营养餐配送的餐饮服务企业，占地面积4000平方米，配送中心大楼总建筑面积8596平方米，配送食品加工场所面积2900平方米，已建成一条标准化的热食类食品制售、预包装食品销售、集体用餐配送生产线，该生产线有中央厨房的标准配置。目前，茶军餐配负责隆阳区2/3的城、乡小学学生营养午餐配送及1/2的中小学大宗食品配送。

一、依法经营，回馈社会

茶军餐配秉承务实、创新、开拓、进取的精神，朝着争创“餐饮服务配送行业一流企业”的发展目标稳步迈进，历经十几年的运营，凭着安全可靠的保障体系和完善的服务，已成长为云南滇西热食类食品制售及学生营养餐配送行业最具影响力的企业。依靠规范的流程、严格的管理、雄厚的技术与人才实力，茶军餐配得以发展壮大，并赢得了公众的信赖和政府部门的认可。

理想信念是行动的先导。为了响应习近平总书记在民营企业座谈会上的讲话精神，自2010年起，茶军餐配董事长茶军就身体力行，积极发挥示范带动作用，认真履行社会责任，在保山每年资助贫困户30余户，资助小学生、初中生、高中生、大学生200余人，并关怀残障人士等，获得多项荣誉：2004年，被评为“优秀共产党员”；2018年，获得云南省“社会扶贫模范”称号；2019年，获隆阳区教育体育局“捐资助学、奉献爱心、功在当代、利在千秋”荣誉称号。2018年，茶军被隆阳区光彩事业促进会选为副会长；2022年，茶军被选举为第八届隆阳区工商联（总商会）副会长。

二、关爱员工，共筑未来

自成立以来，茶军餐配解决了隆阳辖区及周边156名人员的就业问题，缓解了地方就业压力，为促进地区经济发展做出了一定的贡献。作为公司的领导者，茶军认为，员工是企业最大的财富，是企业发展的重要保障，员工的健康和幸福是企业的最大责任。他希望每一位员工都能感受到被尊重、被关怀。茶军餐配不仅为员工提供了舒适安全的工作环境，还为员工创造了良好的工作氛围、提供了较大的发展空间。为了把对员工的关爱落到实处，2022年，茶军餐配拟定《助学贫困基金实施方案》，每年自筹10万元的“助学资困”基金，用于解决职工子女上学难和职工家庭困难等问题，进一步延伸助学资困链条，推进公司帮扶工作常态化、长效化。该方案中明确：职工子女被大专院校录取的，一次性资助1000元，被985及211高校录取的，一次性资助1万元，被清华、北大录取的，一次性资助50000元；对意外致困职工户，根据实际情况给予一定的补助；对重大疾病职工户，补助资金1000～100000元；对子女就读公司送餐范围内小学的职工，每个孩子每年补贴餐费1000元。该项目实施以来，资助重大疾病职工1人，10000元；资助子女上学困难职工10人，共10000元；补贴职工子女餐费共30000元。茶军餐配对员工的关爱，提升了员工的幸福感和归属感，吸引了更多优秀人才加入企业，同时提高了员工的稳定性，为企业的良好健康发展奠定了坚实的基础。

三、爱心助学，回报社会

多年来，茶军餐配为隆阳教育谋发展，为隆阳学子谋成长。为了让学生受到良好的教育，改善育人环境和办学条件，落实教育精准扶贫计划，茶军餐配先后为隆阳学校捐资捐物价值200余万元，资助200余名大中小学生，为社会慈善事业贡献了自己的力量。茶军餐配每年都会拿出一定的资金，奖励鱼和村历届考上高等院校的大学生（每人1000～5000元），为鱼和小学捐赠校服320套、鞋子320双，开凿水渠8公里等，累计投入70余万元。先后为大官庙小学、汉营三家山小学、第五小学、河上小学、杨柳乡杨柳中心学校等捐资捐物，资助50多名小学生和30多名大学生，其中，每个大学生每年可获得资助最少1000元、最多5000元。2016年，出资

5 万元为杨柳乡鱼和村鱼和小学接自来水管，资助杨柳乡鱼和村大学生 7 人（每人 3000 元）。2018 年，出资 12 万元为河图小学修建校舍及采购教学设施。2019 年，分别捐资 14 万元和 6 万元为杨柳中心学校和栗柴小学建盖学生餐厅；捐款 3 万元资助鱼塘村一名贫困大学生；捐赠 6 万元为娘咱小学建盖校舍。2020 年，向实验小学捐赠 9.1045 万元、向实验小学北城分校捐赠 4 万元，用于采购电脑和硬化学校大门；捐资 15 万元，为第五小学新建了运动场。

茶军餐配的善举，为许多贫困家庭解决了子女上学的问题，受到学生、家长和社会的一致好评，并获得多项荣誉称号：2013 年 5 月，河图镇大官庙小学授予其“情系教育伸援手　抗旱助学献爱心”荣誉称号；2014 年 5 月 21 日，兰城汉营三家山小学授予其“情系教育伸援手　捐资助学献爱心”荣誉称号；2019 年，保山市杨柳乡杨柳中心学校授予其“教育扶贫显真情”荣誉称号，保山市隆阳区教育体育局授予其“无私奉献　扶贫助学”荣誉称号。这些荣誉是对茶军餐配的肯定，更是鞭策。茶军餐配的爱心助学实践既是在履行社会责任，也是在为构建和谐社会和美好未来贡献力量。茶军深感责任重大，他表示，未来会更加努力，决不辜负这些荣誉。

四、灾难无情，人间有爱

2022 年上海新冠疫情暴发，牵动着千里之外保山人民的心。茶军积极参加了由保山市红十字会、隆阳区红十字会组织的爱心企业捐赠活动，为上海市闵行区人民捐献多种蔬菜，价值 3.35 万元，为上海抗疫贡献了自己的一份力量。2023 年 5 月 2 日，隆阳区瓦窑镇发生 5.2 级地震，瓦窑镇中心小学学生被迫离开学校，临时到市区就读。知晓学生在异地求学的艰辛后，茶军餐配向灾区学校定向捐赠 10 万元，希望学生能早日复课。灾难无情人有情，茶军餐配用实际行动向灾区表达了关心和支持，这些善举温暖了灾区人民的心。

茶军餐配将时刻谨记使命，不忘初心，砥砺前行，想群众所想、做群众所盼，树立先锋模范形象，坚持履行社会责任，彰显企业担当。

戎马报家国　药业济苍生

——云南龙马药业有限公司

保山龙马药业有限公司于2002年成立，2005年6月正式更名为云南龙马药业有限公司（简称“龙马药业”），旗下有零售直营门店400余家，在德宏、昆明、腾冲、保山、六库、大理、楚雄、临沧等地共有加盟店106家，覆盖了保山市90%的乡镇，现有员工1300余人。自成立之日起，龙马药业坚持“以人为本、诚信经营、内抓管理、外树形象”的经营理念，成为云南省医药界知名的药品流通批发企业，以及云南医药界的一面旗帜。龙马药业始终以真诚沟通、安全用药的服务理念去对待每一位顾客。成立20余年来，龙马药业从一个单体药店发展为云南省举足轻重的大型医药销售平台，从最初只有几个人发展到如今有1000名员工，从一无所有发展为有上亿元固定资产、年销售额达到几亿元的企业。

一、历尽艰难，初心不改

1993年，龙马药业董事长马建凡身背军用黄布包、脚踏黄胶鞋来到云南保山。当时，改革开放的春风已经吹遍边疆，边城保山的边境贸易如雨后春笋，市场十分活跃。马建凡带着他的慧眼和卓越的胆识往返于保山、瑞丽、芒市、昆明等地，尝试做贸易。后来，他敏锐地觉察到未来药品行业会是一个巨大的市场，便开始探索药品批发。

创业有苦有乐，有艰难有收获。做销售时，他碰过钉子、有过身无分文的经历，但军人出身的他一刻都没有放弃过。对马建凡来说，永远不会有“无路”的时候，脚下便是路。没有退路的他咬牙坚持了下来，终于淘到第一桶金。

2000年，马建凡在保山开了第一家老百姓大药房。同年8月，全国药品零售连锁经营监督管理工作会召开，国家放开了药品市场，这为马建凡提供了机会。2002 年，他成立了保山龙马药业有限公司。“非典”之后，国家放开了药品零售连锁政策，这也被业界称为“国家鼓励药店发展连锁经营的分水岭”。2005 年，马建凡将保山龙马药业有限公司正式更名为“云南龙马药业有限公司”，并不断发展加盟药店，还对加盟商实施奖励政策，鼓励各地区志同道合之士加入，带领他们共享改革开放政策红利。

2006 年，马建凡被推选为中国人民政治协商会议保山市第二届委员会委员。2011 年 6 月，马建凡作为资深民营企业家，受邀随时任国家副主席、中央军委副主席习近平一行赴意大利考察。2012 年，马建凡当选保山市川渝商会会长。2014 年，马建凡受邀出席了由北京澳美欧国际商务服务中心举办的中国国际投资促进会，受到国家主席、中央军委主席习近平的亲切接见。2020 年，马建凡被推举为保山市个体私营经济协会会长，在他的带领下，该协会始终秉持“共谋发展”的宗旨，带领会员向着共同富裕的目标迈进。

截至 2022 年，龙马药业旗下已有龙马大药房 615 家，分布在德宏、大理、楚雄、保山、怒江、临沧、昆明等地；解决就业人口 2000 余人，职工劳动合同签订率达 85%，社会保险参保率达 85%，企业员工中有退役军人 79 名、退役军人家属 239 名。龙马药业旗下产业包括保山市维也纳国际酒店、云南龙马大药房、龙马中医院、龙马中医馆等。如今，龙马药业已获得国家 GSP 质量认证体系认证，被国家指定为物资保障供应企业，是“消费者信得过单位”“云南省先进企业”“保山市守信用重合同企业”“保山市质量诚信单位”。

二、党建领航，凝心聚魂

龙马药业坚持用党的创新理论指导经营，在发展中始终坚持“党建强则企业强”的工作理念。

龙马药业党支部成立于 2009 年 4 月，自成立以来，便高度重视企业党建工作，强化党建引领，重视发挥党员作用，结合公司实际，积极探索企业党建与生产经营、企业文化有机结合的新途径，建立健全党员教育和激励机制，并将“不忘初心、牢记使命”作为公司职员的坚定信念。马建凡经常强调，全体员工要认真学党史、新中国史、改革开放史和社会主义发展史。他说：“我们要牢记红色政权是从哪里来的、新中国是怎么建立起来的。作为新时代的中国人，不管是在哪个层级工作，从事哪个职业，都要做马克思主义的坚定信仰者，做习近平新时代中国特色社会主义思想的忠实践行者！”

龙马药业党支部始终坚持在片区设置党员示范岗“1+1+N”制度，即“一名党员 + 一家直营店 + 多家连锁店”，采用党员带动“N”方联动分配任务销售模式，在各个片区取得了很大成效。实施“1+1+N”制度后，企业年销售额平均增长 6%。2023 年底，龙马药业年销售额达到 5.3 亿元。

龙马药业党支部始终坚持“三培养”工作机制，即把优秀职工培养成公司骨干，把公司骨干培养成党员，把优秀党员培养成公司管理层。截至 2023 年底，共发展了 30 名党员（其中，高层管理者 9 名、中层管理者 13 名、优秀员工 8 名）、12 名积极分子。

龙马药业党支部积极开展党员“亮身份”活动。党支部为每位党员制作了“党员示范岗”牌子，上面印有党员姓名、所在门店和本人照片，以及党员“五个模范”、党支部箴言和职业道德规范，并要求把牌子挂在门店最显眼的位置，做到“亮身份、亮职责、亮承诺”。“亮牌上岗”的举措，增强了党员的党性意识、责任意识和自律意识，激励党员内强素质、外树形象、服务客户、奉献社会。

龙马药业党支部的健康发展离不开上级党委的帮助与支持。2018 年 7 月，该党支部被评为中国共产党保山市工商行政管理局非公有制经济组织委员会“先进基层党组织”；2018 年 11 月，该党支部被确定为云南省市场监督管理局非公有制经济组织党建工作“联系点”；2019 年 10 月，该党支部被确定为中共保山市市场监督管理局非公党委“先进基层党组织”；2020 年 12 月，该党支部被确定为“党建带工建示范点”；2017—2021 年，该党支部连续 5 年被评为“先进党支部”。

三、悬壶济世，龙马精神

成立以来，龙马药业始终坚守“企业不仅要创造经济效益，也要承担社会责任”的理念，自觉履行社会责任，积极投身社会公益事业。

为响应国家号召，龙马药业先后向灾区捐款捐物，组织员工献血，向乡镇捐资助学，向保山市隆阳、昌宁、腾冲等地捐资修路；向龙陵县残联捐赠爱心轮椅等；助学捐款、教育捐款、医疗捐款、扶贫捐款、防疫捐款、助残捐赠等总金额达 560 万余元，乡村振兴项目投资金额达 1230 万余元。

为了响应党和政府提出的“万企兴万村”号召，龙马药业在腾冲市荷花镇进行肉牛养殖产业扶贫。2021 年 12 月，在荷花镇郎蒲社区小台子投资 700 余万元建设腾冲市龙牛农业发展有限公司。该公司养殖区占地面积 30 亩，现养殖规模 500 头，养殖品种为西门塔尔牛；流转土地 500 亩，每年可直接带动当地经济收入 230 万余元，促进了当地农业增收，增加了当地农民收入。

2020 年初，新冠疫情全面暴发，在口罩难求的情况下，龙马药业筹集到 20 万个口罩：17 万个口罩捐赠给了保山市疫情防控领导小组，由疫情防控领导小组将口罩送到最需要的人手中；剩下的 3 万个口罩，在龙马药业各大药房进行免费发放。马建凡说：“我不能发国难财，不然对不起身上曾经穿过的那身戎装。”

作为保山市个体私营经济协会会长，马建凡始终坚持带领所有会员共同发展。自 2019 年起，他连续担任保山市工商业联合会副主席。2011 年，马建凡获得“保山市十大改革贡献领军人物”称号。2017 年，马建凡被评为“保山市扶残助残先进个人”。2020 年，马建凡被评为“保山市抗疫捐赠物资先进个人”。

一本“茶经”铸匠心　一颗真心履责任

——昌宁遐尔茶品有限责任公司

昌宁遐尔茶品有限责任公司（简称“遐尔茶品”）成立于 2013 年 11 月 18 日，是一家从事茶叶制品生产、食品经营、林木种子生产经营等业务的公司，总资产 1335 万元，经营总收入 1289 万元，净利润 104 万元。遐尔茶品始终以推动全县茶产业发展壮大、宣传推介“千年茶乡·昌宁”茶叶品牌为己任，带动群众增收致富，主动投身光彩事业，无偿培训茶行业专业技术人才，传承昌宁茶文化。

一、做思想政治“引领人”

遐尔茶品共有员工 28 人，其中党员 7 人。遐尔茶品党支部组织员工认真学习贯彻习近平新时代中国特色社会主义思想、习近平总书记考察云南重要讲话和党的二十大精神，自觉增强“四个意识”，坚定“四个自信”，做到“两个维护”。遐尔茶品通过抓党建促进茶叶产业发展。遐尔茶品设有专用党员活动室，积极组织开展“三会一课”，并始终坚持政治学习与技能学习相结合，以切实提升员工政治修养和理论水平，推动各项工作落实落地。

党建工作做实就是生产力、做强就是竞争力。遐尔茶品党支部凝心聚力，紧密结合企业实际，破解改革发展中的重点难点堵点问题，真正将党建优势转化为企业发展胜势。坚持把政治标准放在首位，选优配强支部书记，推进党员与经营管理技术人员“双向培养”，提升企业整体凝聚力、战斗力。增强身份认同感，围绕“初心是什么、使命干什么、奋斗比什么”，设立“党员示范岗”“党员责任区”，开展“我为遐尔献良策”活动，引导党员职工坚守主业、多做贡献。提升职工归属感，依法织牢劳动者权益“保护网”，为职工奋发向前解决“后顾之忧”。

二、做企业发展“排头兵”

技术赋能企业发展。遐尔茶品注重企业技术创新、成果转化应用及知识产权开发，拥有注册商标6项、有效实用新型专利2项、发明专利（一种红茶动态发酵方法）1项。在专利技术的运用实施上，2项有效实用新型专利在提高生产效率、降低损耗、保障成品质量等方面取得了一定成效，直接或间接为公司带来效益。2017年，遐尔茶品研发生产的“遐尔·圆满（金曲）”和“遐尔·碧云仙红针”分别获得保山市首届斗茶大赛银奖和铜奖；2018年，遐尔茶品研发的昌宁红茶被选为马克思诞辰200周年德国纪念活动中国代表团用茶；2019年，遐尔茶品野生红茶获中国昌宁电商文化节十大优质野生茶，“碧云仙红针”获滇西茶文化品鉴交流会铜奖；2022年9月，遐尔茶品的“一根丝”红茶获得2022年“宜红杯”工夫红茶产品质量推选特别金奖。

匠心铸就企业文化。遐尔茶品成立了“周增志创新工匠工作室”，大力弘扬“工匠精神”，争做新时代茶产业工人队伍的奋斗者，凝心聚力创新争优。2013年，遐尔茶品总经理周增志参与起草《昌宁红茶》地方标准，受到云南省卫生厅表彰。此外，周增志获得以下荣誉：2014年，被昌宁县人民政府评为“茶叶生产先进个人”；2020年8月，获首届“保山工匠”荣誉称号；2020年10月，被农业农村部授予“全国农业技术能手”称号；2020年12月，被昌宁县人力资源和社会保障局授予“茶乡首席技师”称号；2021年4月，被云南省总工会授予“云南省五一劳动奖章”。2017年，被共青团昌宁县第十八次代表大会选举为共青团昌宁县委副书记（兼职）；2022年6月，被聘为昌宁县“一根丝”宣讲团（乡村振兴宣讲团）特聘宣讲员；2022年9月，被昌宁县总工会第十三次代表大会选举为昌宁县总工会副主席（兼职）。

比赛助力企业精进。周增志积极参加各项技能大赛，促进自身技能提升。2019年，参加云南省第十六届职工职业技能大赛茶叶行业技能竞赛，取得评茶员决赛十强第四名的成绩，荣获“云南省评茶技术能手”称号；2020年8月，荣获全国茶叶加工（精制）职业技能竞赛云南省选拔赛一等奖；2022年6月，荣获第五届“中国创翼”创业创新大赛云南省选拔赛暨第三届“创翼云南”产业大赛劳务品牌专项赛二等奖；2022年7月，荣获第三届全国评茶员职业技能竞赛云南预选赛暨云南省第三届“临沧杯”评茶员职业技能竞赛单项赛一等奖；2022 年 7 月，荣获云南省第十九届职工职业技能大赛茶叶加工竞赛二等奖。4 位团队成员分别荣获云南省第十九届职工职业技能大赛茶叶加工竞赛一等奖和三等奖、第三届全国评茶员职业技能竞赛云南预选赛暨云南省第三届“临沧杯”评茶员职业技能竞赛单项赛三等奖和优秀奖。2022 年 11 月，遐尔茶品协办保山市第四届职业技能大赛茶行业竞赛。

三、做乡村振兴“领头雁”

心系群众，带头致富。为帮助更多茶农发展致富，2020 年，遐尔茶品在翁堵镇新建了一个可年产 400 吨干茶的茶厂。按照“党组织 + 企业 + 村集体 + 基地 + 农户”的发展思路，遐尔茶品在昌宁县翁兴村分阶段分地域探索“红色联盟、村企联建”模式，创新打造了“绿色金叶村企共建”模式，有效促进了集体经济增长，同时增加了茶农收入。在“绿色金叶”模式下，合作社通过鲜叶收购、场地出租、基地管理等实现村集体经济收入提高，由企业支付服务费用及场地、车间、综合馆租金。同时，合作社对外销售产品获利，增强了村党组织的服务保障能力。2022 年，昌宁县翁堵镇两个村（社区）集体经济在“绿色金叶”品牌打造中分别实现纯增收 25 万元和 10 万元。通过“绿色金叶”模式构建了党组织、合作社、企业、茶农优势“互补”、发展“共建”的利益联结共同体，由合作社对话企业，争取最好的鲜叶价格，同时与群众分红，实现了群众收益最大化。与茶农建立“双绑”利益联结机制，茶厂以 2.5 元 / 千克溢价向村级合作社集中收购鲜叶，村级合作社以 1.5 元 / 千克价格给茶农分红，以实际利益刺激农户的积极性，实现了企业、群众与村集体“抱团”发展的新局面。2022 年，茶农人均增收 3500 元。

不忘初心，参与公益。2019 年和 2021 年，遐尔茶品两次向社会发起“茶乡爱心助学金”捐赠倡议活动，共募集善款 72250 元，资助 31 名贫困学生，为 13 个乡镇完全小学各购置一套鼓号队器材。同时，在各中小学、有关单位和企业开展公益培训 58 期，共计 3800 人次参加培训，学员们通过培训，了解了更多茶文化。2022 年，遐尔茶品被共青团昌宁县委授予“爱心企业”称号。

四、做文化宣传“主力军”

2015年，遐尔茶品成为昌宁红茶加工技术培训基地。近年来，该基地无偿培训茶行业专业技术人才3787人，直接解决就业120人，极大地促进了《昌宁红茶》地方标准的推广，带动县内其他初制所在技术、安全、卫生等方面迈上新台阶，在茶叶加工标准化、规范化和便利化等方面起到了示范推动作用，为全县各茶企打造过硬的品牌奠定了坚实的基础。2016年，遐尔茶品成立昌宁七碗茶院职业培训学校有限公司，按照“培训—技能提升—促进就业创业”的思路，大力开展以茶叶种植、管护、加工，以及评茶、茶艺等为主的实用技能培训。目前，共培训高级茶艺师172人、中级茶艺师153人、评茶员196人、茶叶加工工121人、少儿茶艺师420人，为昌宁茶文化的发展培养了一批专业技术人才。

遐尔茶品为温泉镇光山小学等5所中小学和县委组织部等12家单位与企业开展茶艺茶道培训32期，共计3000人参加培训；策划承办了昌宁示范一小少儿茶艺表演活动2次，有力助推全县茶艺茶道进校园、进单位、进企业。2017年，周增志参与编辑《茶画昌宁》一书，组织35名茶艺师参与拍摄宣传片《千年茶乡 昌宁茶韵》；成功举办了三届寻茶之旅活动，吸引县内外大批专家和爱茶人士参与。2018年，筹集资金带领5名小茶艺师赴杭州参加第五届中华茶奥会少儿茶艺大赛，作品《茶乡小咪彩》获银奖，很好地推介了千年茶乡的茶文化。2021年，周增志带领团队赴昆明国际会展中心参加由云南省总工会举办的“创新引领时代，奋斗成就百年”云南省职工创新成果展，遐尔茶品荣获优秀展演项目三等奖，让大家更好地认识了昌宁红茶茶艺，也对昌宁红茶茶品有了更多的了解。

把个人奋斗的“小目标”融入乡村振兴事业的“大蓝图”

——昌宁县鸿坤生猪养殖场

昌宁县鸿坤生猪养殖场（简称“鸿坤养殖”）成立于2015年5月7日，是一家从事种畜禽经营、牲畜销售、蔬菜种植等业务的公司。自创办以来，鸿坤养殖不断创新经营理念，以规范化、科学化的生产模式不断发展。2020年，鸿坤养殖销售额突破4000万元。2023年底，鸿坤养殖总占地面积近3万平方米，生产区建筑面积2.3万平方米，存栏能繁母猪1514头，资产总额达3500万元，出栏肥猪12622头、种猪27634头，实现销售收入4587万元。鸿坤养殖先后被评为国家定点农产品成本调查户（单位）、云南省科技厅初创期优秀科技型中小企业、云南省生猪标准化示范场、云南省农业产业化省级重点龙头企业。

李志娟为十四届全国人大代表、云南省侨联常委、云南省侨联青联委员、保山市侨联常委、保山市人大代表、昌宁县政协委员、昌宁县侨联常委、云南省高级人民法院特约监督员、第十一次全国归侨侨眷代表、昌宁县柯街商会副会长兼秘书长。李志娟于2009年开始从事生猪养殖，2015年创办鸿坤养殖，现任养殖场总经理，具有较强的事业心和责任感。经过多年努力，李志娟一步步从“打工妹”成长为一名优秀的农民企业家，把个人奋斗的“小目标”融入乡村振兴事业的“大蓝图”，是农民企业家履行社会责任的典范。

一、创新思路，带动群众发展

鸿坤养殖自创办以来，通过“引进良种、自育、封闭管理、全进全出”的标准化生产模式，不断优化品种，坚持自繁自养，并且注重营销创新，出栏的商品猪直供神农集团东方红屠宰场，成为周边大中城市的长期供货商。鸿坤养殖积极带动当地优质生猪生产基地发展，不断推进生猪产业化进程，并充分利用养殖产生的有机肥料发展大棚蔬菜、水果种植，带动周边 580 户农户发展生猪养殖，带动农户 1200 余人实现自主创业。鸿坤养殖打造了“规模养殖 + 畜果循环 + 龙头带动”全绿色生态化一条龙链条，自种果蔬 380 余亩，发展农户种植果蔬 750 余亩，带动 80 余人就业，使得户均增收达到 2 万元以上。此外，鸿坤养殖还面向全县提供优质化生猪养殖技术培训，共计服务 3000 余人（其中，青年 900 余人）。目前，鸿坤养殖常年原种、纯种、种猪存栏 600 余头，年出栏种猪 1 万余头，与 900 多家养殖场（农户）建立了长期合作关系。

二、不忘根本，全力扶贫济困

李志娟心里始终有个信念：一个人的富不是真的富，只有让大家的钱包鼓起来，幸福万家才是富。李志娟深知，对于家乡的发展，自己责无旁贷。她凭着对市场周期的敏锐判断，提前考察种植养殖信息并进行市场份额规划，积极探索“公司 + 基地 + 农户”的产业化经营运作模式，不断改良品种，有效带动了当地生猪产业发展。在自身不断发展壮大的同时，李志娟还不遗余力地帮助农户和其他养殖场增收致富，并以扶贫济困为己任，积极投身乡村振兴和公益事业。

自 2019 年起，鸿坤养殖采用“免费 + 优惠”的方式向当地 1400 余户规模养殖场及农户发放优良种猪苗 7 万余头，帮助养殖户向省内外销售种猪 2 万余头、商品肥猪 9 万余头，为贫困养殖户免费提供价值 200 余万元的猪精 2 万余份，使得户均年增收达 4 万元以上。其中，170 余户孤寡、残疾、五保等贫困户在享受鸿坤养殖种猪捐助的同时，获得“手把手”技术支持，依靠养殖走上脱贫致富道路。鸿坤养殖为 35 户重点监测户捐赠价值 26 万元的能繁母猪 65 头，让他们在家中创收 21 万元以上。新冠疫情期间，鸿坤养殖积极为当地教育事业、疫情防控点捐资捐物，共投入 50 余万元。2021 年 6 月，鸿坤养殖在昌宁县柯华小学设立了“鸿坤扶志奖学金”，每年根据学生考试情况提供 1 万元至 10 万元奖学金，对优秀学生进行奖励，累计为全县教育事业发展捐资 80 余万元，成为广大民营企业的公益榜样。鸿坤养殖吸纳当地 20 名村民、5 名应届毕业大学生就业，旺季雇用短工 80 人以上。

三、担牢职责，为民参政议政

2023 年，李志娟当选全国人大代表，这更坚定了她扎根基层、勇毅前行、服务社会的信念。履职期间，她深入学习相关法律法规和惠农政策，走村串户进行调研，把群众的“金点子”变为“好建议”，协助当地党委、政府做好乡村振兴和产业发展规划。在参加十四届全国人大一次会议期间，李志娟提交了《关于化解地方政府债务风险的建议》《关于加强生猪价格稳控的建议》等 7 项代表建议，用实际行动践行“人民选我当代表、我当代表为人民”的初心和庄严承诺。其中，《关于化解地方政府债务风险的建议》得到国家发展改革委、交通运输部、海关总署等国家部委的高度重视，并通过电话、信函、现场调研、面对面答复等方式做出回应。

利他助力成长　责任散发光芒

——云南景和商贸有限公司

云南景和商贸有限公司（简称“景和商贸”）于2016年成立，隶属于保山景和集团，从事建筑建材销售，发展潜力大，服务范围遍布滇西各地区。景和商贸聚精会神办企业，遵纪守法搞经营，坚持“诚信、感恩、利他、共进”的理念，着力打造“有使命、有担当、有文化、有情怀，讲诚信、重品质”的现代创新型企业，始终毫不动摇地“听党话、感党恩、跟党走”，把企业发展同国家繁荣、民族兴盛、人民幸福紧密联系在一起，主动为国担当、为国分忧、扎根滇西、造福保山。

一、以利他之心，成就事业和他人

景和商贸牢记习近平总书记“做爱国敬业、守法经营、创业创新、回报社会的典范”的嘱托，考虑更多的是如何履行企业社会责任，坚持以“为客户创造价值、为员工创造机会、为企业创造效益、为社会的文明进步做出贡献”为经营理念，得到行业主管部门和社会各界的广泛支持与认可。景和商贸热心公益慈善事业，勇于承担社会责任，通过助力脱贫攻坚、万企兴万村、解难纾困、扶智助学、防疫抗疫等行动把爱心撒在滇西这片热土上。景和商贸先后获得国务院国资委行业协会“建筑业重点信用认证企业”、第二届中国质量品牌先锋论坛“匠心品质金奖”、云南省工商联2019年先进单位、保山市隆阳区2019年文明单位、隆阳区纪念改革开放40周年“改革创新先锋企业”、隆阳区“万企帮万村”精准扶贫工作先进企业等荣誉。景和商贸一名职工荣获2019年云南省“五一劳动模范”称号。景和商贸董事长杜朝云获得第三届保山市助人为乐道德模范奖、2019年第五届云南省非公有制经济人士优秀中国特色社会主义事业建设者、2019年保山市脱贫攻坚贡献奖、2020年国际中国公益事业大典先锋人物等荣誉。杜朝云因诚信守法行为，被中央电视台《信用档案》栏目特邀并接受央视著名主持人水均益专访。此外，杜朝云荣获“2020年保山市劳动模范”“2020年度云南好人”等称号；2021年被授予保山市“工人先锋号”，并获得云南省“五一劳动奖状”等。2023年，景和商贸被授予“公益募捐先进集体”荣誉称号。

二、助力脱贫攻坚，让更多人富起来

景和商贸响应市、区政府“万企帮万村”号召和工作部署，对隆阳区瓦窑镇10个扶贫村进行结对帮扶，并多次参与市区爱心助学、公益送教、扶贫助残等公益活动，共投入资金300余万元，帮扶对象近万人，体现了市区各级党委、政府及市工商联对贫困家庭的深切关怀和帮助。

“再困难也要落实好扶贫行动，让这10个贫困村成功走上脱贫的道路。”景和商贸组建的扶贫小组深入各村组进行摸排了解，制定了“6+1帮创”（生活帮扶、就业帮扶、教育帮扶、环境帮扶、健康帮扶、推广帮扶、造血创富）帮扶方案并有序进行。根据实际情况，景和商贸在生活上对挂钩贫困村贫困户给予生活救助金；吸纳贫困村群众到公司就业，通过学习提升，树立信心，回馈家乡；帮助解决贫困村学生教育问题；帮助贫困村进行危房改造、道路建设、环境提升；帮助贫困村老年人改善健康医疗服务；收集整理贫困村地区农特产品、致富能手等方面资料并进行宣传推广，帮助推动农产品销售；针对贫困村特点，挖掘地方文化、旅游、农特产品等方面潜力，实施能够有效落地的致富农业经济和文化旅游项目，逐步改变贫困面貌。

三、纾困实际行动，让更多人心暖起来

2019年1月，景和商贸到瓦窑镇挂钩贫困村挨家挨户给贫困家庭送上新年慰问金；在隆阳区九隆街道总工会领导带领下慰问城市特困户和孤寡老人，逐户送上新年慰问金。2月，参加九隆街道总工会组织的帮困助残活动，送上慰问金和生活用品。春节前夕，为10个结对帮扶贫困村的582位老人送上春节贺岁慰问金。4月，积极投入隆阳区瓦房乡浪嘎村的脱贫攻坚危房改造工程。6月，为瓦窑镇大寨村捐资5万元修建垃圾焚烧炉，改善村貌。7月，为施甸县老麦乡杨柳村捐资3万元，用于道路建设。8月，为隆

阳区芒宽乡脱贫攻坚危房改造项目捐赠水泥100吨。2019年3月至今，景和商贸多次走进瓦窑镇帮扶挂钩村，挖掘贫困村农特产品、能人巧匠等，并对其进行宣传。通过省、市主流媒体发布相关文章12篇，发表乡村脱贫攻坚成效等方面文章21篇，宣传乡村先进能人9人。景和商贸不但在生活上帮助贫困村群众，而且在思想上帮助贫困村群众树立正确积极的价值观，发扬勤劳勇敢的中华民族优良传统。在各级党委和政府的坚强领导下，在社会各界和当地群众的支持下，景和商贸将继续发扬创业精神，拓展创业渠道，帮助挂钩贫困村改变贫困面貌，逐步走上幸福之路。

“真正的成功不仅仅是企业发展得越来越好，更是在有能力的时候承担起对社会的责任。我们身处这伟大的时代，脱贫攻坚工作无疑是这个时代最伟大的工程，参与脱贫攻坚不仅是企业的一份社会责任和担当，更是广大非公有制经济人士践行理想信念、致富思源、富而思进、回馈社会、实现共同富裕的崇高追求。”杜朝云如是说。正是这样的信念，让景和商贸在自身还面临诸多困难和挑战的情况下，依然坚定前行，用实际行动践行责任与担当。

四、扶智百年大计，让更多山区儿童学起来

“日勤其业，日新其德”，只有“达则兼济天下”，造福一方，企业才会有更广阔的发展空间。在市、区各级党委、政府及相关部门的领导和支持下，景和商贸多次组织和参与爱心助学社会公益活动，用实际行动助力脱贫攻坚。2016年11月，向芒宽光明小学捐助价值10万元的衣物和文体用品；2017年，向芒宽乡捐助12万元教育基金；2017—2018年，为挂钩贫困村的中小学生开展公益送教活动，并为隆阳区西邑乡中心学校、潞江坝小平田明德小学、湾甸傣族乡大城完全小学、施甸县太平镇椅子山小学等学校开展公益送教活动，受益学子超过2000人；2018年7月，向区总工会举办的“金秋助学”活动捐助12万元助学金；2019年元旦，在杜朝云的带领下，青阳郡工程项目建筑工人向挂钩贫困村捐助1.55万元助学金，向挂钩贫困村的102位学子捐助7万元助学金；2019年6月，向瓦窑镇大寨村建档立卡户的一名大学待读学子捐助1.3万元助学金，并承诺承担该名学子在大学就读期间的全部学费；2019年6月，向瓦窑镇祝家村小麦地完全小学捐赠5.3万元助学金；2019年8月，在区总工会举办的“助推脱贫攻坚·爱心企业助学”活动中捐赠10万元助学金；2020年12月，参加“2020

年美丽中国温润保山慈善之夜”支教活动，向“美丽中国”支教事业捐款10万元；2021年9月，通过隆阳区妇联牵线搭桥，向瓦渡乡、瓦窑镇、瓦房乡共29名中小学生，按每学期每人1000元到3000元的标准长期补助学习费用；2023年7月，向保山市慈善总会捐款20万元，用于提升保山市中小学教育质量；2024年4月，向保山市红十字会捐款1万元，支持“博爱云南保山行”活动。

五、抗疫主动作为，给更多人送温暖

2020年疫情全面暴发后，景和商贸勇担使命，不计得失，第一时间主动投入抗疫行动，组织协调一批民营企业捐款捐物，支持抗疫。同时，为隆阳区12个基层单位捐赠物资，包括口罩1.45万只、84消毒液3.6吨、矿泉水1000件、方便面100箱，价值13.2万元。这些物资是景和商贸对奋战在一线的抗疫工作者的爱心和问候。疫情防控进入常态化阶段后，景和商贸积极组织工会力量，深入抗疫一线站点、卡点，慰问抗疫人员。2021年中秋节前夕，景和商贸专门购买了月饼和水果，慰问一线13个卡点的防疫同志，并送上节日祝福。

爱心成就光明

——楚雄爱尔眼科医院

楚雄爱尔眼科医院（简称“爱尔眼科”）于2019年8月10日开业，是楚雄州卫健委批准设立的二级眼科专科医院，集临床、科研和教学于一体，设有飞秒激光治疗近视手术专科、超声乳化治疗白内障专科、青光眼专科、眼底病与眼外伤专科、斜弱视及小儿眼科、泪道与眼部整形美容专科、角膜移植及综合眼病专科、中医眼科、干眼治疗专科、医学验光配镜及青少年近视防控、糖尿病及高血压专科等科室，有65张开放床位。

一、以患者为中心，提供高质量眼健康服务

爱尔眼科深信，坚守医疗本质、确保医疗安全与质量是保障群众健康生活的首要条件，也是医疗健康服务企业可持续发展的重要支柱。爱尔眼科注重全面提高医疗服务水平，致力于为患者提供全面、高质量、安全的医疗服务。爱尔眼科严格遵守《中华人民共和国基本医疗卫生与健康促进法》《中华人民共和国医师法》《医疗质量管理办法》《医疗技术临床应用管理办法》《医疗机构管理条例》等一系列国家医疗卫生法律法规与相关政策要求，建立并完善医疗质量与安全管理架构。2023年，爱尔眼科持续加强医疗质量与安全制度建设，定期开展医疗质量安全督查工作，定期对医疗用品开展安全风险评估，建立并持续完善医疗服务常态化监督机制，开展服务能力培训和演练，提升服务人员服务意识，增强服务能力，规范营销、广告活动。

二、健康守护，促使医疗资源触手可及

爱尔眼科结合实际制订年度业务学习计划及教学活动，促进学科建设

与人才培养。2023 年，爱尔眼科共开展专业知识培训 30 余场次，开展业务学习 20 余场次，开展其他培训及演练 10 余场次，并定期邀请专家巡诊，促进医疗资源触手可及，服务不同眼病人群。2023 年 11 月，在医院各方面条件均已成熟的情况下，爱尔眼科积极申报开设新学科——中医眼科，并先后派出 3 名医师到昆明学习中医眼科五联疗法，将眼科前沿技术带回来。爱尔眼科还积极参与行业交流与研讨，先后组织楚雄州医学会眼科学分会 2023 年学术年会、云南省眼底病论坛、爱尔眼科云南省区青光眼学组会议暨第一届青光眼培训班等，邀请国内、省内知名专家授课、交流与研讨，助力行业发展。

三、以人为本，打造幸福职场

爱尔眼科坚持合规雇用、保障员工权益，提供覆盖全体员工的激励机制和多样化的福利保障，依法为全体员工缴纳五险一金，严格落实带薪年休假制度，提供餐补、生日福利、节日福利、体检等，并先后组织员工到楚雄紫溪山、西双版纳、香格里拉及越南等地旅游，以增强团队凝聚力，提升员工幸福感和归属感。此外，爱尔眼科会定期开展安全应急演练，提高员工应急响应能力和事故防范能力；加强场所的日常安全预防与管理，保障员工健康与安全。爱尔眼科注重完善员工职业发展及晋升体系，通过多元多样的培训，助力员工综合素养提升和职业晋升，以实现公司与员工的共同成长。爱尔眼科重视内部组织建设，建立了党支部、团支部、工会、妇联等群团组织，尊重员工自由结社权利，鼓励各群团组织积极参加各类活动，在展示医院企业文化的同时，也展示了员工的特长与风采。

四、明眸相伴，共创美好和谐社会

爱尔眼科在做好医疗服务的同时，始终追求社会责任和自身发展的和谐统一，立足自身实际，建设可持续的公益慈善模式，积极响应乡村振兴与健康中国战略，依托“光明工程、白内障复明”“侨爱心 · 光明行”等项目，持续在乡村振兴、关爱弱势群体、青少年近视防控等领域加大公益活动力度，先后开展“七彩阳光、美丽视界”、“热血铸军魂、爱眼助从戎”、“你守护国家、我守护光明”——关爱退役军人计划，“光明工程 · 白内障复明工程”、“启明行动”白内障救助、楚雄州“白内障及胬肉患者千人复明工程三年行动”、乡村少年“亮眼”计划志愿服务等活动，全面开展防盲治盲和青少年近视防控工作，热忱帮助弱势群体。

五、推动环保，坚持绿色运营

爱尔眼科制定了节能降耗管理制度，于各业务环节推行节能减排措施，合规处置废水和各类废弃物，制定办公用品管理制度，实施节水节电措施，倡导无纸化办公及绿色出行等。具体措施如下：爱尔眼科水电专员定期检查维修隐蔽水管、水箱、水龙头及其他供水设施，加强用水设备日常管理维护，防止跑冒滴漏；根据实际情况，合理调整水阀水量，节约用水；下班时检查用水开关；在各用水区域张贴节水标志，倡导员工随手关闭水龙头；电脑、打印机等办公设备或电器不使用时须关闭开关；充分利用自然光，按需求开启和关闭照明灯；合理利用空调及电器设备等。在污水处理方面，严格按照国家标准建造污水处理池，定期进行维护保养，并委托有资质的第三方公司定期检测，确保医疗废水合规排放。在医疗废物处理方面，对产生的医疗废物进行分类收集、贮存及转运交接，并实施专人管理，且规定于 48 小时内将医疗废物及时交由具备专业资质的第三方机构进行无害化集中处置，尽可能减少有害废弃物排放对生态环境的负面影响。

六、党建引领，传承红色基因

爱尔眼科坚持以满足人民群众看病就医需求为重点，以党建引领助推医院发展，努力为人民群众提供安全、有效、便捷、优质的医疗服务。为了实现这一目标，爱尔眼科党支部将党组织活动与业务工作有机融合，为医院各项事业全面进步提供坚强保障。爱尔眼科党支部先后组织了以下活动：到楚雄市东瓜镇敬老院慰问老人，并为他们做眼睛健康检查；带领团支部青年志愿者投身疫情防控工作，参与楚雄西高速路口、青山嘴省道出入城车辆登记及人员体温测量；与团支部一起发起倡议，先后向楚雄州红十字会、州内各医疗机构和学校，以及坚守在抗疫一线的人员捐赠护目镜、高清偏光太阳镜、口罩、环境消毒药片等价值 10 万元的抗疫物资；到楚雄州特殊教育学校开展视力普查，并为有关学生免费验光配镜；在建党 100 周年之际，在高新区党工委管委会的带领下，到楚雄市苍岭镇开展“守初心担使命办实事”主题活动；关爱退休老党员，为入党 57 年行动不便的戴爷爷上门免费验光配镜；等等。爱尔眼科员工足迹遍布楚雄州的九县一市，他们进社区、进企业、进校园、进乡村，通过组织眼健康咨询、义诊、眼病检查及爱心助学等活动宣传党的方针政策、开展眼健康教育、普及眼病预防知识，让主题党日活动真正成为医疗事业发展的助推器。此外，爱尔眼科还积极开展民营企业社会化拥军工作，为优抚对象和现役军人及家属开通了绿色通道，为优抚对象提供优质的眼健康服务。

七、弘扬大爱，传承人本情怀

在公益的道路上，爱尔眼科从未缺席——热心各类公益，创新救助模式，为楚雄公益事业做出了积极贡献，坚持打造让患者信任的医院。爱尔眼科积极向湖南爱眼公益基金会申请扶贫基金，联合楚雄州、市、县残联开展“集善扶贫健康行”白内障救助活动，为低收入白内障患者送光明，目前已成功救助 4000 多名困难白内障患者；联合爱心企业宇泽半导体（云南）有限公司开展“巩固脱贫攻坚成果健康光明行　走进西舍路”惠民工程，为西舍路镇参保低收入患有白内障、翼状胬肉等眼病的 50 名患者实施救助；联合楚雄州退役军人事务局开展“你守护国家、我守护光明”关爱优抚对象公益活动，医护团队到楚雄州的 103 个乡镇，为近 5000 名退役军人及家属免费提供眼健康检查，并为符合手术指征的优抚对象免费进行白内障（指定晶体）和胬肉手术治疗，对家属给予手术费减免。截至 2023 年底，已有 600 多名退役军人及家属通过手术重见光明。爱尔眼科还联合楚雄州征兵办公室开展了为期 3 年的“热血铸军魂、爱眼助从戎”专项征兵惠兵活动，为近视的应征青年开通绿色诊疗通道，助力他们摘掉眼镜，圆梦军营。爱尔眼科对于在本院做近视矫正手术后成功入伍的青年，还额外奖励军旅慰问金，鼓励广大青年不惧近视、报名应征，切实助力更多近视青年实现军旅梦，同时，为兵源征集提供支持。目前，已有 100 多名青年在爱尔眼科完成近视矫正手术后顺利入伍。

爱尔眼科联合武定县残联，连续 3 年到武定县万德、己衣、环州等 7 个偏远乡镇的中小学，为学生进行视力防控筛查以及免费配镜。2021 年以来，在该活动中受益的学生达 900 多名，免费配近视眼镜近 600 副，价值约 30 万元。2022 年 3 月，中国红十字基金会、深圳市平安公益基金会资助，联合云南省红十字会开展的“红十字爱眼护眼工程——乡村少年亮眼计划”眼健康公益项目在楚雄州启动，爱尔眼科为项目的执行医院，近 60 岁的天敬香院长带领视光团队，历时3个月，先后到5个县的21所平安智慧小学，为13504名山区学生进行眼健康检查、科普讲座、眼疾救助，为1293名有需求的学生免费配近视眼镜。

爱尔眼科关爱乡村青少年眼健康、热心公益的一系列善举得到了广泛的社会认可。2020年12月，爱尔眼科荣获全国“万企帮万村”精准扶贫楚雄行动“先进民营企业”称号；2022年9月，中共武定县委、县政府授予爱尔眼科“2017—2021年度扶残助残爱心企业”称号；2023年2月，云南省工商联授予爱尔眼科“全国工商联民营企业调查点先进企业”荣誉牌；2023年5月，南华县政府残疾人工作委员会授予爱尔眼科“奉献爱心　携手助残”荣誉牌。

发扬企业精神　履行社会责任

——楚雄州吕合煤业有限责任公司

楚雄州吕合煤业有限责任公司（简称“吕合煤业”）前身为楚雄州吕合煤矿，始建于1960年6月，2002年10月改制为民营企业，注册资本7291万元。通过4次技改扩建，吕合煤业露天生产规模达90万吨/年，矿区面积1.8974平方公里，保有储量4871.5万吨，可采储量2845万吨，主要开采吕合煤田褐煤资源，产品（褐煤）广泛用于烤烟、冶金、化工、建材等领域，主供楚雄州及滇西各县市用煤，销售市场在矿区周边500公里范围内，市场占有率达65%，是楚雄及滇西重要的煤炭生产基地。2003—2023年，吕合煤业累计产销褐煤855万吨，实现销售收入29.4亿元，创税7.4亿元。

吕合煤业先后获得“中华人民共和国能源部部级质量标准化矿井”“全国煤炭工业先进集体”“云南省先进基层党组织”“云南省守合同重信用先进企业”“云南省I级劳动保障诚信企业”“云南省农民工工作先进集体”“云南省成长型中小企业”“云南省优强民营企业”“云南省科技厅、云南省财政厅高新技术企业”“云南省工业和信息化厅专精特新中小企业”“州级企业技术中心”“楚雄州再就业先进企业”“楚雄州依法诚信缴纳国税先进企业”“楚雄州优强工业企业”“楚雄州安全生产先进单位”“全国‘万企帮万村’精准扶贫楚雄行动先进民营企业”“楚雄州第三届光彩之星”等荣誉。

一、做强产业支撑，助推地方经济高质量发展

吕合煤业作为民营经济的一分子，始终责任在肩、使命在心、担当前行，在推动企业高质量发展的同时，坚持经济效益和社会效益的有机统一，建立了回报社会的长效机制，充分发挥了企业在构建和谐社会中的重要作用。吕合煤业深知，不能安于现状，体现企业价值最好、最直接的方式就

是努力把企业做大做强，唯此才有回馈社会的能力，也才能为地方经济高质量发展赋能助力。

坚持创新驱动，推动技术创新、管理创新，发挥科技引领作用，着力解决生产工艺落后、生产效益低下、管理模式固化等深层次问题，努力实现可持续健康发展。吕合煤业投资了5.12亿元，于2022年6月底完成长坡煤矿技改项目并顺利达产验收，突破了生产开拓空间有限、资源迭代储备不足的掣肘，解决了下属企业散、小、弱问题，实现了露天生产规模由年产45万吨到90万吨的重大跨越。随着90万吨/年规模的全面达产，自2023年起，吕合煤业年均产值达3亿元以上，年均创税不少于1亿元，既满足了楚雄州内外的煤炭市场需求，提升了企业市场地位，提高了企业经济效益和社会效益，又带动了周边地区发展，帮助周边村邻解决了部分生产生活中的实际困难，推动了地方经济发展。

吕合煤业坚定不移推动高质量发展，坚持以需求为导向、以质量赢市场，不断推进技术创新、管理创新，产销量逐年稳定增长，经济效益屡创新高。2021年，产销褐煤47.74万吨，实现销售收入2.26亿元，上缴税金6576万元；2022年，产销褐煤73.82万吨，实现销售收入3.64亿元，上缴税金8883万元；2023年，产销褐煤74.84万吨，实现销售收入3.20亿元，上缴税金10306万元。此外，2023年，吕合煤业还取得了人均创税29.45万元的好成绩，为当地社会经济发展做出了应有的贡献。中共南华县委、县政府向吕合煤业颁发了“县域经济发展突出贡献奖”。

二、关爱员工，共筑和谐发展环境

吕合煤业始终秉持“团结、和谐、共赢、发展”的理念，弘扬“尽职、担当、守正、创新”的精神，积极实施矿山地质环境治理、“绿色矿山”建设等工程，不断修复矿区环境，努力减少环境影响。推出“金秋助学”活动，帮扶困难员工，加强职工住房及环境改造，不断提高员工福利待遇，努力提高员工的获得感和幸福感。积极兑现承诺，履行社会责任，支持周边村邻公益事业，推进和谐矿区建设，以担当尽责展现共赢发展新作为，实现了和谐稳定、健康发展的新局面。

在企业经济效益不断提高的同时，员工收入也在不断增长。2023年，员工年均收入达12.4万元，比改制前增长了25倍。改制以来，吕合煤业围绕生产规模扩大与补套建设，累计投入资金1亿多元，重建、新建了一批生产生活用房屋建筑，先后在楚雄城区建设了鲁班阁基地、孙家河边基地、天合阳光花园3个小区，先后实施了污水处理设备升级改造、生产用水改造、矿区柏油道路及剥离运输道路升级改造、矿区环境改造、职工住宅楼改造等一系列矿容矿貌建设工程，极大地改善了矿区生产生活条件。2023年，吕合煤业投入1500万元，用于生活区72套住宅改造、新建1幢住宅楼，人均住房面积由改制前的6.2平方米提高到7平方米。

吕合煤业还建立了年度员工子女助学奖励制度。截至2023年底，该制度已实施19期，累计资助和奖励员工子女634人，累计投入资金84.48万元（其中，2023年资助和奖励考取高中及以上员工子女15人，资助奖励资金3.62万元，人均奖励2400元）。2021年，吕合煤业荣获南华县“爱心圆梦大学爱心企业”称号。建立企业员工互助互济基金，累计帮扶困难员工143人次，帮扶资金共计30.22万元。建立吸纳就业和员工培养长效机制。结合岗位技能需求和用工实际，逐年与相关院校合作或通过州、县人社部门发布招工信息招聘技术人员，并出台了培训培养机制，使企业人力资源配置与生产规模的提升相适应。2021年9月至今，新招收大中专以上学历员工41人（其中，2023年招收19人），吸纳当地及云南可保煤矿参与土方剥离作业的就业人员110人，发挥企业稳定地方就业的主体作用。吕合煤业拥有符建斌、万世红2个“彝乡名匠”工作室。2023年，王恩树（兴楚企业家）、杨开平（第十三批中青年学术和技术带头人）获得“兴楚英才”等荣誉。

三、坚持安全发展，筑牢安全生产防线

安全是企业永恒的主题。安全工作关系全局，重于泰山。没有安全，员工的根本利益就得不到保障；没有安全，企业就不可能稳定健康发展。吕合煤业始终坚持安全发展，先后克服了2001年长坡露天非工作帮“6·2”特大山体滑坡、2008年长坡露天东帮“11·03”滑坡、2016年笪家屯“9·24”特大滑坡等重大地质灾害的影响，实施矿山地质环境治理、白衣河道改移、新征排土场安全设施建设等数十项基础工程，固本强基，煤矿安全生产持续改进；始终以党和国家的安全生产方针、法律法规为指引，深入贯彻习近平总书记关于安全生产的重要指示批示精神，围绕煤炭产业高质量发展总体要求和部署，加强安全制度建设，提升安全能力，突出雨季“三防”、边坡维护管理、排土安全、隐患排查治理等安全工作重点，深

化安全生产专项整治，夯实安全基础，抓好关键节点时期的安全工作，落实煤矿重大灾害治理，切实落实安全生产主体责任，确保了公司安全生产形势总体平稳；连续通过国家A级安全煤矿评价，连续保持安全生产标准化二级标准，实现了连续13年未发生工亡、重伤、重大机电设备事故，筑牢了安全生产防线，构建起了安全发展新格局。

四、坚持绿色发展，绘就和谐矿山

吕合煤业深入贯彻习近平总书记“绿水青山就是金山银山”理念，坚持绿色发展、科学发展，致力于“绿色矿山”建设，推动矿山生态文明建设和可持续发展。累计投资1亿多元，先后实施矿山地质环境治理、采场边坡地质环境治理、白衣河道改移、排土场防渗防滑等数十项基础工程，最大限度控制采剥生产对环境带来的负面影响。

投资790万元建成长坡煤矿工业广场、“五七”大学、生活区三处污水处理设施，累计日处理污水4760吨，实现水循环利用，采取洒水降尘、封沙固土工程治理、植树造林等措施控制采剥生产污染源，使矿坑水、工业污水、生活污水、粉尘等环境污染问题得到有效处置。

抓好土地复垦与水土保持工作，每年组织员工进行义务植树，对矿区排土场、到界边坡进行了土地复垦复绿，并完善水土保持设施。截至2023年底，累计完成复垦土地121.3389公顷，种植戟叶酸木、旱冬瓜、爬山虎、葛藤、狗牙根、湿地松等植株共计210190株。

加强数智化建设。截至2023年底，投入资金735.9万元完成集视频监控系统、GNSS实时在线监测系统、无人值守磅秤系统、坑底智能抽排水系统、高低压配电智能操控系统于一体的智能化管理平台；道路照明更换为太阳能路灯；投资426万元引进新能源设备（电动装载机替换燃油装载机）投入日常生产，实现节能减排，推进数智化转型。

五、坚持共赢发展，展现社会责任新作为

吕合煤业在加快发展的同时，也致力回馈社会，不断履行社会责任。累计投入9442.5万元支持乡村振兴，向多个受灾地区捐赠抗震救灾资金190.23万元；为贫困地区捐款捐物。为困难户建盖房屋等，投入资金96.37万元；每年义务为周边村民抽水，支持农业生产支出45万元，保证了周边

地区农业增产、农民增收；每年为楚雄州南华县龙川镇白衣村上屯村民小组、梅家村民小组提供燃料补助和公益事业资金支持；出资 4 万元帮助下屯村民小组 1 农户新建住房 3 间，改善其居住条件；出资为楚雄州姚安县弥兴镇笪家屯居委会建设文化活动室、农业生产灌溉沟渠，并进行乡村道路硬化；从 2010 年起，帮助笪家屯社区进行社区建设，扩展居民增收致富渠道。

吕合煤业平均每年向周边地区和社会捐赠资金在 250 万元以上，帮助周边村邻解决了很多生产生活中的实际困难。2020 年，荣获楚雄州工商联（总商会）“全国‘万企帮万村’精准扶贫先进民营企业”称号；2021 年，荣获云南省工商联（总商会）“优秀示范企业”称号；2022 年，荣获楚雄州“第三届光彩之星”和南华县“扶残助残优秀企业”称号。2023 年，吕合煤业共向州、县光彩事业促进会捐赠公益资金 223.98 万元。

2016 年发生“9·24”笪家屯滑坡地质灾害后，在州、县政府的支持下，截至 2023 年 9 月，吕合煤业累计投入资金 9277.55 万元，完成了笪家屯 133 户居民的搬迁安置工作，兑现了分期分批实施笪家屯整村搬迁的承诺。

2022 年 4 月，吕合煤业实施长坡煤矿采场北帮地质灾害处置工程，启动梅家地质灾害隐患点村民搬迁工作。地质灾害危险性评估、安置房规划设计、搬迁区域四至界线确定、搬迁户搬迁安置协议签订等工作相继完成，兑付搬迁安置补偿金 2376.38 万元，于 2024 年 10 月全面完成地质灾害隐患点村民搬迁工作。吕合煤业的一系列帮扶举措，充分展现了企业的责任意识和担当意识，以及对乡村振兴战略实施的责任感和使命感，使得矿邻关系更加和谐稳定。

未来，吕合煤业将继续秉持“团结、和谐、共赢、发展”的理念，弘扬“尽职、担当、守正、创新”的精神，以习近平新时代中国特色社会主义思想为指引，不忘初心，牢记使命，在转型升级上加力，在“五化”建设上加速，在安全发展上加强，在和谐稳定上加固，为地方经济高质量发展做出新的贡献。

发挥“链主”作用
引领绿色数控装备制造产业发展

——云南锦润数控机械制造有限责任公司

云南锦润数控机械制造有限责任公司（简称“锦润数控”）抓住云南省最强绿色数控装备制造产业集群的发展机遇，持续发挥“链主”作用，引领上下游企业“入链”抱团、集聚发展、共建园区。2010年成立以来，锦润数控产值翻了20倍，完成了从村办小厂到装备制造龙头企业、国家高新技术企业、国家级专精特新“小巨人”企业的转变，实现了企业转型升级和产业提档加速的互促共赢。

一、搭好平台，为园区发展添后劲

搭建园区投资发展平台，实现政企合作互补。锦润数控积极探索园区市场化运营模式，投资建设园区水、电、路、网、厂房、污水处理厂等基础设施，统一提供绿化、保洁、安保、员工食宿等公共服务，统一建设标准化厂房和生产线租赁给其他企业入驻使用，一期建成厂房17万平方米，三期投入1.58亿元建厂房3万余平方米，建成面向园区所有企业开放的员工食堂2个，牵头协调政府部门解决企业员工宿舍170套，持续增强园区功能配套，提升园区承载能力和“颜值”品质，保障上下游企业拎包入驻。

搭建互助合作平台，帮助企业降本增效。发挥产业链龙头作用，协调推动园区企业跨行业、跨区域开展原材料供给、设备租赁、配件加工、产品购销、物流运输和技术培训等方面合作，组建工艺互助团、质量监督团开展链上企业结对帮扶，实现链上中小企业共降成本、共御风险，促进企业抱团发展、融合共促。

搭建经营主体集聚平台，强化企业融通对接。投资建设数字化工业互联网平台，集成 OA 办公、MES 生产管理系统、财务管理系统等企业运用系统，免费开放给园区内所有中小企业共同使用。各企业通过在平台上发布需求信息，让技术、数据、劳动力需求信息充分流动，链上企业“一张网”，实现供需无缝对接，激发园区整体活力。

搭建共性技术研发平台，联合攻克技术难题。充分发挥龙头企业连接市场和技术研发优势，组建数控装备制造产业技术联盟，建好资源、需求、项目“三张清单”，将企业工程研究中心、省级工业设计中心、科技专家工作站的技术力量、市场资源聚合到产业链上下游企业，借力大平台帮扶小企业，带领小企业勇闯大市场，有效解决了中小企业技术研发和市场开拓成本过高的问题。通过与昆明台正公司共同成立数控机床研发中心，攻克了产业链上下游企业多个技术难题，生产效率、产品技术水平等得到显著提高。

二、当好“保姆”，推动产业转型升级

政务服务入园。组建园区综合服务中心，协调争取设立园区政务服务工作站，由龙头企业统一收集、整理链上企业需求和办理事项，统一对接职能部门入驻服务，实现工商、税务、医保社保、水电气暖等 20 余项高频政务服务事项“集零为整”，就近就地全流程“一站式”“一次办”，解决了链上企业“最后一百米”的服务难题。截至 2023 年底，共办理企业职工需求事项 600 余件、审批服务事项 12 件，推动 10 家企业通过园区政务服务站签约入驻产业集群。

创业“管家”兴园。选派创业导师结对挂钩服务链上企业，将设立在公司内部的培训中心、数控产业创业孵化示范园辐射到整个数控产业园区，为创业群体提供企业设计、注册流程、基础运营、品牌打造、项目推介、技术服务、园区事务管理等全周期创业指导，为上下游 43 家企业提供入园发展服务。

共育“头雁”赋能。实行链主企业与链上企业“老带新”机制，推行链上企业与车间班组结对共建，建立链上企业中层以上干部互学互促机制，定期开展生产经营管理、生产技能学习交流，将 46 名车间班组负责人培养为中层管理干部，5 名中层干部成长为企业副职，链主企业带动链上企业发展的能力水平整体提升。

共培人才聚力。引进 8 名专家服务链上企业开展技术攻关，并提供科

技创新指导，采用集中培训、定岗培训、车间班组培训、师带徒、线上学习等方式进行人才培养。目前，锦润数控有核心研发技术人员125人，共为链上中小企业定向培养专业研发人员35人，在产业链上下游企业结对帮带员工546人，推动链上企业600余人获得专业技术职称，先后研发新产品100余种，获得专利52项，参与制定国家机械行业新标准8项，多个数控机床产品达到国内领先水平，主导产品数控摇臂铣床系列国内市场占有率达到85%，链上企业核心竞争力不断提升。

三、当好“链主”，加速园区产业集聚

自主孵化见成效。用好“政府+链主企业+产业园”招商模式，以禄丰数控产业创业孵化园为平台，加强大中小企业合作配套、融通发展，先后引进和孵化了云南润霖精密机械制造有限公司、禄丰锦泰工贸有限公司等43家民营小微企业入园发展，构建了涵盖炮塔式铣床、数控加工中心、数控龙门加工、数控车床的产业体系，产业集聚效应明显。

整链招商添动能。瞄准产业链薄弱环节和关键领域，大力开展以商招商、精准招商，广泛吸引省内外优质企业入驻产业集群，引进安徽省捷甬达智能机器股份有限公司等6家省内外上下游企业拎包入驻、抱团发展，实现了产品从“笨、大、傻、粗”到“灵、小、智、细”的转变。

融通对接提能级。成功举办“2023年全国‘百场万企’大中小企业融通对接活动数控机床专场”活动，与云南CY集团等国内数控机床行业280余家关联企业及相关高等院、校、所达成合作，共签订入园企业24家，总投资达25.2亿元。目前，绿色智能装备制造产业链链上企业有72家，其中，规模以上企业5家。锦润数控生产的数控铣床、龙门铣床、龙门加工中心（数控）跻身省内行业前三、国内行业前十，龙头引领、大中小融通、优势互补的全产业链逐步形成。2023年，链上企业完成工业总产值8.9亿元，同比增长9.3%。

四、政企“双向奔赴”，共谋产城融合

一“网”通办聚合力。“链上”建组织，与关联企业成立联合党支部，覆盖链上企业3个支部、58名党员。将链上企业划分为网格，企业在网格内联动，矛盾纠纷、企业诉求、员工需求即接即办、联动回应，实现了

“一网通办、一网通管”的共管格局。

自主管理激活力。由链主企业统一收集园区企业诉求，并出面与相关部门精准对接，避免了多头对接、时效性差等问题。成立园区安全监察部，定期不定期开展园区安全生产、环保、劳动用工等隐患排查，督促问题整改，提升园区自主管理服务水平。

园企共融促治理。建立企业与驻地、园区与企业、企业与企业之间常态沟通、定期活动、快速响应工作机制，推进企业诉求“清零”、劳动纠纷源头治理，促进问题一线解决、纠纷及时化解。组织发动企业积极参与地方疫情防控、助学助残、赈灾扶贫、敬老爱老等捐资活动，累计带动链上企业捐款捐物价值580余万元，吸纳农村劳动力1500余人转移就业，动员10家链上企业结对帮扶5个村（社区），营造了共同参与园区管理和基层治理、服务乡村振兴的良好氛围，实现了政企之间的“双向奔赴”。

科技赋能　小核桃撬动大产业

——云南摩尔农庄生物科技开发有限公司

云南摩尔农庄生物科技开发有限公司（简称“摩尔农庄”）成立于2006年，是以核桃全产业链研发为主，集有机食品、功能性食品和民族药研发、种植、加工、生产、销售于一体的股份制科技企业。摩尔农庄坚持发展事业与广大农村特别是山区农村的乡村振兴紧密结合，着力推动核桃产业高质量发展，以实现企业增效、农民增收，切实为巩固拓展脱贫攻坚成果、全面推进乡村振兴贡献民企力量。经过近20年的发展，摩尔农庄在核桃产业基础研究、技术创新、产品开发、品牌创建、渠道整合等方面均取得了显著成果，是云南省内在核桃产业开发方面投入资金最大、科研成果最多、产业链条最长的一二三产业融合发展的企业。此外，摩尔农庄积极履行社会责任，立足云南省特有的生物资源，始终坚持以市场为导向的科技创新，持续强化以技术创新提高核心竞争力，大力发展核桃产业，带农就业促增收。摩尔农庄现已发展成国家级重点农业龙头企业、国家级林业龙头企业、中国核桃产业十佳企业，农业农村部认定其为“全国农产品加工业示范企业”，国家发展改革委认定其为“国家生物产业高新技术示范工程项目”。

一、将履行社会责任融入企业发展

摩尔农庄依托国内顶尖科研院所，坚持以市场为导向的科技创新，开展以核桃为主的天然保健功能产品研发，逐步发展成为云南省核桃产业的引领者，并通过加快产业结构调整，促进产业扶贫、精准扶贫，带动云南经济发展和脱贫致富。

产业发展，科技先行。摩尔农庄综合利用核桃资源全产业链开发工业化产品，延伸核桃产业链条，整体提高核桃产业加工水平，提升产业附加值。依托十余年积累的技术、研发、品牌、产品、渠道、管理等资源，专注核桃全产业链的技术研发和基础研究、应用研究。目前，摩尔农庄拥有147项专利，已获得6个有机食品批号、4个保健功能产品生产许可。其中，有机核桃果、有机核桃仁、有机核桃乳、有机核桃油4个产品通过农业农村部中绿华夏及欧盟、美国三个有机食品认证。“聪滋牌摩尔农庄饮料”是全国唯一的健字号核桃乳（有辅助改善记忆功能），也是国内第一个航天级核桃乳标准食品。

摩尔农庄联合科研院所共同申报的“云南核桃全产业链关键技术创新与应用”获2018年云南省科技进步奖特等奖；张跃进组织公司研发团队与江南大学王兴国教授团队合作，通过技术革新，将原本核桃榨油后剩余的仅能用于饲料、肥料生产的饼粕残留蛋白作为原料，开发出核桃蛋白、核桃功能蛋白肽、核桃抗冻肽等高值化产品。

此外，摩尔农庄还掌握了利用核桃油生产过程中剩下的核桃油饼提取核桃蛋白多肽的核心技术，并开发了核桃专用调配油、核桃养生食品、核桃青皮天然染发剂、核桃青皮天然除虫剂、核桃硬壳活性炭、核桃分心木保健酒、核桃膜衣抗衰保湿面膜等系列产品，提高了附加值，拉长了产业链条，实现了核桃全产业链发展。用先进技术改造提升传统产业，向价值链高端进行延伸等一系列工作，有助于实现云南核桃产业的高质量发展，为带动区域经济发展提供了新动能。以摩尔农庄为主导完成的“世界首例核桃基因破译”，使核桃产业进入分子生物学时代，为核桃产业链的精深开发和核桃营养学提供了方法、指明了方向。摩尔农庄还与全国粮油标准化技术委员会油料及油脂分技术委员会共同成立了“核桃油系列国家标准验证联合实验室”，获国家检验检测机构资质认定（CMA）。

在联盟聚力、协同发展方面，云南省批准摩尔农庄成为云南省核桃加工关键技术工程研究中心，延伸了产业链，构建了产业集群。经科技厅批准，摩尔农庄牵头组建“云南核桃产业技术创新战略联盟”“云南省核桃产业知识产权战略联盟”。经国家粮食和物资储备局、中国粮油学会等备案、同意，摩尔农庄联合中粮集团推动成立了“国家核桃油及核桃加工产业创新战略联盟”。

摩尔农庄还积极参与制定、修订核桃产业相关国家标准、行业标准和地方标准，引领行业发展，为产业发展贡献力量。参与制定《油用核桃国家标准》《核桃油及核桃饼粕行业标准》《特级核桃油和核桃油质量安全生产技术规范》《核桃蛋白粉团体标准》等；联合中国航天员中心制定国内第一个《航天级功能食品标准》、第一个《航天食品原料·压榨核桃油》标准。摩尔农庄充分利用新技术新业态全面改造提升传统核桃产业，布局云南“三大基地”与公司有机及健字号核桃乳、三有机优质核桃油及优质蛋白粉、三有机优质核桃果（仁）三大业务板块联动。摩尔农庄楚雄、临沧（凤庆）、保山（昌宁）三大基地形成产能连片、优势互补，将充分发挥片区 2000 多万亩优质核桃资源优势，打造产业集群和优质核桃油及植物蛋白系列产品基地。

二、保障食品安全生产责任

摩尔农庄自成立以来，紧抓食品安全质量，积极融入健康中国的整体战略，践行“关注国民健康”的使命和责任，坚持“党管质量”的企业文化，坚定捍卫食品安全，忠诚履行社会责任。自投产以来，摩尔农庄生产系统制订了严格的生产计划和生产管控制度，建立健全安全环保系统、技术质量检验系统、设备管理系统，并在生产部门设立供应管理中心、生产管理中心和质量管理中心。在生产质量管理工作中，认真贯彻落实国家食品安全相关法律法规和保健食品 GMP 管理体系，生产和管理通过了 HACCP 管理体系、ISO9001 质量管理体系、ISO14001 环境管理体系及 OHSAS18001 职业健康与安全管理体系认证。所有产品的生产过程严格执行各工序标准操作规程、卫生控制管理程序、关键控制点管理程序等，生产质量管理人员都经过严格的培训考核，具备良好的食品安全卫生意识。在生产车间安装全球眼保证生产过程的可追溯，所有生产记录都可保存。建立并完善产品追溯管理制度、用户投诉管理制度、不合格品管理制度、产品召回工作程序等。健全的生产制度和工艺流程，让每个环节都有标准可依，将食品质量安全落实到责任人，保证流入市场的产品都是安全合格品。成立至今，摩尔农庄从未发生过重大食品安全事故。截至 2021 年，摩尔农庄已连续 12 年在由国家七部委联合举办的中国食品安全大会上获得“食品安全诚信单位”荣誉。

三、以“公司 +”打造产业扶贫“共赢链”

摩尔农庄围绕群众增收、企业增效、核桃产业发展，将基地建设与乡村振兴有机结合，以建设产品优质安全、经济社会效益显著、可持续发展的有机核桃基地为目标，发挥核桃产业的示范带动作用，不断扩大规模，为云南省核桃产业高质量发展贡献力量，在乡村振兴道路上体现新担当、展现新作为，为百姓增收致富、巩固拓展脱贫攻坚成果、乡村振兴战略实施注入新的活力。

摩尔农庄以合作经济为纽带，以基地建设为基础，通过“造血”的方式激发贫困群众内生动力，寻求自我发展之路。多年来，摩尔农庄通过“公司＋品牌＋科技＋协会＋农户”“公司＋村组织（合作社）＋基地＋科技＋品牌＋农户”等多种合作方式，同农户形成了风险共担、利益共享的共同体，达到了农民增收、企业增效的目的，创造了良好的社会效益和经济效益。摩尔农庄在楚雄市西舍路镇德波苴村和闸上村，楚雄市树苴乡营盘山村、西玛朗村、九街村、迤能村，昌宁县鸡飞乡鸡飞村，昌宁县更戛乡木瓜村，昌宁县湾甸乡芒回村，昌宁县勐统镇大河村，昌宁县耈街乡金马村等地，发展通过欧盟、中国、美国有机认证的核桃基地20万亩，免费为农户提供有机核桃规范种植、采收、烘烤、保藏等方面的技术指导和培训，在保底的情况下对核桃进行收购，让农户分享加工销售环节收益，降低了市场风险，在保障企业生产原料优质供给的同时，有效提升了小农户对接大市场的能力。摩尔农庄的20万亩有机核桃基地，每年需投入保持认证等方面资金约100万元，进入盛果期后将收购有机核桃2万吨，需支付农户收购核桃资金约3亿元，可辐射带动约2.5万户农户增收，户均增收1.2万元。

四、“万企帮万村”振兴产业

摩尔农庄积极响应国家“万企帮万村”行动计划，与楚雄市子午镇挖铜乡结对子、与贫困户接链子、给合作社搭台子、为农户引路子。摩尔农庄投入百万资金，因地制宜，采取基地挂牌、建设核桃样板林、承接核桃初加工承包给村民、建设低质林改造基地、商贸扶贫、就业扶贫、助学扶贫等灵活多样的方式进行帮扶。摩尔农庄还指导和扶持结对村致富带头人创办企业，激发贫困地区生产活力；牵头组建或参与管理农村专业合作社，提高贫困群众的生产组织化水平；借鉴定点扶贫工作经验，从企业选派人员驻村帮扶，带领贫困群众挖掘优势、创业致富，积极探索“龙头企业带动、村有特色产业支撑、户有合作机制联结”的多元共赢模式，构建多元主体参与、多方利益联结、多点合力攻坚的合作扶贫格局。在“万企帮万村”计划实施过程中，摩尔农庄始终注重创新农企利益联结机制，向市场要办法，向产业要收益，坚持做大做强，让贫困户成为产业链上的工人，能够分享产业链上的收益。

摩尔农庄多次到重点帮扶县凤庆县以及州工商联重点帮扶联系点武定发窝乡进行走访调研等。2023 年 1 月，摩尔农庄与凤庆县政府签订乡村振兴“一县一业”核桃基配油生产加工建设项目运营投资合作协议，计划以 1.9 亿元收购、运营凤庆核桃油及核桃蛋白综合加工项目；2023 年，摩尔农庄在发窝乡新增认证 2 万亩有机核桃基地，并安排公司有关人员与当地核桃种植农户进行对接，洽谈相关业务，争取为促进当地经济发展尽一份力。

五、积极履行社会责任

摩尔农庄在成立之初就积极履行社会责任，参与公益，传递爱心，促进民族团结。2013 年，摩尔农庄与云南省青少年基金会合作创立“摩尔农庄公益基金”，致力于助学、助贫、助困等公益项目；在核桃主产贫困区楚雄大过口乡、保山昌宁县建立了两所希望小学，为旱区修建水窖，开展帮助贫困大学生圆梦等活动。截至 2023 年底，摩尔农庄公益基金累计捐赠超 2700 万元。

保障员工合法权益。摩尔农庄现有职工 500 余人，且仍在不断扩大产能，将提供大量就业岗位。摩尔农庄严格遵守、全面贯彻《中华人民共和国劳动合同法》等法律法规，为全面保障职工的合法权益，先后制定并完善了《创建学习型组织管理办法》《员工满意度调查管理办法》《员工合理化建议管理办法》《员工见面沟通管理办法》《薪酬集体协商制度》《职工福利管理办法》等制度，通过系列管理办法的实施，强化了职工权益保障。摩尔农庄依法为员工按时足额缴纳养老保险、医疗保险、失业保险、工伤保险和生育保险，并在“安全第一，预防为主”的方针下积极排查安全隐患，保障生产安全以及员工的人身安全。在员工培训方面，开展全方位、多层次、系统化的教育培训，如上岗培训、班长培训、岗位技能培训等，有效提升了员工的个人技能和责任感。

近年来，摩尔农庄公益基金不断扩大公益范围、增加受益人数，持续开展了“摩尔农庄百万基金助力中高考校园捐助活动”“六一儿童节专案活动”“云南省青少年科技体育模型比赛”等多项大型公益活动，并连续支持七届“摩尔农庄杯云南省青少年英语口语大赛”，助力激发青少年学习英语的兴趣，促进青少年英语口语水平提升；多次向品学兼优及家庭困难的高考学生和高考优秀班级教师团队捐款、捐物，并每年通过“高考季状元奖学金”资助多地优秀学子，通过“职工子女奖学金”资助公司贫困职工子女圆梦大学。摩尔农庄通过多种方式，把企业“一时一事”的慈善义举变成“用创新的理念献爱心，以创新的机制做公益”的常态行为，帮助他人、成就自己，践行兴企为民、回报社会。

未来，摩尔农庄将继续聚焦提升创新水平和核心竞争力，以创新转型升级与工匠精神打造精品，提升品牌影响力，强化科技创新，提高产品竞争力，抢占行业制高点，全力做大做强。在自身发展的同时，摩尔农庄将继续履行社会责任，通过产业带动提升经济效益和社会效益，助推云南省核桃产业走出云南，实现高质量发展，为巩固拓展脱贫攻坚成果和实施乡村振兴战略贡献重要力量。

积极投身“万企兴万村”行动
建立产业扶贫新机制

——云南武定永银农产品开发有限公司

云南武定永银农产品开发有限公司（简称“武定永银”）是一家集农产品开发、加工、销售、电子商务和物流分拨等于一体的综合性农产品开发公司，主要从事武狮牌山猪火腿、武定壮鸡等武定特色农产品的专业生产加工。2021—2023 年，生产销售武狮牌山猪火腿 1123.5 余吨、武定壮鸡 351.2 吨，板栗、蔬菜、水果等 10500.0 吨，实现主营业务销售额 21785.6 万元。武定永银积极投身“万企兴万村”精准扶贫专项行动，助力脱贫攻坚，建立了“公司 + 合作社 + 基地 + 农户”的产业扶贫利益联结机制，在培育主导产业、示范带动、精准扶持等工作上下功夫，帮助农村贫困群众实现增收。武定永银先后获得全国科普惠农兴村先进单位、云南省脱贫攻坚先进集体、云南省优秀扶贫企业、全国“万企帮万村”精准扶贫行动楚雄州示范企业、楚雄州脱贫攻坚工作“扶贫明星企业”等荣誉。

一、产业发展“兴村”

武定永银从事山猪火腿、武定壮鸡系列产品的加工销售，开展板栗、蔬菜、水果等特色农产品的收购、加工和销售，大量收购当地农村生产的生猪新鲜火腿、武定鸡、板栗、蔬菜、水果等，极大地助推了武定县种植和养殖产业的发展，有助于破解农村群众产品销售难、增收途径不足的难题。截至 2023 年，武定永银的生产运营示范带动 11 个乡（镇）4000 户农户从事农副产品种植和养殖，户均年增收 2125 元。

二、电商发展“兴村”

武定永银牵头实施“武定县电子商务进农村综合示范项目”，畅通农村电商物流体系，带动县域群众种养殖业发展，解决了贫困山区种植和养殖产品的销售渠道问题，新增了就业岗位。2021—2023年，武定永银已在武定县11个乡镇建立了80个农村电商服务站，实现订单1.5万余个，交易额达1499.39万元。

三、就业帮扶“兴村”

武定永银开发了一些适合贫困劳力的岗位，如包装、卫生等，通过岗前一对一培训，让他们快速掌握技能并进入岗位。目前，武定永银每年可提供固定就业岗位50余个。此外，产品原料收购、储存，产品加工及销售产业链的发展可解决农村剩余劳动力220余人的就业问题。

四、消费帮扶“兴村”

武定永银积极开展“云品入沪”工作和上海对口帮扶县“百县百品”消费帮扶行动。2021年至今，向上海销售武定农产品价值148.3万元；在深圳市南山区开设云南武定农特产品消费帮扶生活体验馆，作为一家线上线下结合的“O2O”体验店，实现了县域农产品资源抱团聚合，带动了更多帮扶农产品的销售。2022年，该体验馆升级为云南楚雄乡村振兴消费帮扶体验馆，进一步宣传楚雄州农特产品，提高其知名度和市场占有率。带动县域内14个涉农企业/合作社发展，累计带动销售武定县“云南武定高原爱心蔬菜包”26800余箱、滞销洋葱40000余箱、鲜花饼2.3万袋、武定“老树核桃”10万余单、“彝绣艺术袋”15万个、武定壮鸡1.2万余只，带动雀嘴茶、洛社花茶、金边玫瑰花茶礼盒销售1.4万余单、插甸苹果8675单，同时带动其余农产品持续输出，电子商务销售订单成交量突破20万单，累计带来销售收入7000余万元。

五、实施公益帮扶“兴村”

武定永银一直关注并热心参与慈善事业，每年坚持慰问贫困户、困难家庭子女，资助他们的学业，尽力帮助贫困家庭解决子女因资金短缺上学难的问题。2021—2023 年，为光彩事业园丁奖励基金捐赠 3 万元，为楚雄州武定县田心中学贫困学生捐赠物资价值 1 万元。

致富不忘桑梓情。武定永银下属合作社与帮扶对象田心村委会签订了 5 年帮扶计划。慰问当地困难群众，捐赠物资慰问疫情防控一线人员。每年为田心村委会提供 7.92 万元帮扶资金，逢年过节会去慰问当地困难群众，给他们送去温暖。2021—2023 年，多次到田心敬老院慰问老人并捐赠物资及现金，价值 1 万元；向上海捐赠疫情防控物资、慰问一线防疫人员，共投入 4.34 万元。

坚定不移跟党走　接续开展“万企兴万村”

——个旧市博远文化传播有限公司

个旧市博远文化传播有限公司（简称“博远文化”）于2004年创办，从一个仅有10名员工的企业发展为集社会餐饮、有机生态果蔬、区域配送服务、康养产业业务于一体的综合性服务提供商，旗下运营法国楼餐厅、好客风情餐厅、丹味食堂、英卓健身、哨冲会客厅等，为客户提供中西餐、烘焙产品、饮品及康养产品和服务。2018年，荣获云南省科学技术协会、云南省发展改革委颁发的“2018年度云南省大众创业、万众创新优秀单位”荣誉牌；2021年，荣获“个旧市2021年爱国卫生先进集体”“个旧市2021年促进经济平稳健康发展先进企业”称号，同时，被评为个旧市“净餐馆”专项行动十大放心餐厅；2024年，荣获红河州市场监督管理局颁发的“诚信经营，放心消费示范店”荣誉牌，是红河州餐饮服务业龙头企业。

一、坚定不移听党话、跟党走

博远文化认真落实习近平总书记关于“促进民营经济发展壮大、激发各类经营主体活力”的重要指示精神，把家国情怀、坚决担当社会责任放在首要位置，提出“诚信、品质、合作、创新”经营理念，自觉将公司发展与促进经济社会发展、乡村振兴、产业发展和带动群众更好就地就近就业相统一，以企业高质量发展成效服务社会。博远文化创始人马文珺积极接受党的新思想，并参与各类培训，以提升服务促进“两个健康”的能力和水平。博远文化创始人马文珺系中国民主建国会会员，担任民建个旧市委兼职副主委。在马文珺的带领下，博远文化深入开展“矢志不渝跟党走、携手奋进新时代”主题教育，推进党史学习教育常态化、长效化。增强坚定不移听党话、跟党走的政治自觉、思想自觉和行动自觉，切实增强“四个意识”，坚定“四个自信”，忠诚捍卫“两个确立”，坚决做到“两个维护”。博远文化总经理耿聆系个旧市工商联副主席，州工商联执委，同时担任州、市政协委员，经红河州政协和个旧市政协批准挂牌成立“政协红河州第十三届耿聆委员工作室”，每年提出政协提案2份，为地方发展建言献策。

二、接续开展“万企兴万村”行动

习近平总书记指出，“三农”工作重心已历史性转向全面推进乡村振兴，并强调要“举全党全社会之力推动乡村振兴”。博远文化坚持全面参与产业、人才、文化、生态、组织建设五个振兴，将开展“万企兴万村”行动作为发挥自身优势在乡村振兴中实现转型的重要机遇和促进“两个健康”的重要抓手。

在脱贫攻坚过程中，博远文化坚持因地制宜、找准定位，出资出物价值700多万元。依托个旧市得天独厚的自然资源优势、气候优势，以及锡城镇作为“全国森林康养基地建设试点建设乡镇”名片和锡城街道哨冲村作为红河州“干部规划家乡”试点机遇，以“文旅＋康养”的哨冲项目为小切口，通过挖掘和扩展梨花资源、农房沉睡资源、生态资源及人文资源，完善基础设施建设，更好打造健康生活目的地，营造“千树万树梨花开，美丽乡村入画来”的蓬勃景象，促进农文旅融合发展，带动当地农户更高质量就业。哨冲村火爆出圈成为央视常客，自2023年运营以来，累计实现年接待游客3万人、旅游消费收入150万元。坚持全面参与、突出重点。根据哨冲村发展水平和企业自身特点，探索“政府＋企业＋农户”模式，采取“一企一策”“一地一策”等措施，由赖庆国大师装修及运营乡村美术馆，由博远文化负责建设及运营哨冲民宿，由属地乡镇和企业共同投资、运营居家康养中心，由博远文化负责哨冲会客厅和梨园生态风貌的管养。哨冲会客厅和梨园已成为个旧市哨冲村的亮丽名片。

尊重农民主体地位，开创合作共赢新局面。博远文化在实施项目建设和运营时，尊重农民的主体地位，将促进农民增收放在重要位置，着力开创农民、企业与集体经济合理分配利益的良好格局。博远文化采取“企业＋基地＋村集体＋农户”等多种合作形式，与哨冲村小组搭建起村企合作平台，通过主动加强对接，实现结对共建，构建了促进村庄发展、农民与企业共同致富的利益联结机制。引领农村产业向企业经营模式转变，引导农民走农业产业工人、农场主发展道路。哨冲村居民小组共收储17幢闲置土房和地块等，提供给企业发展民宿、餐饮、康养、休闲农业等，通过利润分成、场地租赁费、广告墙（栏）租赁费等形式获得收益。2021 年，哨冲村实现村集体经济收入 9.6 万元，比 2020 年增加 6.6 万元。19 户村民以房入股，每户获得房屋租金 20% 的分红，100 多人实现就业，人均增收 4.2 万元。

三、积极履行企业社会责任

坚决打好疫情防控阻击战。在疫情期间，博远文化闻风而动、闻令而行，积极响应个旧市委、市政府号召，在企业内部组建疫情防控工作办公室，主动对接卫生健康、市场监管等部门，连续 30 天全天运转、企业全员压上，为抗战在疫情一线的工作人员送餐 7 万多份，无偿提供质量有保障的食材 1000 多份，价值 126.9 万元。同时，认真监测员工身体健康状况，对所有餐饮门店、公共场地坚持每天消毒，对所有运营车辆进行严格消毒，对所有食材外包装进行消毒清洁，在严峻、复杂的疫情防控形势下，以专业、优质、高性价比的服务赢得了社会和市场的好评。

坚定推动高质量就业。博远文化坚持用工多样化，努力做好员工保障，以创造财富、拉动就业为宗旨，构建了以“店长”为核心的运营体系，储备了充足的厨师、烘焙师、咖啡师等技术型人才，形成了一支有技能、高收入的优秀管理运营团队，如厨师月薪最高达到 4 万元，店长按绩效分红，年薪可达 30 万元。同时，博远文化充分吸纳周边劳动力，260 多名员工中有 100 多名来自周边乡镇和红河州欠发达地区的 6 个山区县，其中，彝族、哈尼族等少数民族员工占比 50%，人均收入可达 3 万元 / 年，为边疆少数民族地区劳动力转移做出了贡献。

聚焦高校应届毕业生等重点人群开展重点帮扶，聚焦地方院校个旧市云锡技术学院等开展暑期实践、毕业对接等，累计为 40 多人次提供就业岗位。2020 年 5 月，博远文化与红河州职业技术学院达成长期合作协议，成为该校学生的实习基地。大部分学生实习后愿意留在公司继续工作，从而在一定程度上解决了学生的就业问题，实现了企业与学生的双向奔赴。坚持投身社会公益。2011 年至今，博远文化先后资助多名贫困学生，有的学生从初中就开始接受资助，有的从高中一直被资助到大学，目前资助的学生中还有一人在读大学。其中，一名学生从初中起接受企业资助，大学毕业后回到企业就业，成就了一段“投桃报李”的佳话。博远文化先后向红河州多个县市、乡镇捐款捐物，价值累计5万多元，为红河州精准扶贫贡献了力量。

未来博远文化将一如既往地坚持以习近平新时代中国特色社会主义思想为指引，紧紧围绕云南省委“3815”、红河州委“337”和个旧市委“337”工作思路，在实际工作中开拓创新、与时俱进，努力以高质量发展成果回馈社会，为地方经济发展贡献力量。

探索“622”联农带农益农新模式
走出乡村致富幸福路

——蒙自云科创现代农业科技有限公司

蒙自云科创现代农业科技有限公司（简称“云科创公司”）是一家数字化蓝莓产业服务公司，现有自营基地220亩，联农带农带动62户农民发展蓝莓家庭农场450亩。云科创公司致力于运用物联网、大数据等信息技术，整合全球先进的蓝莓品种、苗木和种植技术，针对农户发展蓝莓产业缺资金、缺技术、缺市场的困境，搭建项目融资、数字化种植技术服务和品牌营销平台，以“622”（销售收入按照农户60%、村集体20%、龙头企业20%的比例进行分配）的紧密利益联结机制创新“云科创＋村集体企业＋家庭农场”蓝莓产业发展新模式。2023年，云科创公司被评为“云南省农业产业化重点龙头企业”、“云南省科技型中小企业”和红河州“联农带农十佳示范经营主体”。

一、创新“公司＋村集体＋家庭农场”蓝莓产业发展新模式

云科创公司与蒙自市草坝镇村集体经济组织和合作农户建立了“共同投资、合作经营、共享收益”的紧密利益链接机制，探索出“622”联农带农益农新模式，即采取农户投入土地、钢架大棚、农药、肥料并负责日常管理和采摘，村集体企业负责整合各项资源、改造原有果蔬大棚、购买苗木、灌溉系统等，云科创公司负责提供优质品种苗源、技术指导和销售的优势互补合作新模式。

2022年，云科创公司联农带农带动蓝莓种植面积200亩，农户实现蓝莓经营性收入1069万元，户均增收25万元，其中，两户家庭农场通过适度规模经营取得超过100万元的经营性收入。2023年，云科创公司联农带

农服务蓝莓种植面积增加到450亩，销售收入达到2800万元，通过联农带农合作机制分配给农户和村集体的销售收入超过1400万元（包括蒙自市草坝镇振晟公司投入210万元与云科创公司合作实施蓝莓产业共同富裕项目当年实现的村集体增收73.6万元）。云科创公司通过实践，探索出了一条以“公司+村集体+家庭农场”模式推动现代农业和农户致富增收同步发展的新路径。

二、打造科技型现代农业服务“新标杆”

2023年，云科创公司与红河州农科院在蒙自市草坝镇合作成立红河州蓝莓产业技术创新中心，专注于蓝莓品种筛选测试、种植技术研究和推广。云科创公司与云南省农科院高山植物研究所合作实施的低纬高原蓝莓周年高效生产关键技术与应用项目荣获2022年云南省科学技术进步奖二等奖。云科创公司持续引进专利优质品种，2023年获得西班牙Planasa和美国Fallcreck两家蓝莓育种机构的8个专利品种的专利授权。云科创公司持续投入建设数字化技术服务平台，实现了蓝莓水肥灌溉策略管理决策的数字化和农户技术服务的数字化。云科创公司在品种、种植技术、数字化和人才队伍等方面持续投入与创新，夯实了以技术创新为内核的核心竞争力，以更好服务蒙自蓝莓产业和众多合作农户。

三、以品牌化运营促使农户种植价值最大化

云科创公司注册运营“满时”蓝莓品牌，根据客户要求，统一制定“满时蓝莓”产品标准，并根据标准制定了严格的蓝莓采收、分级包装、预冷加工和冷链运输标准。满时品牌产品成功进驻盒马、华润、永辉等商超渠道，以其稳定的品质和一致性的口感赢得了渠道和消费者的赞誉，被第八届中国农业品牌年度颁奖组委会授予“中国农产品百强标志性品牌”称号。满时蓝莓原产自云南红河，随着品牌的传播，更多的受众通过满时蓝莓了解了云南得天独厚的气候与生态优势。坚持品牌运营之路，使云南蓝莓产业在推广与传播方面都取得了实效，也让公司服务的家庭农场实现了种植价值最大化。

云科创公司以专利品种、优质苗木、精准技术服务和品牌化营销，为农户进入蓝莓产业提供系统的社会化服务，助力破解农民现代化的关键难

题，充分发挥了现代农业社会化服务组织对农民和农业现代化的支持作用。村集体经济组织带领各村推选出来的党员、种植能手、带头人等共同建设蓝莓家庭农场，把一家一户组织到产业中，使草坝镇发展村集体经济、促进农民增收实现了从“单打独斗”到“抱团发展”的蜕变。农户通过培训掌握了精细化种植管理技术，以更精心的管理和更细化的园艺采摘操作，提高了蓝莓产量，提升了蓝莓品质。实践证明，“公司 + 村集体 + 家庭农场”的“622”联农带农益农新模式，在助力云南省乡村产业振兴、实现富民强村和产业发展中发挥了不可忽视的作用。

以行动诠释责任　以初心践行使命

——云南齐星建工集团

云南齐星建工集团（简称“齐星建工”）始终铭记习近平总书记提出的“广大民营企业要积极投身光彩事业和公益慈善事业，致富思源，义利兼顾，自觉履行社会责任”重要讲话精神，深知企业的发展得益于党的好政策，致富不能忘党恩，将光彩事业“义利兼顾、以义为先”的核心理念践行到各项工作中，积极主动承担社会责任，为新时代中国特色社会主义建设贡献力量。创立初始，齐星建工就心系社会事业，关心关爱弱势群体。多年来，齐星建工积极投身捐资助学、抗震救灾、乡村振兴、“万企帮万村”脱贫攻坚、修建硬化乡村道路、“清洁家园、荣誉超市”、“人畜混居清零”、“CD级危房改造”活动和新冠疫情防控等社会公益事业。截至2023年底，齐星建工累计捐资捐物达4000余万元。

一、助教育增学识，扶贫先“扶智”

知识改变命运！齐星建工积极参与教育事业发展，用实际行动帮助更多学生实现梦想。比如，泸西县籍考生杨某曾以618的高分考上陕西师范大学，但由于父亲患有小儿麻痹、母亲体弱多病，家中经济十分困难，曾打算放弃上大学的机会，外出打工减轻家庭负担。得知情况后，齐星建工专门派人前往杨家看望慰问，当场捐赠1万元让其到大学报到，并资助她完成学业。杨某只是享受齐星建工捐助学生中的一员。在集团办公室，一直珍藏着一沓厚厚的感谢信，这些信件承载着众多圆梦学子最质朴的情感。多年来，齐星建工一直积极参加地方党委、政府倡议的“爱心圆梦”“光彩事业边疆行”等活动。从2011年开始，齐星建工在“爱心圆梦”工程、捐资助学扶贫项目校舍改造等方面累计捐资超过340万元，资助泸西、红河、绿春等县因家庭贫困面临辍学的学生重新走进学堂，使1000多名贫困学子完成了学业。如今，许多接受过资助的大学生已经完成学业，走上了工作岗位。他们在自己的岗位上努力工作，为社会经济发展贡献力量，积极传递爱心“接力棒”，在关爱他人的过程中不断提升自己。

齐星建工还积极参与建设希望小学，让更多的学生能够在更好的环境中读书。泸西县旧城镇三河乡小学因为建盖时间较长，校舍较为简陋，远远无法满足教学需要。许多学生挤在矮小破旧的校舍上课。当时，齐星建工刚刚驶上发展的快车道，但依然从有限的资金里挤出 439 万元，兴建了齐星三河光彩希望小学。2012 年，齐星建工捐资 200 万元兴建了红河县架车乡齐星希望小学。2013 年，齐星建工捐资 150 万元兴建了屏边县白河桥乡大水村委会齐星大水希望小学。2016 年，齐星建工捐资约 200 万元兴建了蒙自市西北勒乡他期口小学和期路白乡白猛孔村小学。2019 年，齐星建工捐资 40 万元用于泸西县三河初级中学“爱心圆梦”工程。2020 年，齐星建工捐资约 129 万元对蒙自市第二中学北京路校区校舍进行改造。2022 年，齐星建工捐资 100 万元对弥勒市第五中学办学条件进行改善。目前，齐星建工已捐资约 1630 万元，分别在蒙自、泸西、红河、屏边等地捐建了 5 所齐星希望小学，容纳学生 3200 多名，解决了 1000 多名贫困生的上学难题。

二、建房屋修道路，让百姓安居乐业

30 多年来，齐星建工始终践行着“铸精品工程、树时代丰碑”的承诺，一幢幢高楼圆了无数个家庭的安居梦，一个个高质量工程彰显了企业的诚信与担当。为提升村民生活品质，改变贫困地区脏乱差的面貌，2017 年 7 月，齐星建工积极响应蒙自市提出的“百企帮百村”“人畜混居清零行动”号召，与芷村镇、老寨乡、期路白乡开展结对帮扶，主动参与蒙自市实施的“人畜分离”行动。在行动中，齐星建工向芷村镇、期路白乡、老寨乡捐资 250 万元，帮助 256 户贫困户修建了新房，建盖牛棚、猪圈 3780 间，改善了村民的生活环境。2019 年 7 月，齐星建工向蒙自市文澜街道办事处捐资 80 万元用于 CD 级危房改造，40 多户建档立卡户的 200 多人受益。在走访核实过程中，齐星建工的工作人员了解到白路角村因病致贫的王某某和李某某、因车祸致残的孔某某的实际情况后，主动与他们结成对子，除出资对他们的危房进行改造外，逢年过节还送去米、面、油等慰问品，让他们感受到党和政府的关怀。

“要想富，先修路。”齐星建工在扶贫攻坚的过程中将重点放在贫困村寨基础设施改善上。蒙自市文澜镇有几个贫困村，以前出行全靠肩挑背扛，由于地处山区，地理位置偏僻，交通出行不便，种植的石榴、枇杷和小枣卖不出去，严重影响了村民的收入。2006年，齐星建工在效益不高、收入较少的情况下，投资40万元为蒙自陈家寨村修通了8.6公里的水泥路，解决了当地村民出行难和农产品卖不出去的难题。如今村里的石榴已经卖到了北京、上海和广东等地，枇杷和小枣成了抢手货，经销商主动上门收购，足不出村就能卖出好价钱，经济效益年年攀升，家家户户盖起了新房、购买了汽车，日子越过越红火。与此同时，齐星建工还与老寨乡政府一道抓道路基础设施建设，捐资20余万元、水泥200余吨硬化村里道路，为全乡脱贫摘帽奠定了坚实的基础。齐星建工为蒙自市鸣鹫镇、老寨乡、西北勒乡、期路白乡和开远市羊街乡，以及金平县的老勐镇、金河镇的村容村貌整治累计捐赠水泥2800吨，改善了2000多户贫困户的生活环境。2024年，面对复杂严峻的市场环境，齐星建工依然勇担社会责任，从有限的资金里挤出100万元，支持屏边县新华乡阿姆黑村委会综合服务设施建设，以及屏边县新现镇吉咪村上哈尼伍村农房抗震安居工程建设。

三、抓产业助发展，增强“造血”功能

“授人以鱼，不如授人以渔。”齐星建工与蒙自市老寨苗族乡开展挂钩帮扶以来，按照产业脱贫致富的发展思路，不断增强自身“造血”能力。老寨乡地处高寒山区，是蒙自市最为偏僻边远的山区乡镇，贫困面大、贫困程度深。齐星建工突出重点，把产业培植放在重要位置，确保产业帮扶到村到户，力求取得实效。经过实地调研，齐星建工决定利用海拔和气候优势，争取在种植业和养殖业上取得突破性成效。统筹安排短期、中期、长期产业发展规划，按照“公司＋基地＋农户”模式加大全乡产业发展力度，覆盖全部建档立卡贫困户。按照区域化布局、规模化经营和科学化管理的要求，在老寨乡白牛厂村8个村民小组发展生态经济林，共种植杉树、松树、冬瓜树64.8万棵，占地面积2920亩；在白牛厂中寨推广种植雷竹100亩，受益农户736户2487人（其中，建档立卡贫困户共计350户1481人）。同时，培植甜柿、蜜橘等。齐星建工的一系列举措为当地群众脱贫致富指明了方向，找到了路径，树立了当地群众脱贫致富、全面小康的信心。在老寨乡党委、政府和齐星建工的共同努力下，贫困人口由2013年的1884户8116人降至2019年的10户26人，贫困发生率由64.50%降至0.21%，

实现农民人均纯收入 1.04 万元，实现了整乡脱贫摘帽。

2016 年以来，齐星建工向石屏县捐资 30 万元，帮助 100 户贫困户购买了大病保险，有效防止因病返贫、因病致贫；向蒙自市捐资捐物 373 万元、向红河县捐资捐物 435 万元，支持山区乡镇贫困户产业发展。新冠疫情暴发后，齐星建工主动参与防控工作，认真贯彻党和政府“疫情要防住、经济要稳住、发展要安全”的战略部署。齐星建工出资 10 万元，购买芋头、萝卜、洋葱等农产品共计 50 吨，捐赠给湖北省咸宁市。2021 年 11 月，齐星建工向河口县桥头乡投入 30 万元建设边境一线值守板房 10 间，改善了值守条件。2022 年 4 月，齐星建工向河口县防疫指挥部捐赠价值 8 万元的大米、蔬菜等生活物资，并组织车辆直接送到抗疫一线。2022 年 11 月，泸西暴发疫情，齐星建工捐资 100 万元，同时，组织员工捐款 15 万多元，助力泸西抗疫。

“一分耕耘，一分收获”，齐星建工多年的付出得到政府部门的认可。2010 年，齐星建工被云南省委、省政府评为“社会扶贫工作先进集体”；2017 年，齐星建工荣获省级“扶贫明星企业”称号；2018 年，全国工商联、国务院扶贫办表彰 100 家全国“万企帮万村”精准扶贫行动先进民营企业，齐星建工获此殊荣，并得到习近平总书记的亲笔回信鼓励；2019 年，齐星建工获得中华全国总工会颁发的“全国五一劳动奖状”。

未来，齐星建工将始终恪守企业价值观，持续参与光彩事业，为区域经济发展贡献力量。

义利兼顾　勇担责任

——云南齐力建设集团有限公司

云南齐力建设集团有限公司（简称“齐力建设”）创建于1983年，旗下拥有8个控股或独资公司，目前已发展成集建筑工程施工、水利水电、市政公路、园林绿化、劳务分包、房地产开发、建筑材料生产、大型机械及建筑设备租赁、项目投资与管理于一体的企业集团，现有职工200多人，其中，16人具有高级技术职称，90多人具有中级技术职称，熟练技术工人占职工总数的61%，大专以上学历员工占员工总数的40%以上。齐力建设先后获得省、州、县“先进施工企业”等称号，企业信用等级评定为水利工程建设施工AAA级，2020—2022年连续3年入选云南省非公企业100强。

一、扩大用工规模，匠心铸造精品

齐力建设于2015年10月成立党支部，2016年9月成立工会，2017年2月党支部升格为党总支，2020年6月党总支升格为党委。齐力建设以党建带工建，努力服务员工生活，力促企业发展。

重视人才，科学安排就业岗位。齐力建设每年都向社会招聘各类人才，并在省、州、县劳动部门等举办的劳务洽谈会、人才交流会上推出竞聘岗位和用工需求，坚持“以人为本”的理念，为各类人才搭建施展才能的平台，同时，推行情感留人、事业留人、待遇留人的用人机制，为员工创造良好的生活、工作环境。稳步提高员工待遇、按时发放员工工资是集团发展的硬性要求。齐力建设每月10日按时发放员工工资，且发放率为100%。在新冠疫情期间，以及市场低迷的情况下，齐力建设坚持不裁员、不减薪。

精准扶贫，吸纳农村剩余劳动力。2013年以来，齐力建设积极吸收泸西县向阳乡、永宁乡、三塘乡等乡镇的贫困户、建档立卡户到企业务工。务工人员分布在公司各施工项目，担任塔吊工、模板工、砌筑工等，在这些岗位上，他们既能学到一技之长，又能提高家庭收入和生活水平。2022—2023 年，齐力建设通过招聘各类人才和吸收贫困户等方式先后解决并安置了社会各类劳务工人千余人。齐力建设给这些员工提供机会，同时，也得到了这些员工的真情回报——他们在各自的岗位上为集团发展贡献自己的力量。

铸造精品，以优质工程回报社会。齐力建设本着“以工程项目管理求效益，以安全文明生产求发展”的经营理念，承建了绿春县“削峰填谷”，建水沁园、宽唐，弥勒紫郡，泸西县金林苑、金地华府、金地学苑、紫棠府等一批重大项目，完成一项项技术难题攻关，创造了一批批优质工程。齐力建设承建的泸西县金林苑住宅小区项目分别获红河州 2017 年度、云南省 2018 年度建筑施工安全标准化工地；泸西县金地华府、紫棠府住宅小区项目荣获红河州年度建筑施工安全标准化工地。齐力建设严把质量关、安全关、诚信关，一如既往地以优质项目、合格产品回馈和服务人民。

二、帮弱济困，践行“万企兴万村”行动

“致富思源、富而思进，义利兼顾、德行并重，扶危济困、乐善好施。”齐力建设始终以助学兴教、帮扶贫困为已任，勇于承担社会责任，回报社会，近年来，在各类公益活动中累计捐款捐物价值达 1000 余万元，以实际行动为创建和谐社会做出了贡献。

结对帮扶，助力脱贫攻坚战。2017 年，齐力建设党政班子在调研了解后，得知三塘乡连城村多家贫困户房屋年久失修、破烂不堪，且部分贫困户存在人畜混住等情况。经与县、乡政府沟通、磋商，齐力建设主动联系三塘乡连城村，实地考察交流后拟定了房屋修缮意见，之后便快马加鞭，成立临时项目部，派驻 2 名工程师、多名施工技术员及几十名工人，加班加点、保质保量为连城村 19 户贫困户修建了搬迁房。在派驻过程中，齐力建设又了解到，该村有部分孤寡老人，住房条件极其恶劣且老无所依，于是及时修建了孤寡老人保障房。在三塘乡的脱贫攻坚战中，齐力建设捐款合计 85 万元。

多方帮扶，共铺脱贫致富路。2013 年至今，齐力建设帮扶泸西县中枢

镇石洞村、大鲁克村、小鲁克村等村建公房、饮水工程、道路硬化等，捐资捐物达100多万元。在砂石料运输过程中，齐力建设发现中枢镇大鲁克村、小鲁克村村民收入水平较低，出行不便，且因砂石料场较多，道路损坏严重。经党政联席会议讨论研究，齐力建设自筹资金修建了一条至大、小鲁克村的专线（出口连接弥泸师二级公路），既分流了来往的重型车辆，又为两村村民的出行提供了便利。目前，齐力建设陆续向金马镇、中枢镇、旧城镇、白水镇等乡镇捐资捐物价值100多万元，致力改善贫困户人居环境。

精准帮扶，乡村振兴在行动。2017年1月，齐力建设党政班子前往“万企帮万村”结对帮扶贫困村向阳乡勺布白村，与村委会相关人员进行深入交流，探讨脱贫工作计划，并分组走访村中贫困户、孤寡老人，询问他们的生活情况，了解他们急需解决的困难。在走访过程中，齐力建设党政班子为他们送去了价值1.6万元的棉被、大米、油等新年慰问物资150份。2017年12月，捐赠“万企帮万村”精准扶贫资金8万元。2023年，在“万企兴万村”行动中，挂联帮扶泸西县旧城镇三河村。董事长张建生多次回到家乡三河村走访调研，并积极号召在外的其他企业家同回乡干部共同研讨，对村子的资源优势、区位优势、地理优势及目前存在的问题进行认真分析。目前，齐力建设在路灯修缮等方面已投入资金约30万元，向三河小学捐赠书包、办公设施等价值约2.6万元。另外，齐力建设每年都会到三河村贫困大学生家中进行入户调查，并积极参加县工商联组织的助学金发放仪式，为该村贫困生家庭每户提供3000元的助学金。

三、多举并行，传递爱心与希望

捐资助学，创办希望小学。2015年，齐力建设捐款100万元建设绿春县波依齐力希望小学，为贫困山村孩子解决上学难问题、创造良好的学习环境。2018年以来，齐力建设响应泸西县团委、工会等号召，参与“金秋圆梦”“爱心助学”等活动，捐助爱心款25万元，并为近100名寒门学子每位捐赠2000~5000元不等的助学金。齐力建设用爱心点燃希望，用实际行动播种阳光，为贫困学子提供帮助，为创建和谐社会贡献力量。

践行“疫情就是命令，防控就是责任”的初心和使命，尽己所能，助力防控。2020年疫情暴发后，齐力建设积极参与疫情防控工作，把门守牢、把人管好，全方位做好内部防控，确保复工复产运行有序、员工健康安全。齐力建设向泸西县委疫情防控指挥部捐款 5 万元、向团县委捐款 2.5 万元。齐力建设全体党员自愿捐款 6800 元。2022 年，齐力建设向泸西县疫情防控指挥部捐款 100 万元，为新冠疫情防控工作贡献力量。

义利兼顾，德行并重。齐力建设将牢记“致富思源，富而思进”，积极参与公益事业，勇于承担社会责任，捐资助学，扶危救困，奉献爱心，回报社会，传递正能量。

做强瑶药产业　助力乡村振兴

——金平金岭生物瑶药开发有限责任公司

金平金岭生物瑶药开发有限责任公司（简称“金岭生物”）成立于2000年3月，2016年成立党支部，是一家集中药材（瑶药）种植、瑶族药浴产品开发、生产和销售于一体的州级重点龙头企业，厂房面积3000平方米，中药材（瑶药）种植基地1000余亩，有登记在册员工32人。金岭生物围绕“以产业促发展、以就业促增收、以消费促融合、以规划促宜居、以文化促新风、以公益促和谐”的要求，带领当地群众致富奔小康，积极巩固拓展了“万企帮万村”行动成果，助力乡村振兴。金岭生物先后被授予“金平县扶贫明星企业”“红河州民族团结进步示范企业”等荣誉称号。

一、围绕产业振兴，发展瑶药产业

金岭生物总经理邱福寿经常挂在嘴边的一句话是：“作为一个本地企业，带领群众脱贫致富奔小康是我们义不容辞的责任，只有老百姓发家致富了，我们企业才能赢得更广阔的发展空间。”他这样说，也这样做了。金岭生物通过免费向困难群众发放种苗，上门提供种植技术指导，签订保底收购价等办法，让当地群众通过发展瑶药脱贫致富奔小康。2019年至今，金岭生物向困难群众免费发放瑶药种苗共计30余万株，价值100余万元。目前，金岭生物已在金平县金水河镇发展瑶药种植10000余亩，带动周边各族群众374户种植2000余亩，每亩最低可实现3000元收入，户均增收16000元以上。

二、围绕生态振兴，做好山字文章

在金水河镇期腊村，有一个叫大风梁的地方，由于土地贫瘠无人耕种，曾经是不毛之地。2015年，金岭生物与当地干部群众协商后，将大风梁及周边群众零星地块共1000余亩顺利流转，建立了瑶药种植示范基地。金岭生物累计投入2000万元，完善了基地水、电、路等基础设施，并种植软筋藤、土连翘、血满草、千里光、青蒿、大血藤等30余种瑶药。在金岭生物的精心管理下，原来光秃秃的荒山披上了绿装，真正实现了“绿水青山”与“金山银山”兼而有之。

三、围绕组织振兴，发挥党员帮带作用

金岭生物建立基地的目的是带动更多群众通过发展瑶药产业发家致富。基地建立之初，由于瑶药种植周期较长、见效较慢，群众没有种植积极性。为了带动群众种植瑶药，金岭生物采取“支部＋公司＋基地＋农户”的模式，将土地无偿提供给农户种植，并免费提供苗木和种植技术指导。金岭生物党支部还在全镇基地之外的种植区进行分片帮扶，每个党员负责帮助一个种植区进行种植规划、技术培训和管理指导等。支部党员的帮带，提高了瑶药种植的科学化、规范化水平，为群众解决了技术难题。瑶药种植面积也由基地建立之初的不足1000亩，发展到现在的10000余亩。

四、围绕人才振兴，抓好乡土人才培养

金岭生物依托基地党支部，借助已有的资源优势，通过协调县管专家和种类专业技术带头人开展各类农村实用科技培训，培养本地“土专家、田秀才、四种人”，为发展壮大瑶药产业储备各类专业技术人才。金岭生物每年至少对基地周边干部群众开展瑶药种植技术培训1期，开展镇村两级“明白人、带头人”培训1期。2019年至今，共举办各类培训8期，631人次参加培训，培养本地“土专家、田秀才、四种人”59人。

五、围绕文化振兴，挖掘传承民族文化

保护和传承优秀传统文化是金岭生物企业文化建设的重要组成部分。金岭生物通过发展瑶药产业，拓宽群众增收的渠道，在促进群众致富的同时，弘扬瑶医瑶药文化，积极向省州文化部门申报文化保护项目，致力于挖掘民族文化、创新民族文艺，积极探索以弘扬民族文化为载体推进乡村振兴。2018年，瑶族药浴被列为红河州第五批州级非物质文化遗产代表性项目。

发挥党建引领作用　深化“万企兴万村”行动

——弥勒市供水有限责任公司

弥勒市供水有限责任公司（简称“弥勒供水”）成立于2004年，是一家股份制（民营）供水企业，承担着弥勒市区、弥阳镇、新哨镇、东风农场片区、城北片区、高铁站片区、新一中片区、工业园区片区等“一城两镇五片区”党政机关、事业单位近20万城乡居民、农民的生产和生活供水任务。多年来，弥勒供水坚持“一个坚持”“三个主动”，积极开展“万企兴万村”行动。

一、坚持党的领导，为推进“万企兴万村”构筑根本保障

党的领导是民营企业生存发展的根本保障。弥勒供水实行党支部书记和董事长、支部委员和副董事长一肩挑，始终坚持党的领导，在党支部带领下，坚持供水为民的政治方向，确保了公司的平稳健康发展，为弥勒市经济发展和社会进步做出了一定贡献。党员与经营管理层双向任职，弥勒供水的重大事项都经过管理层提议、党支部和支委会把关、董事会集体决策、股东会表决通过。“麻花式”的党政捆绑结构，筑牢了党支部在供水公司的核心地位，保证了党支部对公司的坚强领导。在党支部的坚强保障和领导下，弥勒供水始终不折不扣完成各级党组织、政府和工商联布置的各项任务与工作。也正是因为有了党支部的坚强保障和引领，弥勒供水积极融入“万企兴万村”行动。党支部的战斗堡垒作用，是民营企业开展一切工作的根本保障，也是民营企业融入“万企兴万村”行动的根本保障。

二、主动开展“万企兴万村”工作，助力乡村振兴

边远农村的自来水工程，因用水量小、投资巨大、经营亏本、筹资困

难等，一直是困扰乡镇干部、影响农民群众生活、阻碍乡镇人居环境改善和经济发展的难题。在第二水厂建设还没有收尾、沉重负债还没有缓解，以及明知投资会亏本的情况下，为推进“万企兴万村”行动，解决村寨农民的急难愁盼，支委会说服公司董事会、股东会及干部员工，毅然应允新哨镇政府要求，通过抵押公司主要领导个人房产和新建水厂资产两个途径进行贷款筹资，于2017—2021年，在新哨镇8个村委会61个村小组之间新建DN100～400供水干管119公里、DN15～63村内主管228公里，为9823户安装了入户管道，解决了当地农户的人畜饮水问题。

东风农场毗邻弥勒市区，产业化发展条件优越，但其自建的供水管网年代久远、破损严重、供水时断时续，严重影响了自身发展。2018年，弥勒供水义无反顾地答应了东风农场的要求，对其所属5个社区24个队的供水干管进行全面更新改造，更新DN100～300供水干管27公里，彻底解决了5312户农户的人畜饮水问题。2021—2022年，弥勒供水又实施了新哨镇路体、里方和虹溪镇啥咩三个村的村寨供水工程，新建DN100～300供水干管36公里、DN15～63村内主管61公里，为4207户农户安装了入户管道。多年来，弥勒供水对管网范围内所有村寨农户的供水，一律实行“同源、同网、同质、同价、同服务”，极大地提高了当地农民的用水品质，降低了当地农民的用水成本，有效推动了城乡融合发展。

党支部带领弥勒供水积极参与卫泸乡当甸，竹园镇龙潭，西三镇马龙，新哨镇羊街、路体，朋普镇团结等村委会、村小组的脱贫攻坚工作，投入大量车辆、物资、人力，以及资金60多万元。从2020年起，弥勒供水参加市妇联组织的“春蕾爱心桥”捐资助学活动，每年捐资10万元。多年来，弥勒供水无偿供给弥勒城区的环卫和绿化用水；为供水范围内建档立卡的全部贫困户免费安装自来水，减免安装费用10万多元。近年来，弥勒供水不断拓展业务范围，推进“万企兴万村”行动，助力乡村振兴，助力社会公益，发挥民营企业的作用。

三、履行社会责任，践行供水的责任担当

弥勒供水有在用水厂和在建水厂各2个。在用水厂为大树水厂和清水龙潭水厂。大树水厂位于弥勒市中心城区西侧龙潭坡，制水规模为4万吨/日，水源长年取自洗洒水库，备用水源为大树龙潭；清水龙潭水厂位于锦屏山脚，制水规模为3.5万吨/日，水源取自清水龙潭。在建水厂为工业园区水

厂和路体水厂。工业园区水厂位于星田工业园区，水源引自雨补水库，建设规模为近期1万吨/日、远期2.5万吨/日；路体水厂位于小路体龙潭坡脚，水源取自小路体龙潭，建设规模为近期1万吨/日、远期2万吨/日。2023年11月22日16点53分，位于洗洒水库坝脚的DN600 PVC输水主干管被施工方损坏，现场大量源水喷涌而出，严重影响了供水安全，漏水点泥泞湿滑，使抢修工作难度加大。

弥勒供水应急抢险指挥部总指挥鲁跃军总经理立即部署突发供水事故应急抢险工作。生产部及时调整供水方案，于11月22日17点16分紧急启用大树龙潭二号泵进行供水，保障供水稳定，同时，抽调公司骨干抢修人员迅速前往现场开展供水抢修工作。11月22日17点27分，抢修人员到达现场后，立刻进行勘察，确认漏水点、关闭相关供水管道阀门、设置警示标志，制定抢修方案。在抢修过程中，抢修人员发扬“特别能战斗”的精神，以积极饱满的精神全力投入抢修工作。抢修人员艰苦奋战将近8小时，于11月23日凌晨1点完成抢修并恢复管道供水。本次供水抢修共计出动人员8人，各种车辆、机械3班次。供水抢修成功，充分体现出工作人员平时有演练、急时有应对的能力，践行了随时待命保供水的责任与担当。弥勒供水将再接再厉，为弥勒市人民足额提供优质、安全、放心的生活饮用水。

疫情期间，支委班子带领干部员工，实施防控供水保障应急方案，采取签订防控供水保障责任书、强化水源消毒和应急保护、强化出厂水管网水应急检测、强化净水工艺应急管控、强化管网设施保护、强化内部疫情防控等措施，确保了疫情期间的合格供水、安全供水，以及供水区域机关、企事业单位和广大群众的安全和充足用水；在市场消毒液断供期间，组建“党员抗疫先锋队”，开展“亮党旗、送温暖”活动，启动水厂备用消毒液生产线，主动向市环卫站、城区和各乡镇264个社区、机关、企业、学校和医院无偿配送次氯酸钠消毒液1730多吨，支持弥勒全市的抗疫斗争。

未来，弥勒供水将一以贯之地坚持供水为民的政治方向，在各级党委、政府和部门的正确领导下，坚守“为民供水”初心，担当“优质供水”使命，用心、用情、用力、做实、做好“万企兴万村”工作，为促进城乡共同富裕做出民营企业应有的贡献。

庭院长出“金叶子” 乡村振兴“新引擎”

——福乡农业旅游（西畴）有限责任公司

福乡农业旅游（西畴）有限责任公司（简称“福乡旅游”）于2021年2月25日成立，主要从事农、林、牧、渔专业及辅助性工作，种植仿野生金线莲、铁皮石斛等名贵中药材，探索、研究文山特有的稀缺、名贵、独特花卉及中药材的育苗工作。主要经营范围：水果、蔬菜、花卉、中药材的种植及销售，造林苗、城市绿化苗、经济林苗的生产销售和苗木培育销售。目前，福乡旅游特色中草药产业发展稳定，年产值达1800多万元。福乡旅游的产品在全国开展的“中国绿色健康食品”评选活动中，荣选为“中国绿色健康食品”；福乡旅游的石斛、黄精、金线莲等种植园荣获第四批“文山州高品质药园”认定，“金线莲煮本地鸡”荣获2022年西畴县“山语城杯”地方特色名菜银奖；福乡旅游发展简讯荣登云南政协报头版头条。福乡旅游始终践行企业家精神与“西畴精神”，坚决落实中央一号文件中发展“庭院经济”的要求，带动群众致富，助力乡村振兴。

一、狠抓生产经营，提升企业经营效益

在安全生产方面，福乡旅游充分认识到做好安全生产工作的重要性，牢固树立安全红线意识和忧患意识。在生产中，严格执行《中华人民共和国安全生产法》的相关规定，强化安全管理，巩固安全意识，落实安全责任，保障安全措施，实现了全年安全生产零事故。建章立制，让安全工作有章可循。福乡旅游进一步细化完善《安全目标管理责任书》，层层签订《安全生产目标责任书》，把安全工作层层分解、落实到人，实行“谁主管，谁负责”，不定期开展安全大检查行动，以监督促安全，以制度助管理。常抓培训，让安全知识入心入脑。定期不定期开展安全生产培训，对安全生产工作做到逢会必提。福乡旅游管理层对生产环节实行监督管理，最大限

度消除各类安全隐患。注重落实，让安全责任落细落小。福乡旅游各生产环节、机械操作流程严格按照安全生产要求抓实抓细，做好各项安全措施，强化安全生产管理。

在经营管理方面，福乡旅游夯实廉政建设，定期开展理想信念教育及警示教育活动，筑牢拒腐防变的思想红线，着力构建亲清新型政商关系。加强财务管理。福乡旅游认真执行国家财经纪律，制定了严格的财务管理制度和内控制度，进一步规范了公司采销管理程序，提高了经营管理水平，节约了成本。对公司各费用开支项目建立了逐级审核、审批制度，严格合同管理，定期进行企务财务公开，实现了财务监督和民主管理。

二、注重诚信经营，实现企业高质量发展

依法守信，厚德笃诚；客户至上，用心服务。福乡旅游始终把诚信经营摆在首位，通过提升综合服务质量和服务水平，为企业打造良好社会形象和高质量发展赋能。不断提升公司核心竞争力。加强组培技术的科研投入及产品深加工研究，主动探索与科研院校合作共赢的发展模式，不断提高组培苗的抗性和生存能力，提高金线莲皂苷含量。加强制度建设。福乡旅游组织干部职工认真学习各项法律法规、政策文件，修订完善公司管理制度，强化内部管理，提升服务水平，受到社会各界的好评。加强人文关怀。福乡旅游不定期组织全体职工认真学习《中华人民共和国劳动法》《中华人民共和国工会法》等相关法规，深入基层了解员工工作和生活情况，听取员工诉求，积极化解各类矛盾。协调公司与员工关系。福乡旅游与所有长期聘用员工签订了劳动合同，较好地维护了员工的合法权益。在“三八”妇女节及我国传统节日期间，适量发放职工生活必需品、生日蛋糕等，把关怀送到员工手中、心中。加强综合治理。在福乡旅游的规范化管理下，社会治安综合治理工作顺利进行，全年无群体上访事件、重大交通事故、刑事案件和治安案件发生。

三、投身公共事业，提高企业社会参与度

福乡旅游秉承“良心企业，良性发展”的宗旨，在实现企业高速良性发展的同时，以主人翁的姿态，大力弘扬中华传统美德、时代新风、“西畴精神”，致富思源、富而思进，自觉投身光彩事业、乡村振兴和其他社会公

益慈善事业，积极履行社会责任。

助力乡村振兴。福乡旅游本着互惠互利、实现双赢的原则，采取“公司+基地+农户”的经营模式，并建立了相关机制。政府执行建奖补机制。鼓励群众利用自家林地、庭院、废弃圈舍等自建金线莲种植大棚，每平方米补助40元，目前有46户农户拟建种植大棚，户均补助4300多元，将兑现补助近20万元，能够降低金线莲种植成本，降幅在5.7%左右。建立幼苗供给机制。当前金线莲幼苗市场价格为每瓶14~16元，福乡旅游做好自主幼苗培育后，以每瓶8元的低价出售给农户，并对第一次种植的群众、监测户及部分家庭困难户提供先供苗种植待收购时再扣除幼苗成本的便利。建立保底收购机制。因移栽技术、管护照料程度等方面的差异，群众种植的金线莲在长势、质量、产量等方面不尽相同，但公司规定，任何原因造成金线莲长势不佳、叶不饱满、病害等，采收时均按每千克120~220元的保底价收购，以最大限度地降低群众损失和种植风险。2023年底，在利益联结机制的加持下，西畴县规范化集中种植、林地种植、庭院种植金线莲70多亩，亩均收入13.32万元，收入共计932.40万元，其中，规范化集中种植收入700多万元，林地和庭院种植收入近270万元，农户入集中种植地务工收入近30万元，群众发展金线莲产业实现户均年增收14000多元，其他种植养殖户实现户均增收12500多元。

主动履行社会责任，积极投身急难险重工作。新冠疫情发生后，福乡旅游主动参与捐物捐款，累计捐赠抗疫物资价值20多万元，为西畴抗疫做出了应有的贡献。积极参与捐资助学活动，充分发挥西畴总商会副会长职能，大力号召有干事创业能力的青年加入商会，组建公益联盟，近年累计资助贫困学生18名，捐赠物资10多万元。

福乡旅游深入贯彻“绿水青山就是金山银山”的发展理念，充分发挥生态资源优势，推动绿色发展、循环发展、低碳发展成为当前经济发展的主流导向，致力于把公司的基地打造成生态保护修复的融合产业、发展林下经济的示范产业、观光仿野生植物种植的体验产业和生物科技的研发基地、新兴农旅高品质产品科研基地，着力树好西畴金线莲特色品牌，使之成为全省、全国绿美经济发展的示范产业品牌。

目前，全州共有西畴、马关、富宁等金线莲种植示范点20多个，发展了5个村集体经济组织种植金线莲，涉及农户150多户，群众增收稳定，效益可观，种植热情高涨。福乡旅游的事迹多次被北回视听、文山视听、文山日报、云南政协报、学习强国等媒体报道。

带农联农浇开“幸斛花”

——广南县凌垭原生铁皮石斛科技有限公司

周艺畅，现为云南凌垭旅游文化有限公司和广南县凌垭原生铁皮石斛科技有限公司（简称“凌垭公司”）法定代表人和董事长，广南县凌垭种植农民专业合作社法定代表人和理事长，“凌垭”品牌创始人，“全国巾帼脱贫示范基地”创办人。在铁皮石斛产业最低迷的时期，为了不让产业消沉，不让广大种植户损失惨重，周艺畅毅然办理了“带薪离岗”手续，创立了广南县凌垭种植农民专业合作社，从此全身心扎进铁皮石斛产业，在挽救产业的同时，带领乡亲走出了一条“幸斛花开”的致富路。

一、苦熬不如苦干，带领群众艰苦创业

周艺畅身上有一股不服输的韧劲，立志做行业的“领路人”、农民致富的“带头人”。她用信念和豪情演绎创业的精彩，用执着和才智诠释取舍的真谛。在她身上，我们能真切感受到当代企业家拼搏、奉献的精神。2014年以前，受整个市场波动影响，广南铁皮石斛产业经过一阵热炒后，价格一落千丈。看着整个石斛行业低迷，种植户亏损，周艺畅忧心忡忡。经过一番调查论证和思考，她毅然向组织递交“带薪离岗”申请书，于2014年11月25日注册成立了广南县凌垭种植农民专业合作社。可创业是何等艰难！一方面，当时她自己工资收入微薄，没有足够的资金创办企业；另一方面，在高寒山区、偏远的石旮旯里刨出一条致富之路，走传统老路肯定不行。为了改变这一现状，她一直在思考。“火车跑得快，全靠车头带”，合作社成立以后，在周艺畅的带领下，一方面，强化管理，走科学化制度化之路，另一方面，建立了“优胜劣汰”的竞争机制，激发内部发展活力。正是因为拥有这样的激励机制，短短5年时间，合作社就扭转了颓势，并从5个人发展到拥有社员1150户、员工126人的规模。

二、执着拼搏，打造铁皮石斛产业标杆

周艺畅积极创业、敢干敢拼，在行业中起到了很好的示范带头作用，是一个有着大善大爱、大理想、大抱负的实干家。广南是道地优质铁皮石斛主产区，从合作社成立的那天起，周艺畅就紧紧抓住2014年铁皮石斛被国家批准为地理标志保护产品的时机，把“品质为本、专业执着、精益求精”作为经营理念，不断咨询行业专家，学习讨教铁皮石斛种植加工技能。她常常孤身一人奔波于种植一线，在实践中，探索出了“石头附着种、树上绑着种、篮子吊着种”三种种植方法，形成了不与粮食争良田、不与林木争林地的栽培模式，成功走出一条“三子连科”增收致富之路，有效解决了铁皮石斛仿生栽培优质化问题。

堎垭公司与南京农业大学、云南农业大学、文山学院、文山州农科院等科研院所合作，加大产品研发力度，不断迭代产品，提升产品附加值和品牌影响力。目前，已开发出20余种铁皮石斛产品，产品销往北京、上海、广州等大中城市。建成铁皮石斛组培基地4000平方米，可年产组培苗80万瓶，产种苗1600万丛，拥有1219亩野生抚育铁皮石斛种植基地、420余亩仿野生铁皮石斛种植和有机种植基地，年实现产值2600万元。堎垭公司拥有注册商标22个、发明专利4项、实用新型专利18项、版权保护5项，并荣获ISO9001质量认证、有机认证、知识产权贯标管理体系认证；2018年，获全国、省、州、县“巾帼脱贫示范基地”“文山州扶贫明星企业”“文山州广南县就业扶贫车间”等荣誉；2019年，获“广南县凌垭种植农民专业合作社科技专家服务站”“云南省科技型中小企业”等荣誉；2020年，获云南省“定制药园”“科普小镇”等称号；2021年，获“州级绿色食品牌产业基地”“农业产业化经营州、县级龙头企业”“云南省脱贫攻坚先进集体”“国家级、省级科技型中小企业”“县级示范社”等荣誉；2022年，获“云南省林业产业重点龙头企业”“电商带头示范企业”“云南省创新型中小企业”“国家级森林康养基地”“云南省文化旅游新业态企业”等荣誉；2023年，获“国家高新技术企业”、“州级10佳创新企业”、第四批“文山州高品质药园”和“云南省知识产权推动高质量发展示范企业”等荣誉。

周艺畅聚焦乡村振兴和“十四五”规划，带领堎垭公司积极响应省委关于打好“三张牌”的要求，打造“六郎城·仙草秘境”景区，发展“康养+”产业，不仅延伸了产业链，推动了铁皮石斛产业的转型升级，带动了

更多农户增收，还促进了县域经济的发展。六郎城·仙草秘境景区已获评“国家AAA景区”和国家级“森林康养基地”，自2022年2月1日试营业以来，累计接待游客近百万人次，实现门票、餐饮、场内二销等综合收入3400余万元，直接和间接带动了300多人就近就业创业。

为积极响应国家“十四五”规划，云南省委关于打好“三张牌”的部署以及文山州关于培育“四大重点产业”的相关要求，更好推动铁皮石斛产业融合发展，增强产业发展后劲，提升产业附加值，带动更多就业，助力乡村振兴，合作社实施“广南铁皮石斛乡村振兴产业融合发展示范项目”，将广南铁皮石斛打造成广南新的支柱产业。该项目致力于产业一体化、经营多元化，以“做足健康产业文章，增强产业发展后劲”为指引，以铁皮石斛产业为核心，以石斛康养为特色，规划“一圈三核四轴”布局，涵盖农业、轻工业、贸易、文化、旅游等行业，集石斛种植、石斛观光、石斛科普、石斛康养、石斛科研、石斛产品生产、石斛产品体验于一体，建立了包含种苗、原材料、工业、营销、电商、产业服务中心、孵化器、商务、文旅，一二三产业高度融合的铁皮石斛产业生态链，形成了石斛产业经济圈闭环，以打造铁皮石斛大健康产业集群。产业集群建成后，将成为广南县乃至云南省的一个标杆性产业标签，也将成为滇东南乡村振兴重点示范项目。

三、感恩奉献，打赢脱贫攻坚战

周艺畅说：“一个企业，履行不好社会责任，不懂饮水思源，不为政府分忧，是干不好的，唯有让更多老百姓一起脱贫致富，才算尽到企业的职责。”在做强企业的同时，周艺畅主动扛起社会责任，用心用情为“三农”服务。一方面，在群众或同事有困难时，慷慨解囊，第一个站出来帮忙，谁家需要帮助，第一个到现场，急人之所急、助人之所需。对于她的热心，乡亲交口称赞。另一方面，在脱贫攻坚工作中，周艺畅积极响应县委、县政府号召，主动担当责任，挂钩建档立卡户，用心做好各项工作，确保他们顺利脱贫摘帽。摘帽之后，她依然不减工作力度，尽自己所能提供帮助，积极出主意、想办法，与他们共同谋划致富之路。目前，合作社已带动广南县域内5个乡镇12个村委会的1150户农户致富，其中，建档立卡户908户，共计4002人，实现户均增收2万元以上。通过铁皮石斛种植、科研、组培、种源保护、农产品初加工、观光旅游等项目，合作社带动村集体经济创造收益 150 多万元，带动建档立卡户创造收益 136.52 万元；资助数 10 名贫困大学生完成学业，资助金额达 50 多万元。在疫情防控期间，周艺畅带领公司员工到各个卡点送慰问品，向武汉捐赠石斛产品，向当地政府捐献防控物资，以上物资价值 200 多万元，为抗击疫情做出了自己的贡献。由于产业带动脱贫成效明显，堎垭公司先后被授予“全国巾帼脱贫示范基地”“云南省巾帼脱贫示范基地”“文山州扶贫明星企业”“文山州广南县就业扶贫车间”“爱心企业”“云南省农业产业化经营重点龙头企业”等荣誉称号。周艺畅个人被广南县委、县政府授予“脱贫攻坚工作荣誉证书”，并荣获“助力脱贫爱心人士”“社会扶贫先进个人”等称号，被聘为广南县招商大使和广南县委宣讲团宣讲员，还被评选为广南县“桃源乡土人才”、省级“科普带头人”和“科技特派员”。

在带农联农的路上，周艺畅不断求索，充分利用合作社和景区便利，深入开展“巾帼建功”“巾帼示范”创建活动，优先吸收当地群众在家门口就业，帮助大家摆脱技能缺陷，激励岗位建功，实现增产增收。目前，合作社已吸纳 200 多名群众就业，这些人月均务工收入达 3500 元以上。围绕“石斛小镇”建设这条主线，建设石斛产业示范带，大力发展庭院经济，确保家家种石斛、户户不重样，推动群众在“家门口”增收。截至 2023 年底，已带动宝月关公路沿线 192 户农户主动投入庭院经济。以景区为平台，坚持一类一摊，免费提供场地，突出商业特色，拓展景区业态，分享商业红利，引导群众和商户发展餐饮、住宿等业态，带动 20 多户农户进行个体经营，每月实现户均营业收入 5000 元以上。

探索推广“农民入股 + 保底收益 + 按股分红”“合作社绑定农户、集团公司绑定合作社”等多种利益联结方式，让群众以房屋、土地、资金等方式入股分红，实现利益共享。目前，全村 135 户已有 90 多户入股，年户均增收 1 万元以上。鼓励农户抱团合作、共同发展，每年门票总收入的 3% 分给村集体，形成“资源共享、生产互助、利益共生”的共享模式，不断拓宽群众增收渠道。仅 2023 年，群众就获得了 16.3 万元的门票收益。采用“党支部 + 公司 + 合作社 + 基地 + 农户”的模式，带动杨柳井乡宝月关、石笋、阿用等 8 个村 1200 万元村集体经济资金有处可投，每年可分配村集体经济收益 72 万元；同时，带动当地群众 1300 多户 4000 多人增收致富，户均年收入达 2 万元以上，实现“抱团发展”。

从 2014 年建立合作社到 2016 年注册成立凌垭公司，周艺畅一直在为慈善事业添砖加瓦。疫情期间，凌垭公司累计捐赠物资价值近 260 万元，其中，捐赠现金240多万元，捐赠物资价值近16万元。2020年武汉疫情期间，向武汉捐赠价值6万元的铁皮石斛产品；为加强宝月关村基础设施建设，巩固拓展脱贫攻坚成果，于2023年3月提供资助49.6万元。

多年的努力虽然收获了不菲成绩，但周艺畅时常提醒自己及团队成员：一切成绩与荣耀，不过是曾经努力的见证，作为创业者，不能沾沾自喜，应该把握好当下，放眼未来。未来，周艺畅将带领凌垭公司继续发扬艰苦创业精神，充分发挥广南铁皮石斛原产地和国家地理标志产品的资源优势，坚持以农民为主体，以市场为导向，服务与经营并举，上联市场、下联农户，组织和带领广大农民发展规模化连片经营，创造更多就业机会，让更多农户走上致富路，让广南铁皮石斛这一瑰宝传遍四方，让“幸斛之花”处处开，让健康之光普照千家万户。

业兴思源　情暖“七乡”

——文山光大房地产集团有限公司

文山光大房地产集团有限公司（简称“光大集团”）创办于2003年，拥有房地产开发、商业管理、园林绿化三个经济实体，以“守法经营、文明服务、诚实守信、奉献社会”为宗旨，所建工程项目验收全部符合国家标准和设计要求，获得了“守合同重信用企业”、“先进私营企业”、“发展非公有制经济先进私营企业”、“扶贫明星企业”、“建设领域十佳关爱农民工企业”、“十大扶贫明星企业”、“新农村建设楷模”、“扶贫新农村建设特殊贡献奖”、“抗震救灾无私奉献会员”、“优秀房地产企业”、“先进集体”、“社会扶贫模范”、“扶贫标兵”、“抗击新冠疫情爱心企业”、“万企帮万村”精准扶贫行动“先进民营企业”等多项省、州、市级殊荣。

一、项目建设精益求精

在保证质量的前提下，光大集团先后开发、运营了东风路步行街、光大广场、光大君庭项目（光大君庭项目是文山州首个实现“交房即交证”的项目），三个项目共引进沃尔玛、麦当劳、肯德基、必胜客、德克士、屈臣氏、海底捞、外婆味道、上岛咖啡、星巴克、喜茶等650多个知名品牌，丰富了文山市民的物质、精神、文化生活，提升了文山城市风貌，加快了文明城市建设步伐。

光大集团在职员工约200人。为了维护“保稳定、保民生、保增长”的大局，减轻社会负担，光大集团坚持不裁员、不减薪、不减福利待遇，奉行“以人为本”的管理理念，为员工提供安全、舒适的工作环境，以及平等的就业、晋升机会，且公司按照国家规定为符合参保条件的员工购买社会保险，保障员工合法权益，增强了员工对公司的认同感和归属感，激发了员工的工作热情和创造力。员工在感受到公司的温暖和支持后，会更加努力地为公司发展贡献力量，从而形成良性循环。光大集团运营管理的东风路步行街、光大广场、光大君庭项目共解决就业岗位约3000个。光大集团通过持续加大招商、稳商工作力度维持商圈运营，商圈内几百户商户的正常经营不仅会给文山带来更多的就业岗位，也有利于解决商圈内从业人员及公司员工的稳岗、生存问题。

二、社会公益“情暖七乡”

光大集团坚持“投资兴业与建设家乡兼顾，发展企业与回馈社会并举”的立业观念，在努力壮大自身的同时，不忘回报社会。2022—2023年，光大集团在帮扶、疫情防控、教育、乡村振兴、“绿美文山”建设等工作中捐赠资金及物资合计270多万元。

对口帮扶，助力乡村振兴。2022年7月12日，光大集团向文山市慈善会捐赠10万元，用于文山市马塘镇人居环境整治工作；7月12日，光大集团向文山市慈善会捐赠50万元，用于支持文山市工商联开展“万企兴万村”行动；7月18日，光大集团向文山市慈善会捐赠20万元，用于文山市喜古乡乡村振兴和人居环境整治工作；8月16日，光大集团向文山市慈善会捐赠50万元，用于支持“绿美文山”建设；9月30日，光大集团向文山市红十字会捐赠300立方C20混凝土，价值6.9万元，用于支持文山市政府开化街道办事处、卧龙街道办事处及新平街道办事处“绿美文山”建设。2023年3月30日，光大集团向文山市红十字会捐赠5万元，用于开化街道“绿美文山”建设；3月31日，光大集团向文山市喜古乡新寨村和喜古村捐赠10万元（其中，新寨村5.5万元，喜古村4.5万元），用于农户庭院亮化补助；4月7日，光大集团向文山市马塘镇热水村捐赠10万元，用于绿美乡村建设；4月18日，光大集团向丘北县舍得彝族乡政府捐赠50万元，用于舍得彝族乡政府乡村振兴项目建设；7月26日，光大集团向文山市振华社区捐赠5万元，用于创文创卫及“绿美文山”建设；8月17日，光大集团向文山市平坝镇沙子洞村捐赠1万元，用于村内产业路修复，向文山市平坝镇政府捐赠4万元，用于耕地流出整改工作；8月30日，光大集团向文山市政府开化街道办事处捐赠7万元，用于耕地图斑整改工作，向文山市追栗街镇塘子边村捐赠3万元，用于耕地图斑整改工作。

三、严格履行社会责任

光大集团一直秉持“诚信经营，回馈社会”的理念，为社会经济发展贡献力量。其中，纳税贡献是企业履行社会责任的重要体现。在发展过程中，光大集团恪守税收法规，严格按照法律规定履行纳税义务。不仅如此，还通过建立健全内部管理制度，确保企业财务的透明度和合规性。2022年至今，光大集团缴纳税款约7344.25万元，包括企业所得税、增值税等。

光大集团将环境保护作为可持续发展战略的重要内容，注重履行环境保护方面的职责，将环保管理纳入企业管理体系，渗透到公司经营的各个环节：在各部门加强宣传，提高企业全体员工的环境意识；利用现代信息技术，实行无纸化办公，推动节约型社会建设。光大集团积极引入财务电算化、企业微信等现代信息技术，实现办公无纸化，不仅节省了纸张费用、通信费用和邮寄费用，而且减少了用电话、传真和邮寄等方式对社会通信线路与邮政资源的占用。

关爱儿童，助力教育。百年大计，教育为本。教育扶贫不仅是雪中送炭，更是薪火相传和责任传递，培养贫困学生成长成才，才能为贫困地区的脱贫致富注入内生动力。光大集团坚守初心，在自身发展的同时不忘回馈社会。2022年6月22日，光大集团向丘北县红十字会捐赠46399元，用于丘北县腻脚乡新店小学“希望澡堂”建设。2023年3月31日，光大集团向文山市第二中学捐赠10万元，用于校园建设。

积极参与，助力疫情防控。新冠疫情发生后，全国各界万众一心，抗击疫情。2022年2月16日，光大集团向富宁县、麻栗坡县捐赠了一批防疫物资，包括一次性医用口罩、N95口罩、木炭及各类食品等，价值24.85万元；4月16日，光大集团向文山市红十字会捐赠N95口罩2万只、防护面罩1000个、测温枪1000支，价值6.02万元。

立足产业助发展　利益联结促振兴

——云南宏泰新型材料有限公司

云南宏泰新型材料有限公司（简称“宏泰公司”）隶属于世界500强企业山东魏桥创业集团。2019年10月，山东魏桥创业集团与云南省政府签订合作协议，共同开展云南绿色铝创新产业园暨203万吨绿色铝项目建设。项目占地3677亩，共建设6条铝电解生产线，其中，600千安培生产线2条，其余是440千安培电解槽，项目产能指标都是从山东置换的，并一次规划设计，分两期建设。山东魏桥创业集团自主研发的600千安培电解槽在2016年荣获“中国有色金属工业科学技术奖一等奖”，是世界上最大的电解槽型。宏泰公司坚持“为国创业，为民造福”的价值理念，将带动经济发展、扩大劳动就业、增加农民收入，以及构建和谐社会作为发展动力和自觉追求，为推动地方经济、社会发展和民族团结做出了贡献。

一、当好产业链主

宏泰公司是云南砚山绿色铝创新产业园区的链主企业，以建成中国“绿色铝谷”核心区为目标，先后与当地政府部门合作引进18家上下游企业、28个项目，全力推动形成“阳极炭素—电解铝—铝水初加工—铝材精深加工—铝应用—再生铝”全产业链。2023年，宏泰公司完成产量108万吨，实现产值201亿元，2024年1—4月，完成产量46.94万吨，实现产值79.76亿元，带动5300多人就业（其中，文山籍职工占比达83%），涵盖汉族、壮族、苗族、彝族等20个民族。宏泰公司的铝锭、液态铝产品通过ASI绩效认证、EPD体系认证和碳足迹认证。宏泰公司获得“高新技术企业”“五一劳动奖状”“文山州技术研发中心”等荣誉，入选“云南省绿色铝产业领军企业”，在2023年度云南非公百强企业中排在第11位。

二、坚持绿色发展

宏泰公司始终重视安全和环保工作，装备水平、技术工艺和自动化控制均达到了国际领先水平，生产中的各项操作基本实现了机械自动化和智能化。山东魏桥创业集团自主研发的600千安培电解槽，可以有效降低烟气排放量。此外，电解烟气在供料干法净化系统后面加装国内首个双脱硫塔（一用一备）湿法脱硫系统，经过湿法处理后，二氧化硫、烟尘颗粒物、氟化物均低于《铝工业污染物排放标准》要求的限值，真正实现了电解铝行业的烟气超低排放。针对砚山县贫水的实际情况，宏泰公司将雨水、生产污水和生活污水分别收集处理后回用生产，实现了厂区零废水外排，极大地节约了生产用水。宏泰公司紧盯全球电解铝行业先进技术，2023年投资上亿元，首次实现了电解一体化铜炭复合阴极（RUC）电解槽全工段化生产应用。该技术的应用，使电解槽的阴极压降较传统阴极钢棒槽降低明显，同时，大幅降低了槽内水平电流强度，实现了电流效率的提升和能耗的降低，进而实现了电解槽的高效、长寿。宏泰公司深挖内部创新节能潜力，投产至今，内部创新成果丰厚，完成创新项目和节能技改200多项，节约资金3亿元。

三、改善乡村环境

宏泰公司通过世平基金会积极参与公益项目。2022—2023年，确定实施公益项目共计97个，政府预算投资7.18亿元，项目分布在文山州、红河州、昆明市、昭通市等11个州市。目前，97个项目中实际开工的有61个，其中39个在文山州。61个已开工项目中，19个已完工。为方便群众平安出行，完善农村基础设施，改善村民生产生活条件，助力美丽乡村建设，宏泰公司于2021年4月为砚山县阿猛镇黑羊山村捐赠了40盏太阳能路灯，提升了村民的幸福感和获得感。砚山县居住着10多个少数民族。为加强民族团结，时刻铸牢中华民族共同体意识，宏泰公司在砚山县平远镇新建改建了新平园林公园和田心主题公园，为各民族群众提供了交流的空间。

四、开展爱心助学

扎根云南后，宏泰公司高度关注农村教育条件改善。2022 年，通过世平基金会陆续在学校捐建希望澡堂等，完善学校基础设施。文山州的农村中小学多位于山区深处，虽然村村通公路已大大改善了当地交通条件，但多数学生家长外出务工，孩子跟老人一起生活，接送孩子上下学不方便，因此寄宿制学校较为普遍，洗澡难问题常常让寄宿学生感到困扰。对此，宏泰公司为砚山县捐建“魏桥希望澡堂”57 所，捐赠资金达 778.12 万元。2019 年入驻砚山县以来，宏泰公司已经在干河、维摩、蚌峨等乡镇的 10 所小学设立“魏桥彩虹之家”，通过爱心资助和陪伴，让更多山区孩子看到美丽的彩虹。读万卷书也要行万里路，在每年评选中获得“阅读之星”的学生可在暑假到山东游学，感受孔孟文化和魏桥集团文化。

入驻砚山县以后，宏泰公司积极履行社会责任，取得了显著成效，提升了当地人民的幸福感和获得感。未来，宏泰公司将继续秉承“为国创业，为民造福”的价值理念，不断为社会发展做出更大贡献。

助力“一县一业” 谱写八角产业新篇章

——云南众木农林发展有限公司

八角是棵摇钱树，一年栽来百年富。富宁县自1722年起种植八角，至今已有300多年历史，享有“中国八角之乡”的美誉。走进富宁县的壮乡苗岭、瑶山彝寨，一片片八角林尽收眼底，犹如一张张绿毯，铺满山头。富宁八角虽种植历史悠久，然而由于长期没有龙头企业带动，出现了缺乏科学管理、产业链短等问题，产品多以生果交易为主，附加值低，群众收入不稳定，长期处于有“名气”无“财气”的状态。为突破富宁八角产业发展瓶颈，解决八角售卖难题，提升产业组织化水平，富宁县委、县政府于2022年4月引进本土企业，成立云南众木农林发展有限公司（简称“众木农林”），实施富宁八角种植加工交易一体化项目。作为一家本土企业，众木农林不忘创业初心，砥砺奋进前行，坚持以助农增收为己任，主动担起联农带农的社会责任，积极参与“万企兴万村”行动。众木农林依托地区优势资源，积极开展产业帮扶、技能培训、吸纳就业、公益捐赠等活动，身体力行实现强企富民、村企共赢。

一、解难题，助力群众发展产业

富宁八角种植加工交易一体化项目总投资2.5亿元，2022年7月启动建设，经过短短8个月时间，于2023年3月建成投产。众木农林秉承“资源开发与生态保护并举，经济效益与社会效益并重”的理念，围绕八角产业的种苗培育、低产林改造、药肥一体化研究、产品加工及包装销售等环节，打造八角全产业链，助推富宁县八角产业逐步呈现良好发展态势，经济、社会及生态效益持续向好。组建专家技术服务团队，采取统一技术、统一农资方式服务富宁县八角种植农户；免费开展技术培训，在富宁、砚山、广南、麻栗坡、马关、西畴等地开展技术培训49期，共培训4558人次。众木农林联合富宁人才工作领导小组开展富宁八角实用技术人才职称评定，助推八角实用人才阶梯式发展。富宁县八角科学技术普及率持续提高，亩产逐年增长，群众逐年增收，全县八角种植户自主开展八角低产林改造5万余亩，2023年最高单株产量达237斤、最高亩产达4326斤。众木农林在广南、砚山、麻栗坡、西畴、马关五县成立了服务站，助力八角技术人才培养，为全县乃至全州八角产业发展提供“源头活水”。项目建成后，将新增200个固定就业岗位、2000个临时就业岗位，未来可带动全县6万多户农户通过种植八角和就近务工实现增收。

二、多方联合，实现产业多赢局面

实施“公司+村集体经济组织+农户”发展模式、“4个五分钱”和“5+4+1”利益分配模式，与群众建立利益联结机制，带动八角种植户、村集体经济组织及专业合作社一起发展八角产业，通过“八角金融贷”“保险公司兜底”“免费技术培训”等措施形成金融支持、保险护航、科技支撑的产业发展格局，实现产业发展多赢局面。2023年，众木农林已通过分红、返利等方式，为合作社、村集体、八角种植户累计增加收入211.37万元。

众木农林主动与各大科研院所洽谈合作，共建云南八角产业研究院及院士（专家）工作站，深度挖掘云南八角的主要功能因子功效，开展降血糖、降尿酸和抗氧化等健康效应机制研究，将技术优势转化为经济优势。目前，已建立院士（专家）工作站3个，开发出八角啤酒等系列产品，获外观设计专利10项，正在申请发明专利11项，多个围绕八角精深加工的科研项目正稳步推进，推动企业不断向工业化、产业化方向发展。

三、彰显担当，坚定投身公益事业

众木农林不忘地方党委、政府的殷切期望和工商联系统的关心支持，致力于公益事业，全力回馈社会，累计在教育事业、文化传承、耕地保护、文旅活动等方面捐款达121.8万元，并多次获得县委、县政府及富宁县红十字会等单位授予的“爱心企业”荣誉称号。为弘扬中华优秀传统文化，保护和发展富宁县非物质文化遗产——富宁壮戏，在得知那能乡六温村那勤壮戏班缺乏活动经费后，众木农林立即向那勤壮戏班捐赠5000元，用于开展相关活动。为推进耕地保护工作，众木农林向洞波乡那哈村村委会股份经济合作社捐赠 5000 元，向那能乡那能村村委会股份经济合作社捐赠 50000 元。

众木农林法人黄庆波身体力行发展家乡产业，带领村民增收致富，获得广泛好评。2023 年 7 月，黄庆波被评为“云南省省级劳务品牌富宁八角香料工形象代言人”；2023 年 8 月，获评“文山州州级农村致富带头人”；2023 年 9 月，获评“优化营商环境促进市场主体倍增奖先进个人”；2023 年 11 月，入选文山州 2023 年“兴文英才计划”人才培育专项。众木农林于 2023 年 12 月获评文山州“文山之干”先进集体。富宁县的八角产业得到长足发展，黄庆波可谓功不可没，对其他民营企业及民营经济人士起到了很好的示范带动作用。

未来，众木农林将立足整个县域统筹规划八角产业发展，充分发挥龙头企业带动作用，科学布局生产、加工、销售等环节，把产业增值环节更多留在富宁、增值收益更多留给农民，为富宁县八角产业发展贡献力量，助力富宁县宜居宜业美好乡村建设。

在联农带农中闯出产业发展新路子

——江城县绿创农业科技服务有限公司

江城县绿创农业科技服务有限公司（简称“绿创农业”）成立于2020年5月，是一家集养殖与技术咨询服务于一体的现代化农业科技公司，建有标准化牛舍6000平方米，青储窖1000立方米，草料棚500平方米，辅助用房350平方米，草地牧场1000余亩，巨菌草、皇竹草等优质牧草种植地400余亩，现牛存栏660头、湖羊600只。绿创农业积极响应乡村振兴战略，立足当地资源禀赋，探索“政府+村集体+公司+农户”的产业发展模式，以实现企业和农户共赢为目标，走出了一条联农带农产业发展新路子。

一、引进推广肉牛冻精改良技术

绿创农业因地制宜，与省、市、县农业部门合作引进云岭牛、短角牛和安格斯等优质肉牛冻精，对江城黄牛进行人工杂交、配种等冻精改良，在有效解决江城黄牛生长慢、体格小、产肉少等问题及完美继承其抗蜱虫、抗病性强等优势的基础上，缩短肉牛饲养周期，提高个体产肉量，提升了养殖效益。积极配合党委、政府推动“金融+保险+信贷”政策落地见效，为当地农户提供优质牛源，在确保肉牛种源安全的同时，为养殖户提供“保姆式”全程跟踪服务和技术指导。自“金融+保险+信贷”政策实行以来，绿创农业为74户农户提供优质牛源600余头，预计每年户均增收19052元。绿创农业结合自身发展实际，示范带动50余户农户从事肉牛养殖，并且每年向社会提供优质能繁母牛1000余头，其中大寨村就高达150头，切实带动当地农户养殖增收。

二、“保姆式”服务助发展促增收

绿创农业实施“兴产业、强龙头、扩基地、联农户、富农民”的发展战略，为当地农户提供优质牛源，在确保肉牛种源安全的同时，有偿对全县养殖户提供“保姆式”全程跟踪服务和养殖技术指导，为养殖户建立起从种源供应、技术支持到成品回收的“一条龙”养殖安全屏障，在确保养殖户买得进、养得好、卖得出、收益高的基础上，不断拓宽业务渠道、提升经济效益。通过土地租赁、农产品收购、提供就业岗位等多种方式促进周边农户实现增收。现在，绿创农业养殖基地固定用工 15 人，实现人均年增收 36000 元；每年临时用工 272 人，实现人均年增收 2000 元；土地租赁 28 户，实现户均年增收 5250 元；草料收购 80 户，共计收购草料 2000 吨，实现户均年增收 5500 元。

三、借助产业振兴发展模式促增效

绿创农业借助“政府平台 + 村集体 + 公司 + 示范户”产业振兴发展模式，即政府、村集体提供政策扶持、宣传平台并进行资金入股，逐步打造种养结合、放牧与舍饲结合的生态养殖模式，不断提高养殖年效益。绿创农业养殖年效益从创立之初的 150 万元逐步提升为现今的 530 万元。此外，绿创农业还为养殖户开展养殖治疗、冻精改良、畜禽养殖等方面的技术培训，传授种植、养殖、防疫、消毒等相关技术，切实为养殖户解决养殖过程中的难题。绿创农业成立至今，每年服务农户 500 余户，每年开展养殖技术培训覆盖农户 2000 余人。

勇于担当　凝聚奋进力量

——景东嘉辉汽车服务有限公司

景东嘉辉汽车服务有限公司（简称“嘉辉汽车”）成立于2009年11月，占地面积16亩，是一家集汽车销售、维修、租赁、检测及二手车评估、汽车售后服务于一体的4S模式经营、5S模式管理汽车综合性服务企业。嘉辉汽车于2019年成立申通快递物流景东站，现有4家子公司，职工128人。嘉辉汽车本着“诚信为本、精益求精、专业对车、诚意待人”的经营理念和“尽我所能、满意用户”的服务宗旨，不断创新，为客户提供专业、多元的汽车服务。嘉辉汽车及其党支部先后获得景东县“守合同重信用企业”“捐资助学优秀企业”“中共普洱百强支部”“市级五四红旗团支部”“市级青年文明号”“普洱优强民营企业”“云南省民族团结示范单位”“全国汽车维修诚信企业”“全国汽修放心企业”“普洱市先进基层党组织”“普洱市第六届道德模范诚实守信模范”“云南省第八届道德模范诚实守信模范提名奖”等荣誉。2020年11月，嘉辉汽车被确立为县级“新的社会阶层人士统战工作实践创新基地”。2022年10月、2023年10月，嘉辉汽车分别被市、县两级政府确立为“民营经济人士理想信念教育基地”。

一、凝聚奋进力量

嘉辉汽车积极组织和参与企业光彩行、企业回报家乡、“万企帮万村”、“万企兴万村”等活动，在脱贫攻坚及新冠疫情期间，在物资供应、爱心捐赠、复工复产、稳定就业等方面做了大量工作，展现了与广大群众同舟共济的深厚情怀和共克时艰的社会担当。嘉辉汽车作为“新的社会阶层人士统战工作实践创新基地”和“民营经济人士理想信念教育基地”，重视对民营经济人士的政治引领和思想引导，在组织广大民营经济人士坚定信念、提振信心、轻装上阵、放手发展等方面发挥着举足轻重的作用。嘉辉汽车成立至今，扶贫帮困范围涉及景东县80%的乡镇。在嘉辉公司的带领下，景东县很多民营企业和民营经济人士行动起来，在捐资助学、扶弱助残、脱贫攻坚等社会公益事业方面共计投入1000多万元。

二、参与公益事业

2010年，嘉辉汽车设立嘉辉教育基金，以现金方式为景东教育事业发展捐赠68万元，并长期资助困难家庭高中生、大学生56名；2014年10月，景谷县发生6.6级地震，得知灾情后，嘉辉汽车抽调了20名精干民兵，随景东武装部一同赶赴灾区参与抗震救灾，在灾区奋战了20多天；2016年7月2日，景东县发生重大洪灾，嘉辉公司13名党员和120名员工迅速投入清淤泥、疏管道等救灾行动中，树起了自愿抗洪突击队的旗帜；2021年12月8日，在景东县开展的“爱心无量，情暖教育”支教助学活动中，嘉辉汽车积极响应县委、县政府的号召，共捐款20万元；2023年，嘉辉汽车向龙街乡中小学教师、学生捐赠奖助资金3.3万元。

三、助力乡村振兴

2014年，嘉辉汽车主动向景东县政府请缨挂钩联系龙街东山村，帮助该村建学校，同期投入30多万元为竹者村修建桥路，解决了3900多名群众及学生的出行难问题，并与东山小学签订长期资助协议。2015年，嘉辉公司联系挂钩龙街扎果村建档立卡户25户，积极为其争取项目，无偿为无法自筹资金建盖房屋的贫困户提供支持。2017年，嘉辉公司主动到曼等县、大朝山东镇参与景东县重点乡镇脱贫攻坚工作，想方设法整合资金、资源，先后投入50多万元，建盖孤寡老人保障性住房8套。2017年底，景东县脱贫攻坚指挥部将嘉辉公司的挂钩联系村从龙街乡的扎果村调整为太忠镇的嘠仰村，让其挂钩帮扶30户建档立卡贫困户。嘉辉汽车及时组织党员和中层以上干部进村入户核查贫情、了解民意，寻找帮扶突破口，在全面调研及分析后，于2018年在嘠仰村开展产业扶贫，保障建档立卡户如期脱贫，同时，帮助群众通过土地流转、就近就业、打造地方绿色品牌等方式获得长期稳定的收入，实验性地开发了10亩“稻田养鱼”。经过一年的运作，项目非常成功，大米及稻花鱼在丰收节当天就被订购一空。2019年，嘉辉汽车整合多方资源，采用“三农服务部＋公司＋基地＋农户”模式，以每亩

1000 元的租金流转农户水田 100 亩，带动当地群众实施稻田养鱼项目，注册了“彝乡稻”“稻花鱼”品牌，通过协调土地流转、宣传发动贫困户参与、组织种稻和养鱼技术管理培训等措施，建设绿色稻田种养示范基地，打造集人文景观、展览体验、休闲娱乐于一体的农耕文化，带动当地旅游业发展。2020 年，嘉辉汽车整合项目资金近 60 万元，推广项目面积达 200 多亩，年均整合收入 160 万元。同时，嘉辉汽车以稻田养鱼项目为主体，引进特种养殖等一系列高原特色产业，带动周边 200 多人实现增收致富，村集体经济收入达 6 万多元。2022 年，嘉辉汽车积极助力乡村振兴，参与龙街乡东山村发展规划，配合东山村举办首届古树核桃节，助力东山村通过销售古树核桃获利 1.1 万元。

富而有责　富而有义　富而有爱

——普洱傣司实业有限公司

普洱傣司实业有限公司（简称“傣司实业”）位于云南省普洱市景谷县民乐镇，组建于2017年9月，并于当月通过股权重组，以傣司实业为总公司，控股景谷傣族彝族自治县井谷清酒厂、景谷聚顺兴工贸有限公司、景谷聚顺兴工贸有限公司民乐牲畜养殖场三家企业，总占地面积72000多平方米，有职工260人（其中，管理人员20人）。傣司实业主要经营粮食白酒生产、销售，牲畜饲养、销售，有机肥生产、销售三大块业务，并利用酿酒剩余物（酒糟、酒水）发展牲畜养殖业，利用牲畜粪便配套日产2000立方的大型沼气池，沼气用作酿酒锅炉燃料，利用沼渣、沼液生产有机肥，形成了循环经济发展模式。

一、在经济振兴上贡献力量

习近平总书记指出，中国式现代化是全体人民共同富裕的现代化。无论是国有企业还是民营企业，都是促进共同富裕的重要力量，都必须担负起促进共同富裕的社会责任。景谷傣族彝族自治县井谷清酒厂组建于1998年3月，得到各级党委、政府的关爱和支持，不断发展壮大，取得了较好的业绩。2013年7月16日，景谷傣族彝族自治县井谷清酒厂申请注册成为个人独资企业；2014年，该厂申请成为规模以上工业企业；2017年2月，“傣司”品牌经申报成为普洱市知名商标，年收购大米、玉米1000吨以上，拉动了当地种植、养殖业的发展，增加了当地农民的收入。多年来，景谷清牌、傣司牌白酒系列产品赢得了广大消费者的喜爱。傣司实业顺应市场发展规律，本着团结、发展、创新的理念，努力做好、做强、做大。经过多年的努力，傣司实业规模不断壮大，于2018年投资3500多万元建成景谷聚顺兴工贸有限公司民乐牲畜养殖场。该养殖场拥有年出栏生猪1万头和年出栏肉牛 1500 头的两个养殖基地，两个养殖基地的饲料主要来源于井谷清酒厂酿酒剩余物（酒糟、酒水）。两个养殖基地配套日投粪量 130 吨、日产气量 2000 立方的大型沼气池，实现由节能降耗使用所产生沼气替代燃煤作为烤酒锅炉加热燃料，年可节约烤酒锅炉用煤成本 200 万元，配套 4000 立方沼液收集池和有机肥生产线 1 条，年可生产有机肥料 2000 吨、沼液 4 万吨，可以满足 2.5 万亩农田或普通台地茶园升级对有机肥的需求。

二、在产业振兴上贡献力量

傣司实业坚持发挥优势，不断延长产业链，依次成立了景谷傣族彝族自治县井谷清酒厂、景谷聚顺兴工贸有限公司、景谷聚顺兴工贸有限公司民乐牲畜养殖场三家企业，在发展加工业、服务业、现代种养业上做出了特色品牌，促进了农村一二三产业的深度融合。2023 年，景谷傣族彝族自治县井谷清酒厂提供就业岗位 100 个，收购农户大米、玉米 1000 多吨；景谷聚顺兴工贸有限公司为养殖农户提供种子、饲料、农药、防疫、技术培训、收购等服务；养殖场租用民乐镇民乐村大户那社社员闲置土地种植牧草 120 亩，年租金 800~1200 元 / 亩，招用农村剩余劳动力 20 多人。傣司实业的一系列措施提高了农户的抗风险能力，能够确保农民收入稳定增长。

三、在生态振兴上贡献力量

傣司实业始终坚持“绿水青山就是金山银山”理念，积极发展循环绿色经济产业。将酿酒剩余物、米糠和饲草制成营养丰富的饲料，提供养殖场喂养牲畜，将牲畜的粪便收集归储到沼气池，再利用沼气池产生的沼气为酿酒提供燃料，实现资源循环利用。2023 年，出栏生猪 1 万头、出栏肉牛 1500 头，沼气池日投粪量 130 吨，日产气量 2000 立方，节约烤酒锅炉用煤成本 200 万元，生产有机肥料 2000 吨、沼液 4 万吨，可以满足 2.5 万亩农田或普通台地茶园升级对有机肥的需求，为可持续发展、生态环保、节约资源探索有效路径，积极践行新发展理念。

四、在扶贫济困上贡献力量

民营企业家既要有家国情怀，能够自觉践行以人民为中心的发展思想，增强先富带后富、促进共同富裕的责任感和使命感，也要努力在企业内部构建和谐的劳动关系，推动构建全体员工利益共同体，让企业发展成果更公平地惠及全体员工。民营企业和民营企业家还要筑牢依法合规经营底线，弘扬优秀企业家精神，做爱国敬业、守法经营、创业创新、回报社会的典范。要继承和弘扬中华民族传统美德，积极参与社会公益慈善事业，做到富而有责、富而有义、富而有爱。傣司实业在产业振兴、生态保护等方面做出努力的同时，积极投身扶贫济困、修桥补路等公益事业。2023 年，傣司实业为脱贫不稳定户提供了工作岗位；为维护、维修民乐镇民乐村道路投入资金 5 万多元；春节慰问民乐村大户那村民小组 60 岁以上老人共 60 人，发放的慰问物资价值 1 万元；在各种社会活动中捐赠价值 10 多万元产品。

傣司实业把握机遇，不断夯实基础，固定资产逐步增加，后备力量不断增强，探索出了以生态循环链养殖废弃物资源化利用生态循环为主的、真正的生态循环链产业发展模式。同时，大力弘扬“义利兼顾、以义为先、自强不息、止于至善”的光彩精神，积极履行社会责任，踊跃投身“万企兴万村”行动，努力成为乡村振兴的重要参与者和奉献者。2023 年，傣司实业共实现营业收入 3846 万元，上缴税款 65 万元，捐款捐物价值 10 多万元，有力地推动了景谷县民营经济健康发展。

匠心守初心　潜心做好茶

——普洱澜沧古茶股份有限公司

普洱澜沧古茶股份有限公司（简称“澜沧古茶”）成立于2018年2月13日，是一家集研发、生产和销售于一体的综合性茶叶企业，品牌历史可追溯至1966年设立的澜沧县茶厂，产品以普洱茶为主。澜沧古茶主要经营范围如下：红茶、绿茶和普洱茶的收购、加工、销售；茶器、茶具销售；茶饮料（包含奶茶、咖啡）制作及销售；日用品、化妆品及卫生用品制造及销售。2023年12月22日，澜沧古茶正式在香港联合交易所主板挂牌上市，成为中国普洱茶IPO第一股。在创业守业的过程中，澜沧古茶创始人、茶妈妈杜春峄翻山越岭、披荆斩棘、踏千山寻百味，用好的产品践行对国家、行业、品牌和消费者的承诺，以脚踏实地的匠心匠艺诠释了什么是企业家精神，将年复一年坚持的平凡力量汇聚成时代的驱动力。成立以来，澜沧古茶坚守“匠心持守真味、奉献健康好茶”的经营理念，开发了品类丰富、稳健延续的产品序列，覆盖生茶、熟茶和调味茶等普洱茶品类，受到有不同消费偏好、不同消费层次客户的追捧。澜沧古茶先后获评“中国茶业百强企业”“农业产业化国家重点龙头企业”“云南省普洱茶十大影响力企业”“云南省食品安全示范单位”，并拥有“中国普洱茶十大品牌”“云南老字号”“普洱市十大茶叶品牌”等荣誉。

2023年，澜沧古茶实现产值3.96亿元，比上年同期（3.89亿元）增长1.80%，销售收入2.75亿元，比上年同期（2.34亿元）增长17.52%，上缴税款5462万元，比上年同期（2871万元）增长90.24%。

一、以匠心守初心，潜心做好茶

澜沧古茶坚守“匠心持守真味、奉献健康好茶”的理念，结合产品特色、消费场景和市场扩展等要素，研制开发了“重器”“本味”“和润”“自在”四大特色系列产品，塑造出经典“澜沧味”，多款重器产品得到市场和茶友的认可，满足了消费者多口味、多层次、多场景的消费需求。2023 年 5 月，乌金在中亚高峰会议上被选为国宴用茶。杜春峄事茶近 60 年，荣获“全球普洱茶十大杰出人物”“普洱茶传承工艺大师”“中国制茶大师”等称号。澜沧古茶核心团队凭借过硬的拼配和发酵工艺，实现了普洱茶制茶工艺传承和创新，创办了国家级技能大师工作室和朱美宣技能大师工作室。2023 年，澜沧古茶荣获“云南省科技型中小企业”“国家级知识产权优势企业”“云南省非遗工坊”等称号。澜沧古茶技术部经理龚敏荣获普洱市“茶城工匠”称号。

二、以创新求突破，用心拓市场

澜沧古茶充分发挥品牌优势，建立澜沧古茶 1966、茶妈妈和岩冷 3 个子品牌，分别布局专业普洱茶市场、终端零售新兴市场和高端定制国际市场，通过打造“三大板块”并举、主行业多品牌发展的模式，形成了以经销为主、以直营为辅，线上和线下相结合的多元化销售渠道，实现了稳定、持续发展。此外，澜沧古茶还设立了集销售、品鉴、交流、藏养、文化于一体的终端体验店 1000 多家，覆盖全国多个省市。城市会客厅将“丰富产品 + 专业品藏 + 舒适空间”的品鉴中心模式优化升级为与品牌关联度更高的形象店模式，将品牌核心竞争力、产品、茶空间整合于一店，为空间注入标准化的品牌元素。本着“走出去，引进来，站上去，连起来”的合作理念，澜沧古茶与山姆、唐久集团、普伟集团、中国农业银行、中信集团、华为、顺丰、阿里等企业建立了优质合作伙伴关系。

三、以品牌传文化，凝心聚能量

澜沧古茶始终致力于打造消费者信赖的知名品牌，近年来，通过品牌运营和业务发展的融合促进，以经典品牌活动凝聚合作伙伴，结合互联网及新媒体扩宽品牌运营渠道。定期举办线下茶事活动，如每年春季的探访茶山“回家之旅”、夏季的“红五月”全民饮茶日、秋季的“羊城金秋嘉年华”、冬季的“情暖万家”送温情。2022 年，澜沧古茶组织全国近 2000 名茶友和经销商一起，深入普洱、西双版纳、临沧三大普洱茶核心产区的古茶山，感受古茶山蓬勃的生命力，体验浓郁的民族风情，推广普洱茶文化价值和品饮价值。

四、以茶业促振兴，真心助民富

以茶兴产业，以产业兴万村。澜沧古茶坚守“以茶助农，以茶富农”的信念，建立利益联结机制，以茶为媒精准构建产业链，心系社会，以商招商，引进外地优秀企业，助力产业发展。组织景迈、芒景片区上游合作社成立原料供应公司（云南景岩茶业有限公司），与临沧、普洱、西双版纳三大普洱茶主产区的百余个茶叶专业合作社及其初制所达成稳定合作，以“公司＋合作社（茶厂）＋基地＋农户”的合作方式，每年为各普洱茶区合作社、茶农提供茶树种植、茶园管理、茶叶加工等技术支持，累计对1万多名茶农开展技能培训，切实提升了茶农的制茶技艺及茶叶品质，实实在在助农增收。

积极履行社会责任　助力“幸福边疆村”建设

——普洱林达木业有限责任公司

宁洱县森林资源丰富，历来是滇南林区重点林业县之一。为发展林业生产，改变山区贫困面貌，宁洱县第一家木材加工企业——普洱火柴厂于1970年成立。50年艰苦创业，50年励精图治，昔日的普洱火柴厂已经发展成为集森林采育、木材加工于一体的普洱林达木业有限责任公司（简称“林达木业”）。林达木业由国有企业改制而成，厂区占地面积140亩，资产5.5亿元，林场面积25万亩（其中，人工培育原料林11万亩），拥有员工460人。林达木业主要生产多层实木生态板、多层实木地板、细木工板和室内装饰板，产品主要销往国内市场和老挝、越南、缅甸等国家。2023年，林达木业完成销售收入1.74亿元，上缴税款479万元。

林达木业生产的产品多次被评为“云南省质量合格推荐产品”“质量合格信得过产品”“权威机构检测合格产品”“形象产品”“云南省十佳板材品牌”等，其中，胶合板、细木工板等产品被评为“云南名牌产品”。林达木业“绿潮”商标被认定为云南省著名商标。林达木业先后荣获“云南省守合同重信用企业”“质量走廊省级示范单位”等称号，实现了“以质量创品牌、以品牌赢市场”的经营目标。

一、党建引领聚合力

强化思想引领。林达木业党总支着力推进党建生产融合共促，党员示范带头，职工齐心聚力，为企业绿色发展装上红色引擎。将党建工作融入企业生产经营，把党的组织资源转化为发展资源，使党的组织优势转化为企业发展优势。林达木业党总支年初和各部门、各支部同步签订工作目标责任书、党建目标考核责任书，促进党建工作与业务工作同谋划、同部署、同考核。组织党员常态化开展自学，利用“三会一课”、主题党日等进行集体学习研讨，定期组织党员利用本地红色资源开展党性锻炼。坚持把党建工作与工青妇组织建设结合起来，开展工人安全生产、工会法律培训、夏送清凉、金秋助学、文艺演出等活动，有效增强党群组织的团队意识和协作意识，团结凝聚各族职工。

聚焦双向培养。围绕企业发展人才需求实施“双培养计划”，着力把骨干培养成党员，把党员培养成管理人员。目前，林达木业的 19 名管理人员中有 9 名党员，他们积极参与公司的重大经营决策。林达木业董事会在选人用人方面，会优先选拔德才兼备的党员为部门负责人，选用业务、技术型党员为基层关键岗位主机手，使他们充分发挥自身特长，在工作中起到先锋模范作用。2019 年以来，林达木业 600 多名员工参加了市县举办的职业技能提升培训。林达木业还与普洱市职业教育中心开展新型学徒制培养计划，培养中高级技能人才 50 多人。

锻造人才队伍。林达木业始终秉承“企业是员工的归属，员工是企业的财富”的理念，党总支带领广大产业工人增强信心、克服困难，努力造就一支有理想守信念、懂技术会创新、敢担当讲奉献的产业工人队伍。林达木业每年组织生产骨干到各地考察学习，让他们拓宽视野、更新思维。在各车间、部门开展劳动竞赛和优秀员工评比活动，形成比学赶超的良好氛围，有效激发生产活力，涌现出一批批杰出人才。2019 年，林达木业 3 名员工被授予“优秀普洱工匠”称号；2020 年，1 名员工被普洱市委、市政府授予“普洱市劳动模范”称号；2023 年，1 名女员工当选省工代会代表。

二、争当林企发展“火车头”

对于在宁洱这个少数民族边疆县土生土长的林达木业来说，搞好企业经营，千方百计克服困难让企业发展下去，不把企业问题变成社会问题，就是企业应承担的重要社会责任。林达木业积极发挥自身优势，践行“绿水青山就是金山银山”理念，勇攀绿色生态产业创新高峰。

发展原料林基地，保证企业可持续发展。林达木业有 25 万亩林场，为谋求长足发展，从 1999 年开始在自有林场建立了占地 650 亩的思茅松营养袋育苗造林试验基地。基地试验成功后，从 2000 年开始采用工程造林为主、人工促进天然更新方式为辅进行迹地更新，逐年加大人工造林力度，培育后备资源。思茅松生长周期长，企业原料不能有效供给。为解决原料供求矛盾，林达木业坚持“凡采必种，凡种必活，青山常在，永续利用”的原则，从 2007 年起大力发展速生林，优选树种，不断研究和探索种植方法。截至 2023 年底，种植速生人工林 11 万亩，每年可采伐原木 10 万立方米。充足的原料林基地，为生产提供了强大而持续的资源支持，林达木业也因此在原料供应及成本控制方面拥有得天独厚的竞争优势，形成了集种植、采伐、加工于一体的产业链。

夯基垒台抓创新。林达木业以市场为导向、以技术为依托，成立了企业技术中心，并与世界知名家居品牌宜家家居开展森林认证合作，获得FSC国际森林认证。积极实施技术创新和项目研发，不断延链补链，每年投入研发费用 500 万元以上，开发阻燃板、生态板、环保胶粘剂等 20 多个项目。与西南林业大学签订校企合作协议，构建密切的产学研合作关系，充分利用高校人才优势和科研优势，提升企业的创新能力和管理水平。截至 2023 年底，林达木业已有授权专利 18 项（其中，发明专利 2 项、实用新型专利 16 项）、注册商标 6 个，在同类型林板企业中排在前列。企业技术中心于 2021 年被认定为“普洱市企业技术中心”。

抢抓先机寻求转型发展。中老铁路开通运营后，林达木业敏锐地捕捉到商机，同时借力昆曼铁路“黄金大通道”，积极开拓东南亚市场。为及时调整产品结构，提升机器设备的自动化程度，林达木业投资 2 亿元建成全新的人造板生产线，以生态板、家具板、阻燃板等时新产品引领市场，淘汰了落后产品，产能由2019年以前的3万立方米扩大到现在的10万立方米，产值突破亿元大关，在单板式人造板行业处于全市领先地位，极大地提高了市场竞争力，更多的“宁洱制造”将借助中老铁路出省、出国。

三、担当环境治理主体责任

为让工业污染远离城区居民，林达木业积极搬迁入园。林达木业老厂区位于宁洱县城区，厂区周边有居民生活区和学校，长期以来，烟尘和噪声给居民生活带来了一定的困扰，加上厂房多为 20 世纪 70 年代建盖，陈旧破败，设备老化，运营成本较高。林达木业深知改善城区居民生活环境的重要性，想方设法筹集资金，于 2019 年投资 2.8 亿元实施了企业技改搬迁工作，2020 年完成搬迁入园。

合理利用森林资源。在新厂区建设过程中，林达木业对设备进行了更新换代，引进了国内最先进的设备，提高了木材的综合利用率。林达木业还利用伐区剩余物和加工废木料生产大幅面细木工板产品，增加了产品附加值；柴皮、锯末、边条、烂渣等加工剩余物全部作为燃料进锅炉，每年可节约煤炭 2 万吨，木材利用率达到 100%。

持续推行清洁生产。林达木业遵循环保、低能耗的原则，持续推行清洁生产，投资近 600 万元购买了锅炉设备，做到木材剩余物进炉膛，从源头和生产过程减少物耗、降低能耗、控制污染，减轻末端治理的压力。同时，木质废料替代原煤作为燃料，减少了原煤消耗和污染物的无组织排放，实现了二氧化硫零排放，达到了国家倡导的节能减排目的。在此基础上，林达木业投资 200 多万元建成了污水处理站和锅炉冷凝水回收系统，使企业生产用水能够循环利用，实现了污水零排放。

四、助力群众增收致富

林达木业在实现自身发展的同时，不忘“感恩、奉献”，积极参与“万企兴万村”活动和社会公益事业，带动了周边农户脱贫致富，树立了良好的企业形象。

“公司 + 基地 + 农户”带动群众致富。林达木业的原料基地分布广，横跨宁洱县 3 镇 1 乡 7 村。每年种植、采伐林木和抚育林地 10 余万亩，可解决当地农村近 1000 名劳动力的就业问题，带动脱贫户和监测户共 61 户 172 人（其中，脱贫户 53 户 157 人，监测户 8 户 15 人），实现户均年收入 4 万元以上。

带动群众种植原料林实现增收。在林达木业带动下，500 户农户自发种植桉树 25000 多亩。林达木业与群众签订了种植、供应协议，为群众提供种苗、技术等服务；群众则为企业供应原料。截至 2023 年底，林达木业累计带动群众增收近 3500 万元。

通过企业加工环节实现就业帮扶，带动群众增收。林达木业从人造板生产及关联企业积极吸纳 300 多名农民工就业，人均月收入达 4000 元以上，其中，建档立卡户 17 户 18 人。

画出帮扶“同心圆”，乡村振兴勇担当。从 2016 年起，林达木业积极响应县委、县政府号召，派出 4 名业务骨干驻德化镇荒田村开展工作，累计投入资金（物资）45 万元，帮助 63 户帮扶对象按期脱贫。2022 年，林达木业主动参与“万企兴万村”活动，与德安乡永顺村、曼达村 2 个村结对帮扶。林达木业为挂钩村提供物资和资金支持，为村组安装了路灯，大力支持发展花椒、辣椒种植产业，提供就业岗位，为村集体经济发展出谋划策。

2016—2023 年，林达木业在修缮德化镇杨正元故居、帮助厂区林区邻近村组修路、捐资助学等方面开支累计近 200 万元。

五、提升员工幸福指数

林达木业属于劳动密集型企业，许多工序需要人工完成。在企业竞争日益激烈、员工工作压力不断增大的形势下，加强人文关怀显得十分重要。

在企业管理中，林达木业始终坚持“以人为本”的基本理念，为全体员工缴纳五险，从不拖欠工资和保险。全面实行劳动合同制度，不签订劳动合同者，不准上岗。有的员工既想保障自身利益，又担心被合同束缚，不愿签订劳动合同。对此，林达木业工会委员积极做思想工作，最终使员工劳动合同签订率达到 100%。除与员工签订劳动合同外，林达木业还签订了集体合同、女职工专项集体合同和工资集体协商专项合同，并严格执行。

严格执行国家安全生产法律法规，将安全生产纳入年度考核指标，对员工进行岗前培训和不定期安全培训，提高员工安全意识和自我保护能力。为了让员工有更强的归属感，林达木业党总支、工会每年都会有计划地组织开展各类文娱活动，丰富员工的精神文化生活。对生病员工的慰问活动，让员工感受到满满的存在感和企业大家庭的温暖。员工子女有考上大学的，企业给予每人 3000 元奖励。不定期开展法律知识讲座，每年组织生产骨干到国内外考察学习，设立意见箱广泛收集员工意见和建议。各车间开展劳动竞赛，年底根据竞赛情况评选劳动模范，并会对劳动模范给予精神和物质奖励。创办企业宣传长廊，对厂区进行绿化、美化，开办员工食堂、员工书屋等，促进企业和谐发展。

林达木业先后被认定为“国家级高新技术企业”“云南省林业龙头企业”“云南省农业产业化重点龙头企业”“云南省专精特新成长企业”“云南省农产品深加工科技型企业”“云南省知识产权推动高质量发展示范企业”。同时，林达木业通过 ISO9001 质量管理体系认证、FSC 森林认证、美国 EPA 认证（无甲醛豁免认证）和美国 CARB（减少木制品的甲醛释放量）认证，产品达到欧盟 E0、E1 级环保标准。林达木业董事长王德坤 2022 年被授予宁洱县“民族团结进步模范个人”称号，2023 年被评为普洱市“茶城英才支持计划”茶城经管人才。

“绿水青山就是金山银山”，林达木业将一如既往，科学合理地利用森林资源，积极带动当地群众增收，实现县域经济发展与群众致富双丰收双促进。

不忘初心使命　履行社会责任

——普洱市兴银商贸有限公司

普洱市兴银商贸有限公司（简称“兴银商贸”）是一家具有进出口经营权的私营企业，2006年被省、市替代工作领导小组批准为替代种植企业，主要在缅甸北部从事橡胶、谷物（稻谷、玉米、芝麻）、茶叶的种植生产和相关产品的进口贸易。兴银商贸现有管理人员18人，境外员工639人（其中，中国员工127人，缅甸当地村民512人）。兴银商贸始终坚持以信为本，做到了诚信经营、诚信申报、诚信发展，认真履行禁毒、公益、民生、环保四个责任。兴银商贸曾被云南省委统战部、云南省工商联（总商会）评为“全省非公有制经济人士理想信念教育实践活动先进集体”。2018—2022年，兴银商贸被全国工商联、省工商联指定为全国工商联民营企业调查点。2020年，兴银商贸被省替代种植发展行业协会选举为监事单位。2022年，兴银商贸被云南省禁毒局评为“替代种植禁毒成效优秀企业”。

一、不忘禁毒初心，带动当地发展

在项目实施地铲除罂粟，重点发展经济作物的种植，从源头截断毒品是兴银商贸的重要任务。截至2023年底，兴银商贸共投入人民币8622万元，在缅甸掸邦第二特区（佤邦）旅游区，勐冒、邦康、大其力等地共种植橡胶77400亩。在缅甸掸邦的东枝省东枝市货蚌县、莱林县、科良县，景栋市打勒县，开展稻谷、玉米、芝麻农作物示范试验种植，综合开发面积达到9.2万亩。此外，兴银商贸还在缅甸仰光市卡仰县蝶给滚村开展养殖业，2023年底，蛋鸡存栏36万只、鱼500多吨。在项目实施地，兴银商贸积极向当地村民推广橡胶、水稻、玉米、芝麻等优良品种，并开展种植养殖技术培训，提高当地村民的种植养殖技术水平，增加了收益。当地村民的月收入由项目实施前的350元提高到项目实施后的2500元。项目的介入，夯实了当地经济发展的基础，极大地提高了当地经济发展水平，同时增加了当地居民的收入。

二、完善基础设施，解决村民困难

为改善当地村民居住条件差、行路难、看病难、饮水难等诸多问题和困难，兴银商贸出资391.4万元，在缅帕修筑桥梁1座，在项目实施地修筑人行道109公里、修筑公路109.5公里、修筑蓄水池2.2万方，解决了4个自然村760人的饮水和出行问题。兴银商贸在南帕乡嘎洋（温）和咏塞各修建了1所小学，并捐赠现金16万元、教材3011册、电脑8台、太阳能路灯93盏，极大地改善了当地的教学条件。2013—2019年，兴银商贸向缅甸佤邦农林水利部捐赠价值人民币37.78万元的优质稻谷种12.2吨；2015年，南帕乡修建弹石路，兴银商贸援助5万元；2019年3月23日，勐冒县发生炸药库爆炸事故，兴银商贸捐赠赈灾款6万元人民币。为使项目在当地顺利开展，保持良好的发展势头，使当地员工住得下、活得好，2019年3月，兴银商贸在邦康市南帕乡忙郎村进行示范园区建设，项目实际投入资金739.5万元，包括建设员工宿舍投入444.10万元、培训及办公楼投入40.00万元、卫生院投入48.00万元、学校投入207.40万元。2021年11月30日，兴银商贸援助缅甸佤邦勐波地区抗疫酒精10吨，价值4.7万元。事实证明，基础设施的改善不仅解决了当地村民的困难，也得到了当地村民的极大认可，提升了公司形象，为公司项目的顺利实施奠定了坚实的基础。

现在项目实施地已发生显著变化，项目区村民已完全弃种罂粟，转而种植粮食作物和其他经济作物，形成了区域经济良性循环的良好局面，基本达到禁种除源的目的。兴银商贸的一系列举措多次受到缅甸掸邦省政府及禁毒、农业、科技部门的来函、来电表彰。可以明确地说，在项目实施地开展罂粟替代种植，带动了当地社会经济发展，从源头上减少了毒品的来源，遏制了毒品流入中国乃至世界，为全面实现“禁种除源、经济发展、边防稳固、周边和谐”的目标打下了良好的基础。

10多年来的发展历程表明，兴银商贸经受了一场艰苦卓绝的大考，付出了巨大的努力，把发展目标和地方党委、政府决策部署紧密结合在一起，一手抓企业发展，一手抓企业的政治责任，实现了两手抓、两促进。以经济作物的发展替代罂粟的种植，提高了当地村民的生活水平，是遏制毒品泛滥的有效办法，创造了缅甸禁毒史上的奇迹。

三、众志成城，筑牢防疫防线

2020年新冠疫情突如其来，各地防疫物资极度匮乏，兴银商贸加强了同政府各部门的联系，主动作为，积极想办法，从境外购买口罩等防疫物资，物资到位后向省、市、区抗疫指挥部门捐赠口罩117900个，向普洱市慈善总会捐款人民币11万元。针对新冠疫情扩散速度快、范围广，会给公司安全生产和员工身体健康带来严重威胁的实际情况，兴银商贸始终坚持“员工至上、生命至上”的理念，以坚定果断的决心应对。组织以党员、部门经理为骨干的防疫队伍，积极行动，扛起责任，投入人力、物力、财力，用20多天的时间把疫情防控物资发放到每个员工家里。通过大家的努力，境内外生产、生活秩序逐步恢复，疫情防控取得了实效。

响应号召，为封边控边做贡献。兴银商贸派出封边控边人员2人次，时间累计60天。2020年12月和2021年2月，兴银商贸向孟连、西盟、澜沧、江城边境抗疫一线捐赠人民币5万元。2021年8月，兴银商贸再次向孟连、西盟、澜沧、江城边境抗疫一线的点、卡捐赠价值人民币8.6万元的康师傅方便面。

四、弘扬企业家精神，践行责任担当

2020年，兴银商贸组织专人分别到澜沧县富东乡富东村和思茅港镇弯手寨村对建档立卡户进行春节走访慰问，向建档立卡户发放慰问品，价值人民币1.45万元。2021年5月，在思茅区箐门口稗子仓建盖民宿酒店一栋，总投资人民币160多万元。吸引当地劳动力就业6人，组织员工培训2次，10多人参加，为集体经济创收拓宽了渠道。2021年11月4日，向思茅镇箐门口村汇马河村民小组捐赠太阳能路灯32盏，价值人民币8万元，极大地方便了村民出行。2022年8月，到倚象镇纳吉村开展“助力乡村振兴”捐赠活动，并向纳吉村捐赠人民币2.5万元。2023年12月，向镇源县振太镇打笋山村捐赠并安装太阳能路灯24盏，涉及村民25户，既美化了村寨面貌，又解决了1000多人夜间出行难的问题；同月，向塘坊村捐赠人民币1万元，作为该村建设资金。2024年4月，向思茅区城市综合执法局捐赠对讲机100部，作为执法设备。

在得知思茅区倚象镇建档立卡户何某某之子万某某考上大学，却因家庭经济困难无法入学后，兴银商贸决定为万某某提供资助，大学4年每年资助人民币9000元，共计3.6万元。为丰富思茅区第四小学新时代校区图书种类，兴银商贸向其捐赠人民币2万元，用于购买图书。

2022年6月26日，兴银商贸同缅甸金华橡胶公司在缅甸第二特区（佤邦）勐波县永黑乡橡胶加工厂一道，开展了“守禁毒初心，担除源使命”的宣传活动，制作宣传展板300块、捐赠书包200个。

一杯香茗的情怀

——勐海茶业有限责任公司

勐海茶厂（佛海实验茶厂）是大益集团的核心企业，始建于 1940 年，是中国茶叶产业的领跑者，也是中国最早实现机械化制茶的茶叶企业之一，为实业救国、振兴国茶做出了重要贡献。历经 80 多年的辛勤耕耘，该厂已成为世界上最大的普洱茶单体茶厂，是当代普洱茶产业的缔造者、普洱茶标准的制定者、经典普洱茶配方的拥有者。2007 年，勐海茶厂与大益集团共同发起成立大益爱心基金会，三者形成了“生产—经营—公益”的完整生态链。2023 年，勐海茶厂实现工业总产值 234.6 亿元，上缴税款 36.7 亿元，收购毛茶原料 16.6 万吨，收购资金 74.3 亿元。茶叶成为百万茶农的“摇钱树”，当地的就业问题也得以解决。

一、点亮茶农的幸福生活

2022 年，大益爱心基金会发起“大益乡村振兴行动”，计划用 5~10 年时间，投入不少于 5000 万元，扶持云南省西双版纳州勐海县普洱茶原料产区的茶农，帮助他们改善居住环境、提高生活品质。“大益乡村振兴行动”第一期重点为在勐海县布朗山、西定两个少数民族聚居的边境乡实施水电路改造工程、茶农居住环境改造工程等，因地制宜，在保护生态环境和少数民族文化基础上，统筹推进乡村建设，补齐乡村基础配套设施短板。截至 2023 年底，累计投入 1200 万元，两个边境乡 62 户茶农乔迁新居，过上了现代化的美好新生活。该项行动还规划了“中国大美茶山”乡村旅游项目，以推动茶旅融合，助力勐海建设生态宜居和美茶乡，探索出了一条以“生态绿”为底色、适合勐海边疆少数民族地区乡村发展的共同富裕路径。

二、助力茶山乡村振兴

勐海茶厂建立了“企业 + 基地 / 合作社 / 家庭农场 + 茶农”的农业产业化联合体，并结合自身优势，让具有茶叶种植、茶园管理及茶叶初加工等方面专业技能的人员亲赴现场，为茶农提供培训和指导。勐海茶厂还专门开发了“大益家人”小程序，发布公益活动信息，组织志愿者参与，记录志愿服务时间，并对活动效果进行评估与反馈。项目启动以来，全体益工在“大益家人”平台共发起 1760 余场公益活动，服务了 93.2 万人次茶农，累计贡献志愿服务时间 22.6 万小时。这些活动不仅提升了茶农的技能水平与市场竞争力，也推动了茶叶产业的可持续发展，赢得了社会各界的广泛赞誉。因茶脱贫，因茶致富，茶叶这片古老神奇的树叶，正改变着云南省偏远山区众多少数民族群众的生活。

三、积极开展爱心助学

大益爱心基金会作为民族企业，积极响应国家号召，始终致力于为国家、社会和群众提供优质服务，秉承“扶贫帮困、助学育才、奉献爱心、关爱社会”的宗旨，开展了很多卓有成效的工作。在教育领域，大益爱心基金会已在全国各地援建了 42 所希望学校，并在 25 所大学设立了大益爱心奖学金，在全国 70 所大学开设了爱心茶室，在 196 所大学成立了青年益工社，设立了“大益优秀国际学生奖学金”，以激励东南亚和南亚地区在云南 8 所高校就读的优秀留学生。从 2022 年开始，大益爱心基金会扩大了奖学金的规模——在暨南大学、西南政法大学、安徽农业大学和广西师范大学四所省外高校设立了奖学金，每年奖金总额均达到 150 万元。至今，该奖学金已颁发五期，共有 626 位优秀留学生获奖。此外，大益爱心基金会还特别开设了基地爱心公益学堂，为茶农子女提供课后辅导，已有多名学生在接受课后辅导后考上本科院校，打破了“基地无本科”的历史。2013 年，大益爱心基金会被云南省民政厅评定为 5A 级基金会；2014 年，大益集团获得中国青少年发展基金会颁发的“希望工程 25 年杰出贡献奖”；2022 年，民政部发布《关于表彰全国先进社会组织的决定》，大益爱心基金会被授予“全国先进社会组织”称号；2023 年，大益爱心基金会获评“云南省万企兴万村行动典型项目”；2024 年，大益爱心基金会的相关事迹被编入《云南省社会组织参与乡村振兴服务案例选编》。

四、促进企业和谐发展

一直以来，勐海茶厂都把职工的利益、荣誉和企业发展目标统一起来，形成了共同的价值取向和行为规范。建立了分层分类的常态化培训管理模式，每年针对性组织不同主题的培训，形成了自学研修、内训、外训、讲座、网络学习等多形式、多类别的培训体系，使职工获得更大发展。从关心和保护职工的根本利益出发，关心职工生活，了解职工思想动态，每年在中秋节、国庆节、元旦、春节等法定节假日期间开展送温暖活动，积极做好免费体检、住院慰问、爱心捐款、为职工看病就医及子女就学提供帮助等工作，长期开展传统道德、职业道德、先进人物宣讲、女职工权益保护、法律法规等方面培训，不断完善各项职工福利，维护职工合法权益和特殊利益，组织开展女职工保护、女职工保健等方面培训，让每位女职工能在企业大家庭里健康工作、快乐生活。勐海茶厂荣获全国文明单位、全国工人先锋号、全国模范职工小家、全国双爱双评先进企业等荣誉。其员工也获得了各种荣誉，如 1 人荣获全国五一劳动奖章、1 人荣获云南省第五届“兴滇人才奖”、1 人被评为云南省劳动模范、1 人荣获云南省五一劳动奖章、2 人被誉为“西双版纳雨林工匠”。此外，勐海茶厂创立了 1 个云南省级“创新工作室”。

五、数智赋能企业发展

勐海茶厂坚持“科技强企”理念，搭建普洱茶产业发展与产业工人创新平台，挖掘技术创新成果并形成知识产权，鼓励协同创新，倡导“产、研、用”融合，以市场为导向，以科创成果转化应用为手段，以创造效益为目标，助力企业走稳更高质量、更有效率、更可持续的“科技强企”之路。改制后的勐海茶厂获得了多项荣誉和资格。例如：率先在云南省茶行业通过了食品质量安全（QS）生产许可证；成为云南省农业产业化重点龙头企业；“大益”商标被认定为云南省著名商标；巴达、布朗山基地被列为国家级普洱茶原料标准化示范区；“大益”牌普洱茶荣获农业农村部颁发的“中国名牌农产品”称号，是云南省唯一获此殊荣的品牌；云南省普洱茶加工工程技术研究中心就设在勐海茶厂，这无疑是对勐海茶厂专业能力的极大肯定与褒扬。

勐海茶厂先后成立了企业技术中心、国家级实验室、博士后专家工作站、工程研究中心、院士专家工作站等权威茶叶研究机构，并获得国家级“普洱茶绿色制造及绿色设计平台一体化建设项目”，该项目被工业和信息化部批准为绿色制造系统集成建设项目，可使制造技术绿色化率提高 52%，制造过程绿色化率提高 32.3%，绿色制造资源环境影响度下降 18.2%。2021 年，勐海茶厂荣膺“云南省绿色工厂”称号，全流程提高了茶叶生产过程的绿色度，同时拥有 175 项有效专利、47 项发明专利、22 项实用新型专利、106 项外观设计专利，其中，80% 以上的专利在普洱茶行业得到推广应用。

此外，勐海茶厂引进了油、气一体的锅炉新装备，建成了供汽装置，大大降低了污染和碳排放；研发建成了大益集群智能烘房，并开发了蒸汽冷凝水回收工艺，实现了水资源的循环利用，达到节能降耗的目的；开发建立了大益茶晶精深加工生产线，较大提升了茶叶资源的综合利用率，丰富了普洱茶产品线。

建强组织助发展　做实产业促振兴

——勐海雨林古茶坊茶叶有限责任公司

勐海雨林古茶坊茶叶有限责任公司（简称“勐海雨林”）成立于2013年8月，注册资本1.1亿元，是一家集原料收购、研发、生产、销售于一体的大型茶叶企业。勐海雨林经营范围包括古树普洱生茶、古树普洱熟茶、古树红茶、古树白茶的生产与销售，设有雨林古茶坊和雨林古树茶两个品牌，产品达800余款，全球销售门店超4000家，已接待全球茶友6万余人次。勐海雨林先后获得“云南省农业产业化省级重点龙头企业”“云南省脱贫攻坚奖——扶贫明星企业”“云南省脱贫攻坚先进集体”“全国先进基层党组织”“中国驰名商标”等荣誉。

一、党建引领，助推企业发展

勐海雨林充分发挥党委的战斗堡垒作用，“把生产骨干培养成党员，把党员培养成生产骨干、把党员中的生产骨干培养成管理人员”，努力建设一支素质强、能力强、作用大的党员队伍。近年来，勐海雨林的党员人数从3名发展到60名。雨林古茶坊建立了党群活动中心，并布置了“党建红色长廊”，做足了产业组织化、劳动力就业组织化、易地扶贫搬迁组织化“三篇文章”，成为云南省基层党建示范点和中央组织部的非公党建示范备案单位，被评为“全国先进基层党组织”“省级规范化建设示范党支部”。党建与业务融合，建立企业党委联系茶村党支部帮助党建、企业联系村组帮助发展、员工联系茶农帮助生产的“三联三帮”机制，联动推进民族团结进步创建工作，企业用真心拉近群众距离、用真情赢得群众信任，分别被省、州、县级政府评为“民族团结进步示范单位”。2023年10月8日，中国共产党勐海雨林古茶坊茶叶有限责任公司委员会揭牌成立，标志着勐海雨林党建工作迈上新台阶、实现新跨越，为西双版纳勐海县“两新”组织党建工作增添了新动力。

二、保障权益，促进员工全面发展

勐海雨林始终遵循“发展为了职工、发展依靠职工、发展成果由职工共享”的原则，持续强化企业民主管理、维护职工合法权益、提升服务职工水平、维护女职工特殊权益等举措，切实维护职工合法权益。积极构建和谐劳动关系，促进员工职业发展，努力稳岗就业，主动落实就业优先政策，并把促进青年特别是高校毕业生就业作为工作重点。勐海雨林高度重视、全面贯彻落实党中央和省、州、县民族工作精神，全面深入持久开展民族团结进步创建工作。因地制宜创新管理、规范员工行为，满足各族群众就业需要，积极招聘各族员工，坚持同工同酬，并通过与全体员工签订劳动合同保障其合法权益。即使在疫情期间，勐海雨林也不忘关心员工，福利待遇不减反增，仍然按时按月发放工资。此外，勐海雨林为员工提供食宿、教育培训等，保障了各族员工的合法权益。勐海雨林引导各族员工手足相亲、守望相助，共同谱写新时代民族团结进步事业新篇章。

三、爱心帮扶，积极参与乡村振兴

得益于一方水土，回报一方百姓。勐海雨林作为扎根于西双版纳的企业，在发展的同时不忘担起社会责任，充分发挥龙头企业示范作用，把企业发展与社会担当、巩固拓展脱贫攻坚成果有效衔接，使乡村振兴与民族团结进步深度融合。近年来，勐海雨林累计捐赠 1596.12 万元，用于开展乡村公共基础设施建设、资助贫困学生入学、加强疫情防控等，通过创新性开展社会公益、志愿行动，多形式、多维度推进乡村振兴、民族团结示范创建工作。

勐海雨林积极参加“万企兴万村”行动。依托古树茶的文化与资源优势，坚持以茶兴业、以茶富农，推动乡村茶产业不断发展壮大。主动投身脱贫攻坚战，设立扶贫办公室，成立了爱心车间，选派专人负责企业扶贫、乡村振兴工作，发挥在资金、生产、包装、销售、仓储等方面的优势，每年投入上亿元收购资金，以高于市场价格优先收购建档立卡户茶叶，帮扶范围涵盖 1800 余户贫困户 7000 余名群众，把党组织的政治优势转化为发展优势，把组织力转化为生产力，形成了心连心发展的格局。党委带领，群众参与，走出了一条“兴茶扶贫”的雨林模式，获得“云南省脱贫攻坚奖——扶贫明星企业”“云南省脱贫攻坚先进集体”等荣誉。

四、产学研合作，推动茶行业可持续发展

勐海雨林先后与湖北大学和西南林业大学开展产学研合作，设立了湖北大学历史文化学院实习实训基地、西南林业大学科学研究与教学实践基地、云南省古树资源保护与利用研究中心，在茶叶精制加工工艺、茶叶加工设备开发等方面取得了显著成果。在产品创新方面，勐海雨林努力推动普洱茶产业由传统向时尚的产品形态转变，通过制作小沱、小饼、小袋、小罐等便携产品，获得了 1 项实用新型专利、23 项外观设计专利。在技术创新方面，勐海雨林通过引进大量先进生产加工设备，实现产品生产与加工规范化，产能得到很大提升。在品牌创新方面，围绕西双版纳州优质自然生态环境，通过开展线下活动“茶山行”，以及在线上平台做好“品牌名片”，提高品牌知名度和影响力。

此外，勐海雨林还积极推动建立茶行业规范及标准。截至 2023 年底，勐海雨林已获得 HACCP 体系认证、食品安全管理体系认证、质量管理体系认证、绿色食品认证、中国良好规范（GAP）认证、雨林联盟认证，并严格执行相关标准和要求，完善了生产过程监管台账体系，并在构建产品追溯体系。结合传统加工工艺和国家普洱茶标准，雨林古茶坊已制定并备案施行《雨林白茶》《雨林红茶》《雨林古树普洱茶》三个企业标准。

勐海雨林开创了集古茶树保护、茶叶研究、茶产业发展于一体的新模式，开启了新时代党建引领、党企共建、党群同心的发展新篇章，绘就了一幅以茶兴业、以茶富民、以茶强农的美好画卷。

构建全面全员全过程履行社会责任共同体

——勐腊田野橡胶销售有限责任公司

勐腊田野橡胶销售有限责任公司（简称“勐腊橡胶”）是国家高新技术企业、国家专精特新“小巨人”企业、省级重点龙头企业、省级技术中心，在追求利润的同时，通过带农就业增收、保障安全生产、保护劳动者合法权益、保护环境、支持慈善事业、参与社会公益活动等，把履行社会责任融入日常运营和管理，实现了全面全员全过程参与。因扶贫模式富有特色、扶贫成果显著，勐腊橡胶荣获“勐腊县脱贫攻坚先进集体”称号。

一、积极实施产业扶贫

勐腊橡胶通过辐射带动 198 万亩基地进行橡胶种植，发展“订单回购”模式，带动农户 29660 户，每户年均增收 1.44 万元，实现了农民增收、农业增效、企业发展的目标。勐腊橡胶针对建档立卡户制定了橡胶原料收购保价协议，建档立卡户享受“当天市场最高收购价上浮 0.1 元”的政策，确保贫困户产品有销路、价格有优惠。扶贫工作开展以来，勐腊橡胶共与 1558 户签订了“订单回购”协议，其中，建档立卡贫困户 560 户。2018 年，勐腊橡胶与勐腊县象明乡政府指定的建档立卡户 198 户 770 人签订了入股分红协议；2020 年，勐腊橡胶与勐仑镇周边 240 户建档立卡户签订了天然橡胶原料收购协议，通过“订单回购”模式采购胶农的天然橡胶，原料价值 41893.87 万元，每年完成入股分红 34.65 万元。截至 2022 年底，勐腊橡胶已经支付 3 期分红，共计 103.95 万元。

2020—2022 年，勐腊橡胶派出技术人员向农户提供技术（割胶技术、磨胶刀技术、胶水勾兑技术、施肥管理技术等）及病虫害防治（白粉病防治、橡胶树死皮防治、黄叶病防治、甲壳虫防治、橡胶季风性落叶防治等）培训，共 100 人参加培训。勐腊橡胶带领胶农学习最新的橡胶种植技术，使他们学会了橡胶新品的管理与养护，走上致富道路。

二、认真落实安全责任

为确保产品质量、提高效益，勐腊橡胶于2011年成立橡胶检验测试研发技术中心。该技术中心于2012年被评为“西双版纳州技术中心”，于2018年被评为“省级技术中心”。该技术中心主要负责对市场需求较高的橡胶种类进行分析、检验，根据不同的橡胶性能研发不同种类的配方并进行试验，以保证产品质量。2023年4月6日，西双版纳州市场监督管理局为该技术中心出具产品质量证明（勐腊橡胶在2020—2022年生产的天然橡胶系列产品，均未出现过产品质量问题）。

三、切实保障员工权益

勐腊橡胶现有职工309人，其中，农村劳动力262人。勐腊橡胶严格遵守相关法律法规，依法与职工签订劳动合同，合同签订率达到100%。勐腊橡胶制定了公平合理的薪酬制度，按时足额支付员工工资，无欠薪情况。2023年4月6日，勐腊县劳动保障监察大队为公司出具了工资支付信用（无拖欠工资）记录。

在日常管理中，勐腊橡胶积极排查安全隐患，以保障生产安全及员工人身财产安全，并依法为员工足额缴纳社保，无拖欠行为。2023年4月6日，勐腊县医疗保险基金管理中心、勐腊县养老保险基金管理中心、勐腊县公共就业和人才服务中心为勐腊橡胶出具了按时缴纳医疗保险、生育保险、养老保险、工伤保险、失业保险的证明。在员工生活方面，勐腊橡胶为员工提供住宿、食堂就餐、工作服等福利，解决了员工的基本生活问题；同时，为员工提供系统的培训，如岗前培训、技能培训、业务培训等，有效提高了员工的职业技能。

四、严格履行环境责任

勐腊橡胶积极响应环保部门号召，根据国家相关法律法规，对橡胶加工过程造成的环境污染进行相应处理。投资建设橡胶加工新型环保治理工艺、天然橡胶加工臭气治理系统等，通过技术处理最终达到臭气、废气从统一排放口达标排放，净化了厂区环境，同时，降低了能耗，提高了能源利用率，节约了成本。2023 年 4 月 6 日，西双版纳州生态环境局勐腊分局为勐腊橡胶出具了环保情况证明（勐腊橡胶成立至今，从未有违反环境保护法律法规和其他规范性文件的情形，未受到过相关处罚，也未发生过环境污染事故）。

五、积极参与慈善事业

勐腊橡胶积极参与社会公益事业，加强了贫困村基础设施建设，解决了群众出行难等问题，改善了村容村貌。先后帮助修建勐腊县勐仑镇曼炸村小组大门、曼仑村生产道路、城子村委会佛寺、曼着村停车场及收胶台、勐海县班倒村太阳能路灯、象明乡保甸村至高山村生产道路，累计出资 68 万元。为建设美丽乡村，勐腊橡胶在各村寨开展水泥捐赠活动，累计捐赠水泥 220 吨，价值约 10.7 万元。

勐腊橡胶与勐仑镇政府签订了“四个帮扶”（爱心帮扶、产业帮扶、就业帮扶、助学帮扶）协议，每年投入助学帮扶资金 2 万元。在 2019 年“10・17”扶贫活动日，勐腊橡胶与县政府签订《消费扶贫订购框架协议》，认购勐腊云池农业专业合作社特色商品香猪 50 头，合计 2.5 万元。2019 年，勐腊橡胶购买 27 台全新电冰箱、8 套沙发等生活用品，价值 9.8 万元，通过勐仑政府捐赠给勐仑村寨贫困户。2020 年，勐腊橡胶通过勐腊县工商联和勐仑小学向 15 名贫困学生捐赠现金 3 万元，帮助贫困学生完成学业。

履行社会责任　促进和谐发展

——西双版纳石化集团有限责任公司

西双版纳石化集团有限责任公司（简称“版纳石化”）创建于1993年，主要经营液化气、天然气、成品油、新能源、老班章茶叶五大产业，还涉及矿产、林场、房地产等项目投资。版纳石化入选了云南省“非公企业100强”企业和云南省“非公服务业20强”企业，深感党恩，关注民生，热心公益，坚持“爱心与责任并肩，发展与慈善同行”的理念，做到了发展不忘根本、致富不忘初心、崛起不忘社会。从扶贫攻坚到生态保护，从捐资助学到助残敬老、从健康义诊到修路架桥，版纳石化的一系列举措无不彰显着企业的担当与奉献。版纳石化及其党支部先后获得“全国工人先锋号”“全国模范职工之家”“云南省脱贫攻坚扶贫明星企业”“西双版纳州先进基层党组织”等国家级、省部级、州市级荣誉80余项。

一、投身公益慈善

西双版纳天伟慈善基金会成立于2016年7月7日，是版纳石化董事长柳天伟、张艳红夫妇捐资200万元组建的西双版纳州首家非公募慈善组织。“爱心与责任并肩，发展与慈善同行”也是该基金会的宗旨。该基金会的主要业务包括：开展济困、扶贫、赈灾、助残等社会救助活动，帮助社会弱势群体改善生存条件、提高发展能力；资助和奖励在促进医疗卫生事业发展与弘扬美好社会风尚等方面做出突出贡献的个人和机构；资助环境保护和教育事业发展。

早在2002年，柳天伟就向资金紧缺的勐海县教育局捐资50万元，在勐海县勐海镇曼尾村创办了天伟希望小学。之后每年，柳天伟都会拿出专项资金用于支持该小学的建设和发展，至今已经累计捐赠200万元善款。2016年8月，20名刚被大学录取的贫困大学生得到版纳石化的10万元资助款。2019 年 10 月，柳天伟向景洪市民族幼儿园捐赠善款 500 万元，用于该幼儿园教学楼建设，很好地改善了该幼儿园的办学条件。

自 2010 年起，柳天伟每年都要拿出 10 万元爱心款，对教育部门推荐的 20 名贫困大学生进行资助。至今，已资助 100 余名贫困大学生完成学业，走上工作岗位。

为使贫困户大学生毕业之前有一技之长，柳天伟积极为大学生提供到版纳石化实习锻炼的机会，如果他们毕业后愿意到公司就业，也会被优先录用。

二、助力生态保护

版纳石化认真落实习近平生态文明思想，扎实贯彻落实党中央、云南省和西双版纳州有关决策部署，牢固树立“绿水青山就是金山银山”理念，坚持以保护西双版纳生态环境特别是森林资源为己任，自 2015 年召开全州农村使用液化气替代薪柴制茶工作现场推进会以来，累计投入 3238 万元，并在 2016—2019 年州级财政给予 981.95 万元补贴性资金支持的情况下，在全州范围内投放 14440 套液化气替代薪柴制茶设施及 9449 台家用液化气灶具，目前已覆盖 51% 的制茶作坊和 31% 的农户，还为 1231 户建档立卡贫困户办理了低价购气证（以低于市场价格 23% 的基准供气），实现了液化气供应站点全面覆盖——主要茶区每个乡镇都有固定液化气换瓶点，产茶量大、用气量多的地方直接覆盖到村委会，初步测算为全州保护森林资源 3.9 万亩，以实实在在的行动为保护北回归线上仅存的热带雨林、减少森林资源低质消耗做出了应有的贡献。

版纳石化在景洪市勐养镇建有 1 座液化气储配站，吸纳了当地村民 40 余人就业；在勐海县布朗山乡老班章村民小组建立了老班章茶厂，吸纳附近村民 30 余人就业。版纳石化依法与员工签订了劳动合同，为员工缴纳社会保险，员工人均工资 4600 元，有力地缓解了政府的就业难题，促进了当地农村剩余劳动力的转移，提高了当地村民的收入。

三、致力公益扶贫

版纳石化始终秉承中华传统美德，积极投身社会公益事业和光彩行动，从扶贫救济到捐资助学，从抢险救灾到助残敬老，以实际行动真诚回报社会。2016 年至今，先后联合来自农工党西双版纳支部、西双版纳州医院、西双版纳农垦医院、西双版纳州傣医院、景洪市医院的医疗专家到景洪市大渡岗乡、基诺族乡、景哈乡、大勐龙镇，勐腊县瑶区乡，勐海县布朗山乡等偏远贫困少数民族地区开展“健康、义诊、宣教”活动，免费为当地村民看病和发放药品。仅 2016 年，版纳石化就先后向患有肾功能衰竭症、家庭面临绝境的患者宋某捐款 30 万元，帮助其进行手术治疗；捐资 60 余万元，帮助大渡岗乡大荒坝村昆罕新寨 4 户建档立卡贫困户新建房屋，以及帮助村民修缮自来水设施；捐赠 20 万元，帮助勐海县布朗山乡章家三队建设基础设施。

2018 年 6 月，西双版纳州勐海县贫困乡西定乡进入脱贫攻坚的冲刺阶段，脱贫项目资金存在一定缺口，财政压力较大。版纳石化了解到此情况后，向西定乡政府捐赠扶贫款 115 万元。该笔款项主要用于 328 户贫困户的生产生活物资购买，帮扶 78 名贫困大学生、20 名贫困高中生完成学业，发放低收入群众补助，修缮乡内辖区 7 个行政村卫生室设施设备等。2018 年 10 月，版纳石化向普洱市墨江县通关镇捐赠善款 100 万元，用于地震灾后重建和脱贫攻坚。2017 年、2019 年，版纳石化先后两次向勐腊县勐伴镇曼燕村红毛树村小组捐赠 18 万元助学款，向西双版纳州景洪市勐龙镇贺南东村叭洪老寨捐赠 13 万元用于建盖村级活动室大棚。2020 年，版纳石化向景洪市大渡岗乡 638 村民小组捐赠 232 万元，用于脱贫攻坚和乡村振兴。

四、参与疫情防控

在新冠疫情防控中，版纳石化勇于承担社会责任，号召党员、领导、管理人员和员工积极捐款。党员合计捐款 14750 元，员工合计捐款 57516 元。此外，版纳石化先后两次向西双版纳传染病医院捐赠 N95 口罩，价值 6.5 万余元；向西双版纳州红十字会捐赠隔离衣、医用一次性防护服、护目镜等，价值 5.2 万元；向景洪市红十字会捐赠 6 万元；向西双版纳州边境管理支队捐赠价值 76785 元的液化气灶具。在疫情防控期间，版纳石化累计捐款捐物价值 70 万元。与此同时，柳天伟积极协调农工党北京市委社会服务委员会、潮星控股集团向西双版纳州捐赠疫情防控物资，价值 132 万元。版纳石化通过捐款、捐物等形式助力疫情防控工作，用实际行动诠释了新时代民营企业的责任担当。

组织种下致富苗 蔗农收获幸福果

——大理红唐世家食品有限责任公司

大理红唐世家食品有限责任公司（简称“红唐世家”）成立于2017年，以发展高原特色生态农业和红糖深加工系列产品为主。红唐世家是鹤庆县非物质文化遗产红糖熬制技艺发掘保护单位之一。红唐世家的红糖系列产品被列入“全国第二批国务院扶贫名录产品”，连续3年入选上海市对口帮扶地区“百县百品”目录。代表鹤庆红糖的“红唐世家”“唐若朵美”两商标产品参加了“南亚食品博览会”、“一带一路五洲侨商会”、“中国公益慈善项目交流展会”、第八届“中国国际健康食品产业博览会”，并获得“优质产品奖”等荣誉。红唐世家和鹤庆县滇蔗种植专业合作社积极带动当地农民就业，主动解决蔗农的产品销售问题，坚持以高于市场价15%以上的价格收购农产品，积极组织培训，带动了200余户贫困户脱贫致富，被评为“2020年鹤庆县脱贫攻坚先进单位”。

一、有效提升经济效益

2019年，红唐世家成立了鹤庆县滇蔗种植专业合作社，在县农业农村局的大力支持下，建立了甘蔗无公害种植试验田、鹤庆龙开口镇甘蔗种植基地，使得鹤庆红糖的古老制糖技艺得以传承。制订了“生态甘蔗复耕计划”，鼓励蔗农采用生态种植法种植甘蔗，保护金沙江流域的生态环境，将保护环境工作落到实处。教蔗农用甘蔗渣做酵素肥，并出资为蔗农购买农机弥雾机等机械设备。与云南甘蔗研究所、广西甘蔗研究所达成战略合作，请农业专家给蔗农培训，培育甘蔗新品种，研发先进的甘蔗种植技术。红唐世家的一系列助农帮扶行动，使得蔗农的生产能力和经济效益都得到了显著提高。

鹤庆县滇蔗种植专业合作社和红唐世家共同成立了“爱心助农小组”，

关爱蔗农，注重传承，得到社会各界人士的大力支持，并通过网络大力宣传鹤庆人文地理和鹤庆红糖制作技艺，同时，对技艺传承人家庭困难的给予现金补助。注重保护古法红糖的传统生产工艺流程，关爱老匠人，为他们提供良好的工作环境，帮助他们改善生活条件。保留传统配方，在扩大生产时，坚持在制糖工艺流程上采用传统手工艺，以保证红糖独有的香甜口感和丰富的营养。进一步改善生产环境，用先进的检测设备监督红糖的品质。熬糖、包装环境得到进一步改善。保护甘蔗原材料基地的生长环节和生长环境，保证红糖原料的品质。加大研发力度，加强研发队伍建设，不断开发符合时代需求的新产品。

二、努力推广优质产品

2020 年 4 月，红唐世家作为理事长单位，牵头成立了服务平台鹤庆县沪滇产业协作服务社，旨在加强沪滇两地的产业合作与交流，服务鹤庆企业发展，让更多的鹤庆企业走出云南省，到沿海发达城市开拓市场，解决上海、鹤庆两地企业在产业合作与交流中遇到的一些问题，如信息不畅、缺少服务主体等，在产业扶贫、消费扶贫、文化交流领域发挥了积极作用。充分发挥民间组织和企业的主观能动性，开展捐资助学等公益活动，为全县经济社会发展和招商引资贡献力量。目前，该服务社已有会员单位 15 家。上海市有关商会等也为该服务社的发展提供了支持，助力鹤庆农特产品整体品牌形象登上新台阶，进一步促进沪滇两地企业与市场融合发展。

三、积极开展爱心帮扶

2023 年，红唐世家出资自建橄榄优良品种培育基地。鹤庆是野生滇橄榄主要产区，野生滇橄榄是帮助农民增收的一个很好的农产品。但是，野生滇橄榄高大，且生长在陡峭山崖，不好采摘。因此，红唐世家选育了更适合种植采摘、出油率更高的矮化优良种苗，免费发放给家有老人的农户，方便他们在离家近的地方种植。这样就大大方便了在家留守的老人和妇女采摘。对于 70 岁以上做过发放树苗登记的老人，红唐世家以高于市场收购价 10% 的价格收购他们的橄榄果，这样也给老人增加了一份养老保障，这也是公司“关爱农村留守老人行动”的一项举措。带动农户（涉及三个乡镇）共同致富，帮助建档立卡贫困户 30 余户增收致富，组织农户进行农业和营销培训。红唐世家为25户比较困难的农户每户发放1000~1500元资金补助。红唐世家将六合乡的松园村（贫困村）作为重点帮扶对象，流转土地种植油橄榄，并帮忙销售农产品，安排贫困户就近就业，对接捐助资金，每年给全村85岁以上的老人发放现金、牛奶、红糖等慰问品。实施“助飞春蕾”计划，从公司销售款中拿出一部分帮助女学生，尽量让大山里的女孩子多读书，多走出去开阔眼界，以提升综合素质。

以担当铸魂立潮头　以实践赋能做先锋

——大理市泉源商贸有限责任公司

大理市泉源商贸有限责任公司（简称“泉源商贸”）成立于1994年，是一家集分销、批发、零售、超市连锁、团购直销、品牌运营、广告宣传于一体的副食品、酒水和日用百货物流配送服务企业，销售网络覆盖大理州12县（市）。泉源商贸先后获得先进基层党组织、云南省三八红旗集体、情系山区群众助力脱贫攻坚、大理市妇女工作先进集体、大理州巾帼文明岗、捐资助学、泽被后代和光彩事业捐赠单位、云南省应急商品重点联系企业、云南省市场运行监测先进单位、大理市守合同重信用企业、大理市劳动关系和谐企业、大理市驻军生活服务中心副食配送站、拥军后勤物资配送站、国家AAA级物流企业等国家、省、州、市、镇级60多项荣誉。泉源商贸通过了质量、服务、环境、食品安全、职业健康等方面认证及HACCP体系认证。法人代表赵利红先后获得“全国五一巾帼标兵”、全国城镇妇女“巾帼建功标兵”、大理州五一劳动奖章、“优秀创业企业家”、“优秀政协委员”、大理市第三届“劳动模范”、“大理市优秀党务工作者”、“大理市优秀巾帼志愿者”、“2018《中国双拥》年度人物”等20多项荣誉。

一、脱贫路上携手行

泉源商贸积极响应国家号召，投身脱贫攻坚事业，以产业扶持、吸收就业、定点帮扶等形式多措并举助力脱贫，受到业界一致好评。泉源商贸共捐赠580957.3元，助力大理州脱贫攻坚工作顺利推进。为了打赢脱贫攻坚战，泉源商贸先后到大理海东名庄村、云龙县云头村、银桥镇马久邑村等与公司挂钩扶贫的村镇进行脱贫帮扶。2020年3月，到海东名庄村开展扶贫工作期间，赵利红带队亲自察看了当地村民的副食商铺情况，并与名庄村杨书记、王队长及村委会的几位干部促膝长谈，就名庄村具体扶贫实施方案进行了细致的研讨；4 月，赵利红驱车前往位于云龙县城 75 公里外，与怒江傈僳族自治州交界处的高山寒地白石镇云头村，向该村爱心超市及建档立卡户捐赠了 100 床毛毯、80 提清风抽纸和 150 条清风手帕纸、200 桶依兰洗洁精，价值 2 万余元。赵利红还和该村扶贫工作队有关人员进行了会议交流，对该村书记杨庆松所提扶贫工作资金短缺、爱心超市后续物资跟进、特色农产品代销、劳动力转移等方面的问题与困难均给予了明确答复，并制订出一系列帮扶计划。2023 年 4 月和 11 月，泉源商贸分别向云南三益文化国防基金会、文山麻栗坡县和文山马关县乡村振兴局捐赠农发行业务部引进无偿帮扶资金，共计 3 万元。

二、爱心帮扶送温暖

泉源商贸发展壮大之后，不忘初心，牢记使命，扶危济困，帮扶弱势，回报社会，报答党恩。2017 年至今，泉源商贸爱心捐赠金额达到 135 万余元。泉源商贸始终秉持“承担时代责任、倾情回报社会”的理念，坚持奉献爱心，不断彰显民营企业勇于担当的良好风范。2023 年 9 月、11 月，泉源商贸在大理白族自治州慈善总会组织的“9·5 中华慈善日‘关爱大理州一老一小’”活动中募捐 30000 元；在感恩“四老”活动慰问期间，向残疾人捐赠 28200 元；向贵州茅台公益基金会捐赠贵州大曲点滴有爱公益基金和茅台王子明亮少年公益基金共计 27612 元。2023 年 6 月 19 日，向残疾人特殊艺术演出团捐赠 27000 元。泉源商贸自始至终贯彻职工互助资金的制度，以帮助经济相对弱势的职工。

泉源商贸每年都要进行拥军慰问活动，对军属、军队离退休人员和困难退役军人进行慰问，为他们送去节日祝福，发放慰问金和慰问品，解决他们生活中的困难。2023 年 8 月 10 日，捐赠双拥企业“八一”关爱功臣活动慰问金、军服累计 11100 元。这也形成了爱国拥军与企业发展深度融合的双拥双赢局面，为大理的拥军建设贡献了力量。

赵利红在公司人事管理上立下规矩：在招聘员工时，优先录用退役军人。成立以来，泉源商贸先后招录退役军人 28 名、军嫂 12 名。赵利红还先后帮助多名退役军人子女找工作，努力解决他们的后顾之忧。为帮助驻大理部队官兵解决婚恋问题，赵利红主动承办了多场军人专场公益相亲联谊活动。

三、情系百姓履责任

一直以来，泉源商贸都是一家情系社会的爱心企业，乐于参与帮扶困难职工、捐资助学等爱心活动，用实际行动传递了正能量，彰显了企业担当。在捐资助学方面，泉源商贸于2023年5月和7月到大理市儿童福利院看望儿童，捐赠物品及爱心送考药品，价值共计4775.05元。通过大理州光彩事业促进会向黄坪镇女子课堂捐赠桌椅，价值24400元；2023年，两次向大理州云龙县检槽乡文兴完全小学捐赠物品，价值合计4989元；2024年3月18日，向大理州云龙县天灯完全小学捐赠2000余册课外读物。

2020年5月6日，泉源商贸积极响应复工复产号召，先后投入2000多万元货款提前向供应商备货，300多名员工全部复产，投身各个岗位，为更多公司、企业的复工复产提供了强大的物资保障。在疫情期间，泉源商贸积极响应政府号召，保障民生必需品的供应，维护了市场商品供给稳定，满足了市民的基本生活需求。

自2020年2月26日起，泉源商贸工作人员将下单的生鲜蔬菜和生活必需品送到小区服务中心，而且0配送费、0差价。“生鲜配送”服务开展以来，得到小区广大业主的一致好评。2020年3月4日，泉源商贸提供了200份总价值约1.23万元的伴手礼，为“疫”线基层妇女干部和工作人员送温暖。

泉源商贸通过升级优化供应链管理，确保商品质量和供应的稳定，为公共利益奠定了坚实的物质基础。泉源商贸承担了驻大理部队副食品配送和应急物资保障任务。2020年5月，泉源商贸又与大理市驻军签订了生活服务协议书……泉源商贸悬挂的“拥军后勤配送站”“拥军无公害蔬菜配送站”的牌子就是供应链成绩的最好证明。

“双绑”助力乡村振兴　科技赋能共同富裕

——大理耘飞农业科技有限公司

大理耘飞农业科技有限公司（简称“大理耘飞”）成立于2016年6月，由单一种植蔬菜的生产基地发展为集蔬菜育苗基质、栽培基质、育苗、种植、销售、技术服务、科研于一体的现代化农业生产企业，获评“云南省农业产业化省级重点龙头企业”“云南省科技型中小企业”“创新型中小企业”“国家高新技术企业”等。大理耘飞下设弥渡鲁滇蔬菜产销农民专业合作社和弥渡绿之源蔬菜产销农民专业合作社，二者均为云南省农业农村厅评定的省级农民专业合作示范社，并于2021年双双入选中国农民专业合作社500强。大理耘飞在自身发展的同时，探索建立“双绑”联农带农利益联结机制，带动当地及周边地区农户和种植大户发展标准化现代蔬菜种植。截至2023年底，大理耘飞累计投资18960万元，建立的“大理耘飞高原特色农业产业创业孵化示范基地”已吸引114户创客入驻，其中包括返乡创业农户80人，共带动创客创收12254万元，成为弥渡县引领绿色蔬菜产业发展和吸引创客成功创业的一面旗帜。

一、建立联农带农利益联结机制

“双绑”模式是以村民小组为单位，充分发挥基层党组织优势和党员先锋模范作用的孵化模式，由村民小组的党支部发动群众成立合作社及理事会，然后根据入社的户数组织土地流转。土地流转后，大理耘飞对土地进行规划设计，然后交给合作社去进行招标建设（这样的好处是统一规划、设计、建设、配套，使成本最低、土地利用率最高）。统一建设完成后，每户分配5亩地进行生产（这样的好处是不需要招工，从而降低了成本，彰显多劳多得的原则，提高了农户的积极性）。在“双绑”模式下，整个园区的地租用销售收入支付，大理耘飞可以收回垫付的种苗和化肥、农药等成本，分10年返还合作社成员投入的大棚及附属设施建设费用，每年返还10%。“双绑”模式的利润分配如下：村集体提取合作社净利润的3%作为村集体收入，壮大村集体经济。合作社提取净利润的5%作为风险补偿金（维修基金），每亩提取最多不超过1000元，下一年使用后若不足1000元，再用净利润补齐，没使用则下一年不再提取；龙头企业和农户进行二八分，即大理耘飞提取20%、农户提取80%。“双绑”模式的“五统一”标准如下：统一种苗，大理耘飞负责提供种苗（做到品种统一、质量一致）；统一投入品，大理耘飞负责提供化肥、农药等投入品（对食品安全性有更好的把控）；统一技术，大理耘飞派技术员对农户进行全程技术指导（有专业技术支撑）；统一品牌，统一使用大理耘飞的品牌（产生品牌价值）；统一销售，农产品由大理耘飞进行统一销售（共享销售平台，大理耘飞与农户利益捆绑在一起）。

二、“双绑”孵化促就业创业

2023年，大理耘飞“双绑”孵化模式在弥渡县全面推开，在新街镇12个村委会开展帮扶合作，建成合作基地30个，示范基地成功入驻114户创客及创客团队，实现了参与创客及创客团队共同富裕的目标。例如，示范基地内成功孵化企业大荒地联营社2023年销售精品黄瓜108785件（每件25公斤），总收入926.96万元，扣除成本372.58万元后，净利润554.38万元。从净利润中提取村集体经济收入、龙头企业所得后，剩余的430.20万元归合作社20户社员所有，社员中纯收入最高的为27.80万元。2024年，大荒地联营社扩建100亩设施蔬菜大棚，吸纳20户新成员加入。发展设施蔬菜，使全村呈现出全民创业的新景象。同时，创客团队带动就业431人，包括建档立卡户21户，吸引外出务工返乡创业人员8人，帮助1户残疾人创业成功，并录用残疾人20多人，实现每月每人平均4000多元的收入。经统计，大荒地联营社至今带动示范基地创客创收12254多万元。

在雇用长期合同工和季节性临时用工方面，大理耘飞带动当地农户就近就地就业。2021年，大理耘飞成功带动企业员工127人就业，带动季节性用工428人，合作社、家庭农场带动就业482人，促进农户增收1577.46万元；2022年，成功带动企业员工138人就业，带动季节性用工435人，合作社、家庭农场带动就业1297人，促进农户增收1810.20万元；2023年，成功带动企业员工147人就业，带动季节性用工1200人，合作社、家庭农场带动就业 500 人，促进农户就业增收 6649 万元。

三、积极参与慈善事业

2015 年 5 月 20 日，在大理耘飞法定代表人李树春的牵线搭桥下，弥渡县与山东省寿光市签订了友好县市合作协议，李树春也因此成为弥渡县设施蔬菜产业发展取得辉煌成就的推动者。大理耘飞在发展壮大的同时，积极响应国家精准脱贫的政策号召，助力弥渡县脱贫攻坚工作顺利开展。2018 年，大理耘飞向所在村村委会，以及寅街镇、新街镇、弥渡县捐款合计 6.47 万元，弥渡县委、县政府授予其“社会扶贫模范”荣誉称号；2019 年，大理耘飞多次向弥渡县扶贫工程捐款，合计 6.37 万元，寅街镇授予其“扶贫明星企业”称号；李树春每年资助苴力镇苴力村 2 名贫困大学生读书；2021 年，向弥度县儿童基金等捐款 3.21 万元；2022 年疫情期间，向新街镇、寅街镇、苴力镇捐款捐物价值 10 万元。

四、坚持科技引领产业发展

大理耘飞于 2022 年投资 1248 万元建成了“大理耘飞连作障碍研发中心”，并与云南省农业科学院、云南农业大学、沈阳农业大学李天来院士团队建立了长期战略合作关系，搭建了“院校 + 企业 + 院士工作站”的技术研发平台，开展连作障碍防治技术、绿色病虫害防治技术、蔬菜种质资源选育繁育、蔬菜关键技术集成示范等研发活动。大理耘飞融合多方力量，形成企业新质生产力，驱动企业高质量发展。推动高校、科研院所、院士团队等的相关科研成果在企业转化，形成“人才 + 产业”“院士团队 + 产业”“科技 + 产业”“院校 + 产业”多种模式。这样的好处，一是为企业打造了一支新型劳动者队伍，二是能够帮助企业用好新型生产工具，三是塑造了适应新质生产力的生产关系，促使企业高质量发展。

通过“平台 + 模式”组合拳，以保姆式的服务、过硬的技术、强有力的资金支持，促进农业产业持续兴旺发展，不断增强“双绑”利益联结机制的生命力，吸引更多人参与发展设施农业，引领大批返乡劳动者在家乡创业，以产业发展吸引“漂一代”变成“农创客”，从“昔日打工仔”变为“今日新农人”，实现增收致富，为创建美丽家乡、乡村振兴贡献力量。

大理耘飞成立以来，始终秉承认真做事、踏实做人的原则，不忘肩负的社会责任和使命，以诚信赢得诸多荣誉和广泛好评。一系列善举让大理耘飞获得“云南省农业产业化省级重点龙头企业”“云南省科技示范园”“云南省彩云雁归返乡创业园”“大理州特色农业创业示范基地”“优秀示范企业”“就业帮扶车间”“弥渡县特色农业创业孵化园”“基层党组织规范化建设示范点”“弥渡县青年就业见习基地”“现场教学基地”“教学实习基地”“田间培训学校”“弥渡县退役军人就业创业孵化基地”“社会扶贫模范”“扶贫明星企业”“最佳爱心单位”等荣誉。

以爱相连　点亮世界

——大理长远科技有限责任公司

宾川县长远通信成立于2009年，始终坚持响应国家科技创新政策号召，于2023年成功转型为大理长远科技有限责任公司（简称“长远科技”）。长远科技注重向信息化的转变，以“新企业、新形象、新创意、新服务”为宗旨，以“质量为基础、市场为导向、人才为核心”为指导思想，先后荣获“拥军示范企业”“诚信经营示范企业”“创新型中小企业”“云南省科技型中小企业”“国家级科技型中小企业”等称号。作为宾川县青年志愿者协会会长单位，长远科技始终重视履行社会责任，无论是捐资助学、疫情物资捐助，还是校企合作中的设备捐赠，都秉持“爱自己、爱家人、爱社会、传递爱”的理念，恪守“以爱相连，点亮世界”的人文导向。

长远科技在经营过程中一直贯彻中国共产党所提倡的理念，始终以人民群众为先。企业法人熊飞在经营企业的同时，作为宾川县青年志愿者协会会长，积极投身志愿者服务，切实带领员工履行企业社会责任。多年来，熊飞一直热心公益事业，用自己的能量去温暖和帮助了很多人。2023年5月，熊飞荣获共青团宾川县委颁发的2023年宾川县“五四有为青年”称号。在他的带领下，长远科技不畏艰难、勇担重任。

一、“疫”不容辞

2020年，新冠疫情暴发，口罩、消毒水、防护服等防疫物资紧缺，人民群众的生命财产安全受到巨大威胁。作为有担当、有信仰、有诚信、有作为的当地企业，长远科技勇担重任，“疫”不容辞，主动作为，第一时间投身防疫工作。首先，在宾川疫情高发区域设置口罩分发点，安装自助口罩机，免费将口罩发放给有需要的人，降低了人员聚集的危险，为群众提供了便利。其次，向宾川县幼儿园和金牛二小捐赠了部分医疗级智能测温仪，实现了远距离、多目标、非接触的体温监测，守护了其师生的健康安全。

二、爱心助学

长远科技积极帮助家庭有困难的学生走出困境，10 年中捐助 4 位贫困学生，为他们创造了良好的学习环境，使他们没有后顾之忧，能够安心学习，用知识改变命运。爱心远不止于此，哪里有需要，哪里就有长远科技员工的身影，只要能为学生学习出一份力，长远科技就义不容辞。熊飞深知，只有学习环境好了，学生才能更好地学习，教师才能更好地为国育人、为党育才。2023 年 8 月，长远科技通过宾川县工商联发起的捐资助学项目，向贫困学生捐款 5000 元；2023 年 11 月，向宾川县金牛四小建设项目捐款 10000 元；2024 年 2 月，向兰坪县金顶中学图书馆援建项目捐赠一批价值 25000 元的图书；2024 年 3 月，向宾川县金牛二小捐赠一批价值 12000 元的科学期刊。

三、公益捐赠

2023 年，长远科技向志愿者协会捐赠 15000 元，用于提高其社会服务水平；向金牛二小捐赠党建云平台华为智慧屏和笔记本、打印机等组成的移动工作设备，为学校更好开展党建工作提供了硬件保障。长远科技多次向有关学校捐赠教学设备，完善了这些学校的教学设施。2023 年 5 月，为助力青少年摆脱困境，预防未成年人违法犯罪，长远科技向“宾川青少年健康成长阳光护航行动”项目捐款 10000 元。

四、拥军优属

作为拥军示范企业，长远科技除针对性地为现役、退役军人及军属提供切实便利外，还联合当地团委、劳动力市场和社会团体，为退役军人、青年创业者提供培训和就业机会，以期促进社会公益和经济共同发展。2023 年 9 月，熊飞被共青团宾川县委聘为宾川县“青年创业导师”。

五、志愿行动

2024 年春运期间，熊飞积极响应共青团宾川县委发起的志愿者服务春运“暖冬行动”，第一时间带领团队召集 200 余名青年志愿者围绕文明交通劝导，客运站文明宣传、引导咨询、重点群体服务，以及交通安全知识宣传等志愿服务活动，把党团组织温暖送到外出务工人员返乡回家的“最后一公里”。青年志愿者全天候在县域 33 个重要路口进行文明执勤，累计劝导指引 56000 人次，有效配合了宾川县交警大队在春运期间的辖区道路交通安全管理工作，有力保障了广大人民群众的出行安全。熊飞还与共青团宾川县委、宾川县交警大队一起运用新时代传媒技术创作拍摄了《新春提醒》系列交通安全知识宣传小短剧，其中包含系好安全带、佩戴安全头盔、切勿酒后驾驶等内容，通过幽默的情节，开启了一轮“沉浸式”普法。该系列小短剧在各新媒体平台循环播放，累计播放达数百万次，用群众喜闻乐见的方式，宣传普及交通安全知识，让交通安全教育“走新”更“走心”，提升了群众的安全意识，营造了春运“文明交通，安全出行”的浓厚氛围。

强化社会责任意识　助力高寒山区振兴

——云龙大栗树茶业有限公司

云龙大栗树茶业有限公司（简称“大栗树茶业”）是在云龙县宝丰乡大栗树茶厂的基础上发展起来的集农、工、商于一体的股份制企业，是云南省农业产业化重点龙头企业、云南省茶叶生产先进企业、云龙县工商联执委副主席企业。“大栗树”商标被评为“云南省著名商标”，产品被评为“云南省名牌农产品”，茶园基地被评为“国家标准化茶园”，茶园被誉为“离天空最近的茶园”，茶厂的经营规模和销售收入实现连续增长。近年来，大栗树茶业高度重视履行社会责任，注重员工培训，不断健全员工工资福利制度，充分保障员工合法权益，积极参与各项公益活动，促进社会和谐进步。

一、注重企业持续健康发展

大栗树茶业积极响应云南省委、省政府“建设绿色经济强省”的号召，以市场为导向、以科技为引领，在确保质量的前提下扩大规模，提高产品质量标准和企业自身管理水平，年产值超过 7000 万元。由于长期坚持“质量第一”的原则，“大栗树”茶在消费者中建立了很好的口碑。大栗树茶业拥有高海拔茶园基地 6 万多亩（其中，3.5 万亩已获得有机茶园认证），带动农户 2000 多户增收，建有年加工能力 80 吨的初制所 4 个、年加工能力 200 吨的初制所 4 个、年加工能力 800 吨和 200 吨的现代化茶叶精制厂各 1 个，生产的绿茶、红茶、白茶获得有机产品认证。2023 年，大栗树茶业产量为 680 多吨，产值达 8200 多万元，上缴税额 200 多万元，支付鲜叶收购款 3600 多万元，有力地促进了劳动力就业，增加了群众收入。

茶园基地位于澜沧江上游东岸的云雾山中，远离城市和工业污染源且周围有茂密的天然防护林；茶园坐南朝北，北邻沘江，西、南两面皆为澜沧江，山高谷深，形成了“晴时早晚遍地雾，阴雨连天满山云”的独特气候环境；茶园连片集中，土层深厚，土壤为黄棕壤，有机质丰富（高达6.01%）；优越的自然环境为茶叶的良好品质奠定了物质基础。在上级党委、政府的扶持和帮助下，大栗树茶业坚持从基地选择和茶树品种抓起，选择在生态环境优越的高海拔平缓坡地种植，选用优良的茶树品种，采取企业统一标准、统一加工、统一品牌、统一销售的经营模式，坚持以生产绿茶为主。由于合理兼顾了种植、生产、加工、销售、消费等各个环节，企业得以健康发展。

二、坚持党建引领乡村振兴

大栗树茶业主动履行社会责任，创新开展志愿服务、产业帮扶、捐资助学等社会活动。在爱心捐赠、访贫慰问、助残扶弱等活动中，大栗树茶业先后出资 180 多万元，用于公路建设、贫困户产业发展、社会公益事业等，助力乡村振兴。为有效解决村集体“造血”功能不足等问题，大栗树茶业按照企村帮扶方案，以“党支部 + 龙头企业 + 贫困户”模式，找准合作发展结合点。2018 年，大栗树茶业与宝丰乡东山村、大栗树村签订合作村集体经济发展协议，并按照协议比例进行分红：东山村入股 30 万元发展村集体经济，每年定额分红 2.4 万元，带动 30 户建档立卡户增收；大栗树村入股 10 万元发展村集体经济，年底分红 2 万元，带动 30 户建档立卡户增收。大栗树茶业下属子公司永平博南山茶业有限公司与永平县龙门乡官上村、龙门乡光映村、水泄乡狮子窝村、厂街乡三村、厂街乡古富村签订合作村集体经济发展协议，并按照协议比例进行分红：龙门乡官上村入股 100 万元发展村集体经济，年底分红 8 万元，带动 35 户建档立卡户增收；龙门乡光映村入股 100 万元发展村集体经济，年底分红 8 万元，带动 30 户建档立卡户增收；水泄乡狮子窝村入股 148 万元发展村集体经济，年底分红 11.84 万元，带动 30 户建档立卡户增收；厂街乡三村入股 100 万元发展村集体经济，年底分红 8 万元，带动 30 户建档立卡户增收；厂街乡古富村入股 100 万元发展村集体经济，年底分红 8 万元，带动 30 户建档立卡户增收。2023 年，大栗树茶业吸纳云龙县大栗树村、仁山村、汤邓村、民主村集体资金 200 万元入股加工开发项目，形成固定资产，该固定资产归村集体所有，每年向每村兑现租金 3.5 万元。此举壮大了 4 个村的村集体经济，补齐了农村发展短板。2024 年 3 月，大栗树茶业积极响应县工商联倡议，向大理2024年巴黎残奥会坐式排球资格赛捐赠茶叶，助力云南体育事业和残疾人事业高质量发展。

三、争当产业扶贫示范

截至2023年底，大栗树茶业茶园基地面积达6万多亩，其中，3.5万亩获得了有机茶园认证，带动2000多户农户种植管理高海拔茶园。大栗树茶业现有3个初制所和2个茶业有限公司。大栗树茶业实行农户分散种植，企业统一加工、统一品牌、统一销售的经营管理模式，茶农每亩可获得净利润800多元，种茶积极性大大提高，当地山区荒地的利用价值也大幅度提升。目前，大栗树茶业在职员工165人，其中，销售人员50多人（38人为大中专毕业生）。大栗树茶业还辐射带动了2000多名农村妇女（8个月的季节性用工）从事茶叶采摘工作，带动119户建档立卡贫困户走上致富路。为调整农业产业结构，消化农村剩余劳动力，带动地方经济发展，大栗树茶业做了很多实实在在的工作，创造了良好的生态效益、社会效益和经济效益，成为云龙县产业扶贫的成功示范。

大栗树茶业始终注重质量、诚守信誉，“大栗树”牌云龙绿茶系列产品曾多次获奖。2011年，“大栗树”商标被评为“云南省著名商标”；2013年，云龙印象茶荣获第九届中国昆明国际农博会金奖；2014年，茶厂被认定为“农业产业化省级重点龙头企业”，高原茗珠在捷克举办的“第十届国际名茶评比”中获银奖；2016年，大栗树茶业产品被评为“云南名牌农产品”；2017年，云龙印象茶获“第十八届中国绿色食品博览会金奖”；2018年，云龙印象茶在丹麦举办的“第十二届国际名茶评比”中获银奖，大栗树碧螺春获评上海浦东新区第十届农博会“2018年最受市民欢迎的云南农产品”，地标产品云龙珍茗荣获第十四届中国昆明国际农博会“优质农产品”，茶厂被云南省食品安全委员会评定为省级食品安全示范单位；2019年，云龙印象茶和高原茗珠获评第十五届中国昆明国际农博会“优质农产品”，大栗树茶获得“大理州五大名茶”称号；2020年，大栗树茶业获得云龙县脱贫车间认定，以及云南省“劳动关系和谐企业”称号；2021年，大栗树茶业党支部获得云龙县“先进基层党组织”称号；2023年，大栗树茶业通过科技型中小企业备案，以及通过ISO9001、HACCP食品安全、环境、职业健康管理体系认证。

环保与经济“双融合”“双推进”

——云南顺丰洱海环保科技股份有限公司

大理素以“风花雪月”的美景蜚声海内外，更承载着习近平总书记到大理考察时“让苍山不墨千秋画、洱海无弦万古琴的美景永驻人间”的殷殷嘱托。在践行习近平生态文明思想的路上，“如何让洱海流域的畜禽粪污等农业农村有机废弃物得到资源化利用”是一个重要课题。云南顺丰洱海环保科技股份有限公司（简称“顺丰环保”）在各级政府和行业部门的指导下，探索出了畜禽粪污等农村有机废弃物资源化综合利用的“顺丰洱海”模式，实现了“牛粪变黄金，秸秆变宝贝，农民增产增收，农业环境友好，有效保护洱海”的可持续发展。

一、催生“环保与经济融合”新产业

（一）补变废为宝“短”板，让废弃物利用资源化“出众”

通过政府引导、生态补偿、市场运作，顺丰环保实现了洱海流域有机废弃物全收集、全处理、再利用，成为中国最大的“绿色粪坑”。顺丰环保每天对洱海流域畜禽粪便、污水处理厂污泥、餐厨垃圾、流域农作物秸秆、蓝藻藻泥，洱海流域的湿地、库塘、湖滨带、生态隔离带，洱海湖区的干枯死亡水草等各类有机废弃物进行收集清运处理，日均收集处理量达 1500 余吨。目前，顺丰环保已累计收集处理了洱海流域各类有机废弃物 350 万吨左右，实现了对各种有机废弃物的资源化全利用，年生产生物天然气产品 3000 余万立方米，投放生物天然气出租车 200 辆，累计生产有机肥、园林绿化肥、园林绿化土、生物有机肥、复合微生物肥等产品 250 余万吨，每年可减排二氧化碳近 40 万吨，在洱海环境保护中发挥了重要作用。

（二）抓集群集约“平”板，让生产模式生态化“出优”

顺丰环保始终坚持以“环境治理、保护洱海”为核心，在洱海流域构建了“1+6+N+X”的发展布局：“1”指1个洱海有机循环工程中心，“6”指6个废弃物处理加工厂，“N”指已经建成的25个有机废弃物的收集站和在建的2个收集站，“X”指17条生产线和多个销售网点。此外，构建了八大体系，即收集体系、清运体系、处理体系、资源化利用体系、产品推广体系、研发创新体系、十全管理体系和政府给予的政策保障，并完善了数智化管理体系，形成了“一个平台，一支队伍，一家企业，以全过程、全链条、全生命周期一管到底”的“顺丰洱海”运营模式，在洱海环境保护与绿色农业发展中发挥了重要作用。

（三）推深度融合“快”板，让产业链条一体化“出色”

“顺丰洱海”模式构建了各种有机废弃物源头减量、垃圾资源化利用的全产业链模式，走出了一条生态优先、绿色低碳、循环发展的新路子，为洱海保护与治理做出了积极贡献。同时，“顺丰洱海”模式被农业农村部作为全国农业面源污染治理五大典型模式之一在全国推广。在全国“无废城市”建设中，“顺丰洱海”模式也被生态环境部作为九大创新典型模式之一在全国推广，这是云南省在全国“无废城市建设”中输出的首个创新模式，被列为“国家循环经济标准化试点项目”。

二、构建“环保与经济融合”新模式

（一）坚持绿色导向，厚植环保情怀

顺丰环保始终坚持绿色发展不放松，紧紧围绕洱海保护目标不动摇，致力于生态环境保护和有机废弃物资源化循环利用，在发展中不断强化生态文明理念，扛起了纳污治污的社会责任。顺丰环保敢干闯出了新路、苦干结出了硕果、实干赢得了认可、能干展示了风采，“省”字号出名，“国”字号多名。目前，顺丰环保已被授予国家高新技术企业、全国五一劳动奖状企业、全国“十二五”优秀民营企业、国家知识产权优势企业、全国农化服务中心、全国测土配方施肥定点生产企业、第四届中国创新创业大赛节能环保及新能源行业全国优秀企业、云南省百强企业、云南省农业产业

化省级重点龙头企业、云南省质量示范企业、云南省质量标杆企业、云南省服务型制造示范企业、第四批全省民族团结进步示范企业、石油和化工行业绿色工厂等称号。2020 年，顺丰环保董事长兼总经理钟顺和荣获“全国劳动模范”称号。

（二）发展绿色经济，彰显现代特质

顺丰环保坚持走生产发展、生活富裕、生态良好的文明发展道路，自觉推进绿色发展、循环发展、低碳发展，筑牢高质量发展的根基；建成了有机肥料、生物天然气、餐厨垃圾预处理、病死动物无害化处理等 17 条生产线，开发出有机肥料、城市家庭农场、有机农产品、“生物天然气 + 出租车”等 4 个系列产品。其中，专用型有机肥料系列产品多达 100 余个品种。2023 年，顺丰环保实现营业收入 5 亿余元；新建的 1 座生物天然气加工厂达产后，可实现营业收入 20 亿元左右、利税近亿元。同时，顺丰环保依托大理州实施“三禁四推”行动，推广使用商品有机肥，发展了 80 万亩的生态种植，推动了绿色生态农业转型升级，提升了洱海流域高质量发展的“含绿量”。

（三）释放绿色动能，减污减排势头越来越强劲

顺丰环保积极投身“湖泊革命”攻坚战，在废弃物资源化综合利用生产过程中，通过过硬的技术，实现了废气、废渣、废液的闭合式循环“零排放”，有效减少了进入洱海的污染源，减少了二氧化碳、COD、总氮、总磷、氨氮等向洱海排放。顺丰环保不断释放绿色动能，跑出了洱海保护治理的“加速度”，释放了洱海保护治理的“新功能”，开创了洱海保护治理的“新境界”。同时，顺丰环保积极对接省内其他州市，推广“顺丰洱海”模式，助力云南九大高原湖泊环境保护工作的顺利开展。

（四）做大绿色福利，民生行动越来越暖心

顺丰环保注重反哺洱海流域生态有机种植，加速推动产业转型升级，将畜禽粪污划分为不同质量等级，分别按 80 元 / 吨、100 元 / 吨、120 元 / 吨的价格进行收购，带动 2000 余人就业，实现年均利税 500 余万元，养殖户年总增收上亿元。同时，对餐厨垃圾等有机废弃物采取传统车辆、专用车辆“土洋结合”及“人背马驮”的方式应收尽收，实现了农企双赢、互助发展，提升了绿色发展的幸福可及性。

（五）聚焦科技导航，“护海行动”越来越创新

顺丰环保坚持“真情护洱海、科技全赋能、质量行天下”发展观，把科技创新作为企业发展的首要任务。先后与中国农业大学张福锁院士及其专家团队、中国农科院、上海交通大学等高校院所建立了长期的“产、学、研”合作机制。与中国农业大学、云南农业大学共建“顺丰洱海模式暨有机循环与有机农业科技小院”，研发出适合企业发展的104项专利，制定了60余项企业标准，参与制定了40余项国家级标准和省州级标准，《高原湖泊流域畜禽粪便综合利用》系列标准荣获“云南省标准化创新贡献奖”。顺丰环保先后荣获国家和省州级各项科技创新、技术成果、发明创造类奖项10余个，通过了6大ISO国际体系认证，“洱海”商标还被认定为中国驰名商标。顺丰环保工程技术中心被评选为农业农村部“西南有机循环工程中心重点实验室”。

不忘初心使命　勇担社会责任

——云南四海济药业有限公司

云南四海济药业有限公司（简称“四海济药业”）于2002年成立第一家巍山县老百姓药房，2015年成立巍山县老百姓药房有限责任公司，2021年更名为“云南四海济药业有限公司”。四海济药业是集药品零售，医疗器械、保健食品、中药饮片销售，验光配镜于一体的综合店，坚持诚信经营、以人为本，2010年8月被评为巍山县第三批“诚信经营文明服务户”，2021年9月被评为“企业信用评价AAA级信用企业”和“守合同重信用企业”，2024年3月被评为“诚信经营”“放心消费示范企业”等。

自成立以来，四海济药业不忘初心，勇担社会责任，用实际行动回馈社会，于危难之时尽显担当本色。无论是在艰苦创业的2003年非典时期，还是在2020年初的新冠疫情时期，四海济药业都不畏艰险、勇于担当，不仅向政府、红十字会捐赠疫情物资，还将员工加班加点配备的84消毒液免费发放给老百姓。

一、常怀助老之心，笃行扶老之事

四海济药业时常向敬老院捐赠生活用品和疫情物资，每年的重阳节都会开展爱心公益活动，免费为中老年人测量血压、血糖，还为他们贴膏药、泡花茶，并安排执业药师、执业医师一对一地为老人提供药学服务和用药咨询。有孤寡老人就有留守儿童，四海济药业董事长周光喜一直不忘关心留守儿童。2020年，周光喜与西藏羊八井镇中心小学的次仁卓嘎小朋友结成帮扶对子，不仅捐资助学，每年还会不定期地给小朋友寄去衣物、鞋子等生活用品。

二、常怀公益之心，助力社会发展

四海济药业一直助力高考，为考生以及考生家长免费发放口罩、四海济山泉水、四海济扇子等，并为他们提供休息场所。云南省的盛大节日，如一年一度的彝族火把节现场也有四海济药业员工的身影，他们为活动的顺利开展提供全面的后勤应急保障服务。疫情期间，四海济药业成为巍山县的保供企业，为了做好疫情物资的供应工作，员工加班加点，及时把物资配送到门店，保障老百姓能够及时购买，并保证所供物资以市场最低价销售。周光喜时刻不忘党恩，积极发挥党员带头作用。他不仅率领公司健康稳步发展，还号召全体员工承担社会责任，积极投身各项公益活动。四海济药业先后为社会各界捐赠物资金额达 200 多万元，并荣获“抗疫突出贡献奖”等殊荣。

2020 年 2 月，四海济药业向大理市城市管理综合行政执法大队捐赠医用防护口罩 100 个、84 消毒液 120 瓶，总价值 610 元；向大仓镇疫情防控组捐赠 84 消毒液 50 桶，价值 6500 元；向巍山县疫情防控组捐赠价值 228448 元的疫情物资。

2022 年 3 月，四海济药业向巍山县马鞍山五里巷小学捐赠价值 32200 元的美琳凯精品毛毯（140 个）、价值 750 元的医用外科口罩（1500 个）、价值 343 元的医用红外额温计（7 个）、价值 1500 元的棒球帽（150 顶）、价值 600 元的四海济山泉水（50 件），以上物资总价值 35393 元；向巍山县教育体育局 17 所学校捐赠价值 412800 元的依视路集团品牌 1.6 防蓝光镜片（960 片）和精品镜架（480 副）、价值 170000 元的医用外科口罩（170000 个）、价值 19200 元的四海济山泉水（1600 件）、现金 32000 元，以上物资总价值 634000 元。

2022 年 6 月，四海济药业助力高考献爱心，为考生捐赠价值 3750 元的医用外科口罩（7500 个）、价值 2560 元的四海济山泉水（320 件）、价值 2400 元的四海济抽纸（300 提）、价值 1510 元的四海济布袋（1510 个），以上物资总价值 10220 元。

2023 年 5 月，四海济药业向卫健局捐赠 75% 酒精 35800 瓶、医用外科口罩 232500 个、医用防护口罩 60000 个、免洗手消毒凝胶 1500 瓶，以上物资总价值 739950 元；向巍山县教育体育局捐赠 75% 乙醇消毒液 4200 瓶、免洗手消毒凝胶 1860 瓶、医用外科口罩 14000 个、医用防护口罩 18000 个、次氯酸消毒液 17769 瓶，以上物资总价值 350592 元。

2024 年 3 月，四海济药业向大理 2024 年巴黎残奥会坐式排球资格赛赞助四海济山泉水（350ml）4800 瓶、75% 酒精卫生湿巾 50 盒，总价值 3350 元。

三、常怀温暖之心，关爱企业员工

四海济药业在发展的同时，不忘关心员工家属，以感谢他们对员工工作的支持。公司每月为员工家属发放定额养老补助金，为员工提供更多福利，让每个员工都能和公司携手共进，获得最高幸福指数。

四海济药业以博爱之心，积极承担社会责任，默默为社会发展奉献力量。这一切，老百姓看在眼里、甜在心里。四海济药业因一系列善举受到各级党委、政府及社会各界的赞誉和认可，荣获多项殊荣。

2020 年，四海济药业荣获江西仁和中方医药陈列大赛“最美连锁药店”称号，被中国药店管理学院评为“2020 年度先进单位”，被中共永建镇委员会、永建镇政府评为“2020 年度优秀企业”；2022 年，被评为巍山县协调劳动关系三方委员会劳动关系和谐企业；2023 年，被评为巍山县“尊师重教先进集体”。

抓党建促发展　履责任助振兴

——德宏州尚善品味农业有限公司

德宏州尚善品味农业有限公司（简称“尚善品味”）成立于2015年，成立之初就确立了“党建领航、文化引领”的发展定位和“强企报国、一心为民”的奋斗初心，始终坚持扎根云南德宏梁河县，积极响应党中央号召，投身光彩事业发展产业、履行社会责任，通过直接帮扶、产业帮扶、教育帮扶、扶孤助困等方式，从脱贫攻坚到乡村振兴，一直将社会责任扛在肩上、落实在行动上，用心、用情、用力谱写了一曲光彩事业之歌。

一、党建领航，促进企业高质量发展

在集团党委领导下，尚善品味坚持“产业发展到哪里，党支部就建设到哪里”的原则，成立初期便组建了大健康产业党支部。2022年，为进一步加强党对企业的领导，尚善品味在梁河成立了党支部，将习近平新时代中国特色社会主义思想作为企业发展的指导思想和根本遵循，在做实落地融合上下功夫，使党建成为“第一品牌”和“第一生产力”，探索出了一条党建引领企业高质量发展的特色之路。

一是做实做细，杜绝“两张皮”。严格执行“一岗双责”，党委书记由集团董事长、总裁担任，党支部书记由部门行政主管领导担任，真正做到党建工作和业务工作同谋划、同部署、同推进、共考核。扎实抓好主题教育，规范落实“三会一课”、民主生活会、民主评议党员等制度。坚持把员工的绩效考核和党员积分考核结合起来，各占50%权重，考核积分与员工绩效发放、晋升直接挂钩，确保了思想、业务“双过硬”。

二是融合拓展，实现“全覆盖”。把党员学习教育、监督管理的标准和要求拓展到全体员工，全员上党课、全员学党章、全员参加主题党日、全员学“学习强国”，每年组织党员和优秀员工赴红色教育基地学习，每月为党务工作者发放1000元专项津贴，每月评选出优秀心得体会文章并给予奖励，实现了全员党建、全过程党建、全覆盖党建、全拓展党建，员工党性觉悟不断提升。

三是引领带动，站好“示范岗”。充分发挥集团党委省级示范支部的示范引领作用，不断提升党支部的规范化建设水平，切实发挥党支部战斗堡垒作用及党员先锋模范作用。2022年，党支部被评为州级党建示范点，每年接待各级党组织参观交流1000余人次，起到了较为显著的示范带动作用，使党旗高高飘扬在边疆。

二、投资梁河，提高农业现代化水平

尚善品味认真贯彻落实习近平总书记考察云南时的重要讲话精神，牢固树立“绿水青山就是金山银山”的理念，采取工业反哺农业的发展思路，发展绿色食品、生态农业。目前，尚善品味累计在梁河投入8000余万元，建设了生态种养循环科研示范、古树茶、生态茶、树洞蜂蜜、皂角树、养瑞牛幸福家园等六大产业基地，开发出一批云南高原特色产品，产业基础不断夯实。

为解决肉牛产业发展种源问题，尚善品味于2019年启动梁河县现代肉牛产业发展项目，计划投资3.3亿元，构建从育种到餐桌的全产业链。2021年一期项目养瑞牛幸福家园投产，总投资近5000万元，建成了标准化肉牛养殖场区，并配备了标准化实验室、人才培养中心等，从澳大利亚引进338头青年母牛，并陆续引进安格斯、短角牛、和牛等六个品种种公牛，截至2024年底，牛存栏687头。为做好育种工作，尚善品味在项目启动之初便与中国农业大学、云南农业大学等7所省内外高校搭建了科技合作平台，在省内2所高校建设了产教融合基地，聘请了20余位畜种、防疫、动物营养、饲草、中草药等方面的专家常态化开展科研试验，并在企业内部组建了专业技术团队，已取得20余项实用新型专利，发表20余篇文章。养瑞牛幸福家园先后被云南省农业农村厅、农业农村部认定为省、部级畜禽养殖标准化示范场，省级“两病”净化创建场，打造了全州肉牛养殖产业发展新标杆，引领带动全县农业产业现代化水平提高。

尚善品味的持续投资也为促进就业、带动增收做出了贡献。目前，已解决34个本地就业岗位，每年通过饲草种植、土地租赁、临时用工等方式，支出400余万元，直接带动1000余户农户增收。未来，尚善品味将充分发挥自身优势，通过肉牛养殖产业带动群众增收，扎实推进“党组织 + 企业 + 合作社 + 农户”的特色产业发展模式，拟带动5000户以上群众增收，并培养1000名以上基层畜牧技术人员。除了直接带动增收外，尚善品味也为全县科技进步、人才建设做出了贡献。从2020年开始，尚善品味与云南省人力资源和社会保障厅达成了战略合作，每年牵头在梁河县开展“云南省人才服务月养瑞站”活动，举办“农林产业”人才论坛，开展全县技术交流和公益技术培训，累计近2700人次参加培训。尚善品味还通过论坛搭建了专家引进的平台，促成了县政府与云南林业职业技术学院的合作，填补了县内林业专家空白，同时，促成了两家省级专家工作站申报成功，以实际行动支持了梁河县乡村振兴人才培养。

三、村企共建，凝聚乡村振兴力量

从脱贫攻坚时期的“万企帮万村”到乡村振兴时期的“万企兴万村”，尚善品味一直在行动，已累计投入400余万元开展村企共建，达到了良好的效果。

一是支部共建强化组织力量。在集团党委的支持下，公司党支部先后与5个村级党组织以及梁河县委党校党支部、政务服务管理局党支部共建，每年为它们捐赠10万～20万元的规范化建设专项经费或党员学习教育经费，系统化打造党建阵地，营造党建氛围；每月开展联合主题党日活动，统一进行思想政治教育和业务技能培训；每逢节庆日，上门慰问困难党员和老党员，全方位帮助共建党组织提升建设水平，实现了互促共赢。

二是因地制宜发展特色产业。产业兴旺是乡村振兴的首要任务，尚善品味始终坚持因地制宜帮助群众发展特色产业，不仅给思想、出点子、找路子，还尽可能帮助有关乡村解决产业发展过程中的资金、技术难题。尚善品味依托云南养瑞尚善公益基金会，先后向傈僳族村寨捐赠100万元乡村振兴发展基金、向二古城德昂族村寨捐赠30万元产业发展共同体资金，支持发展乡村旅游，助力增加村集体收益。在尚善品味的大力帮扶下，傈花卡民宿发展良好，二古城农家乐如期开业，特色产业发展势头良好。

三是主动携手打造全国示范。2023年，尚善品味主动担当，与梁河县勐养镇邦歪村结对，开展“一体化推进党建引领民族团结与乡村振兴融合发展”示范村项目，项目以党建为引领、以产业为抓手、以促进发展为根本、以打造示范为目标，计划用6年时间将帮歪村打造成全国示范村。尚善品味自筹资金1500余万元推进项目实施：为帮歪村无偿建设30个标准化养殖小区，资产归村集体所有；培养一批技术过硬的产业带头人，促进全村肉牛产业全面升级，届时将实现全村牛存栏新增1000头以上，村集体经济累计增收100万元以上，肉牛良种率突破80%。项目的顺利实施将大大推动帮歪村产业发展、农民增收，为有效解决空壳村庄、留守儿童和乡村治理等问题探索出了一种新模式。首批项目已于2024年4月16日开工，首批项目资金150万元用于修建一栋党建综合楼及两个养殖小区。

四、公益帮扶，营造良好社会氛围

尚善品味把“全心全意为人民服务”的宗旨转化为“为善最乐、付出最富”的核心价值理念和“大家好”的经营理念，积极投身光彩事业，弘扬企业家精神，履行社会责任。

一是实施直接帮扶。依托云南养瑞尚善公益基金会，累计在梁河县投入2800余万元开展慈善公益活动。在脱贫攻坚期间，积极为贫困户捐资捐物；在疫情期间，勇于担当筹措物资；在乡村振兴战略实施过程中，率先垂范主动作为。尚善品味先后奖励优秀教师和优秀贫困学生3000余人次，慰问困难党员1000余人次，慰问孤寡老人600余人次，切实解决了群众的急难愁盼问题。

二是促进民族团结。为落实党中央铸牢中华民族共同体意识的要求，尚善品味为梁河县捐赠300万元民族团结进步示范专项资金，组织梁河县傣族、景颇族、阿昌族、傈僳族、德昂族、佤族六个民族学会成立“民族团结进步示范服务小组”，共同讨论制定3年行动方案。近年来，尚善品味持续开展少数民族大学生专项奖励，鼓励和培养人才，夯实各族人才基础；赞助和支持各类节庆活动及民族文化传承活动，推进了一批优秀民族文化的传承和发展。2023年，尚善品味主办了6场民族团结宴，6个少数民族学会轮流承办。民族团结宴集中展示各民族的饮食、服饰、手工、歌舞等文化，并集中学习党的理论知识。民族团结宴加强了县内世居少数民族间的交流，大家在活动中相互帮助，实现了“以活动促‘三交’、筑牢共有精神家园”，有力地推动了民族文化相融、民族产业共兴、民族品牌共创。

三是助力共同富裕。开创“共同富裕共建户”帮扶模式，先后与梁河县9户困难户结对，累计捐赠300余万元，并根据每户的实际情况找准困难点制定长期、精准的帮扶方案，在帮助解决医疗、上学等棘手问题的同时，帮助其发展产业、增收致富，从输血式帮扶变为造血式帮扶。对于生活特别困难的共建户，尚善品味为其修建新房、购买家具家电、配齐生活物资，定期组织集团员工到共建户家中做义工，帮助他们实现生活质量的全方位提升，获得社会各界的一致赞誉。

四是关爱困境青少年。青少年是祖国的希望与未来，尚善品味始终关注青少年的成长与成才。为了给青少年筑起一道更加坚固的守护墙，尚善品味成立了首批企业关心下一代工作委员会，并与梁河县关工委共建，捐赠 10 万元专项资金，充分发挥双方优势做好对内、对外的儿童青少年关心关爱行动。尚善品味不仅在物质上帮助困境青少年，更在思想培养和心理引导上下功夫。2023 年，尚善品味邀请全国著名演讲家蔡朝东为梁河一中 3000 余名师生开展思政大讲堂。2024 年，尚善品味关工委启动“星火筑梦”计划，采取精准帮扶的方式，从思想、生活、学习、习惯等方面持续、深入地在梁河县帮助困境青少年彻底解决成长路上的困难和困惑。尚善品味将与县关工委一起扎实做好思政大讲堂、法律大讲堂、青春大讲堂、家长大讲堂等，为青少年健康成长保驾护航。

创新产业发展模式　助力精准富民兴边

——德宏正信实业股份有限公司

德宏正信实业股份有限公司（简称“德宏正信”）成立于2014年9月，是一家集农、工、商、贸于一体的全产业链茧丝绸企业，主营蚕茧、厂丝、丝绸、纺织品、服装、农产品等的生产和销售。德宏正信现有员工750余名，已建成4个现代化缫丝生产车间、24组生产线，年产厂丝1000吨，是全国排名前五、云南排名第一的缫丝厂。德宏正信采用“政府+公司+基地+农户”的发展模式，走出了一条以特色产业精准推动脱贫攻坚、富民兴边的道路。2017年，德宏正信获评全国工商联“万企帮万村”精准扶贫行动先进民营企业、全国茧丝绸创新企业、云南省高新技术企业、云南省扶贫明星企业、第八届百强民营企业、云南省民营“小巨人”企业、云南省农业产业化龙头企业等荣誉。2022年，德宏正信被评为中国信保“小巨人计划”重点支持企业、陇川县产业发展贡献奖先进集体；德宏正信的陇川蚕桑基地获得云南省“绿色食品牌”示范基地称号，并助力陇川县获得云南省“一县一业”（蚕桑）特色县和“云南省特色农产品优势区”。2023年，德宏正信被认定为省级企业技术中心等，通过了省级外贸转型基地认定，获得第九届全国纺织企业管理创新成果特别奖。2024年，德宏正信农业部获得“全国五一劳动先锋号”称号，公司党委获得“云南省先进基层党组织”；董事长兼总经理郑山洪被云南省政府授予第八届“百名优秀民营企业家”和“中国特色社会主义事业建设者”称号，并获全国茧丝绸行业终身成就奖；员工陈长永获得云南省五一劳动奖章。

一、践行绿色发展理念

党和国家高度重视可持续发展和社会和谐，出台了一系列政策引导和鼓励企业积极履行社会责任。党和国家强调“以人为本”的发展理念，要求企业在追求经济效益的同时，更加注重社会效益和环境保护。德宏正信积极响应国家“一带一路”、西部大开发、脱贫攻坚、乡村振兴、富民兴边、“东桑西移”等政策要求，既是政治觉悟的体现，也是自身发展需要，获得了云南省、德宏州、陇川县的政策支持和资源倾斜。

履行社会责任是德宏正信长期战略布局的重要组成部分。在全球化背景下，竞争已经不仅仅是产品和服务的竞争，更是品牌、信誉和社会责任感的竞争。履行社会责任，可以提升品牌形象、增强员工信任度、巩固市场地位，是企业谋求长远发展、提升综合竞争力的重要途径。德宏正信积极履行社会责任还有助于改善与政府、乡镇、村组等利益相关者的关系，为自身发展创造了更加良好的环境。

蚕桑产业环保，有利于保持水土，也有利于践行绿色发展的理念，同时，见效快、可持续。陇川勤劳的农户亩产已过万元，年收入也可以达到几十万元。充分发挥蚕桑产业的优势是德宏正信不断探索的，也能让更多的人富裕起来。企业家精神是企业履行社会责任的重要推动力，企业与社会是相互依存、相互影响的，这种内在的精神驱动会促使企业家带领企业积极履行社会责任，创造更大的社会价值。“通过种桑养蚕争取德宏3万农户脱贫致富奔小康”“实现中国丝绸德宏造”“造优质产品、树知名品牌、创一流企业”，这是郑山洪常说的话，也是德宏正信及其员工的行动指南。企业的成功不仅取决于财务业绩，还在于对社会和环境的积极影响，德宏正信以社会责任为己任，推动企业成为社会进步的积极力量，为社会的繁荣稳定做出了贡献。

从2015年起，德宏正信在德宏3县1市相继建立了25个小蚕共育基地，流转2750亩农用土地建设标准示范桑园，以满足工厂化饲养小蚕的需要，并将饲养的小蚕配送给农户。陇川县是蚕桑发展的起点，目前已建成蚕桑发展基地14个，其中，8个老基地为2015—2018年由公司投资建设，5个蚕桑基地为2020年以后新建，1个蚕桑基地为2021年建设并投入使用，已发展桑园8万亩，投产桑园达6万亩，桑园面积达到万亩以上的乡镇有2个、达到千亩以上的乡镇有16个。德宏正信也在缅甸积极发展替代种植和替代经济，已建立16个小蚕共育基地，发展桑园近4万亩，共有签约农户3000余户，是我国唯一在缅甸规模发展蚕桑替代罂粟种植的企业。

二、坚持以科技引领产业发展

德宏正信与云南农业大学、山东农业大学、云南省农科院蚕桑蜂蚕研究所等开展产学研合作，试验推广高效丰产桑树品种、蚕新品种；与青岛农业大学签订合作协议，建立农业新品种研发和示范基地；与西南大学夏庆友专家团队建立云南省专家工作站，长期建立人才援助合作关系，开展桑蚕技术攻关。德宏正信有1个国际科技特派团，主要在缅甸从事替代种植种桑养蚕的技术服务工作；科技特派员11人，主要负责德宏地区的种桑养蚕方面的技术指导与服务工作。德宏正信设立了农业技术中心和工业技术中心，下设创新管理办公室。2021—2023年，德宏正信完成了20多个专利商标的培育，申请了18项专利，获得1项发明专利、13项实用新型专利、2项外观专利授权和1项软件著作权，3项发明专利在公示期。

德宏正信以“政府+公司+基地+农户”的运营模式，与农户形成利益联结，在此基础上，以小蚕共育为基础，在条件成熟的乡镇组织蚕农联合发展，并成立了蚕桑合作组织，全面推行“龙头企业+党支部+蚕农合作组织+专业化小蚕共育基地+农户”产业经营模式，进一步扩大了组织外延。德宏正信通过蚕农合作组织向农户提供种苗和养蚕用物资、化肥等生产资料，并根据蚕茧产量每公斤提取1元的标准给予蚕农合作组织适当的资金扶持，形成了龙头企业、专业基地、合作组织和农户的利益联结机制，既解决了农户种植的资金问题，又可以发挥精耕细作、精细管理等农户种植优势，有助于实现企业与农户的共同发展。互利共赢做好蚕桑产业，对提高农民组织化程度、增加农民收入均具有重要作用。

三、积极促进乡村振兴

在养蚕过程中，德宏正信做到了“到村到户、因户施策、技术帮扶、精确管理”。德宏正信在蚕前、蚕中、蚕后统一进行技术指导和服务，按每500亩桑园配备1名技术员的标准提供技术支持，确保每个村组都有懂技术、会操作的技术员挂钩服务。小蚕由德宏正信统一共育到三龄盛食期，分发给农户饲养，农户饲养到结茧，再由德宏正信统一回购，并承诺实行最低保护价政策，最大限度消除农户的后顾之忧。德宏正信承担了养蚕最大的风险和困难，让农户掌握省力养大蚕的方法，既简单、又省事，通过多批次养蚕快速脱贫致富。乡村成立合作社组织规模化发展蚕桑产业。随着连片桑园和蚕桑乡、村建设的逐步深入，这种公司养小蚕、农户养大蚕的模式在德宏3县2市全面推行，公司与农户通力合作，实现互利共赢。为降低农户前期投入，德宏正信垫付桑苗款、养蚕用物资等，并与农户签订合同，承诺以保护价回购蚕茧，现金付款不拖欠，以质论价，价格稳中持续有升，从而提升了农户种桑养蚕的积极性。

德宏正信还将桑园喂蚕伐条的桑枝制作成黑木耳和香菇的菌包。农户在不养蚕的季节，将菌包放在桑地里，培育黑木耳和香菇，由公司统一收购，从而使农户月月有收入。采摘后的废菌包经堆沤发酵或深埋处理，可作为优质的桑树肥料还田种桑，形成持续循环发展模式，减少了环境污染和资源浪费，有效延伸了蚕桑生产链。引导农户种桑养蚕致富奔小康，努力打造农业闭环，有助于实现养蚕与食用菌种植的有机结合，增加亩桑效益。蚕茧卖钱，桑条回收变废为宝，桑园遮阴的自然条件还能为桑枝黑木耳提供生长发育的场所。桑枝木耳加工厂建成后，工厂每年交纳的租金成为当地村集体的收入。桑枝木耳加工厂吸纳了50余名周边村民进厂务工，而桑菌培植的生态循环模式也让养蚕户在获得传统卖茧收入的同时，增加了桑条售卖和桑地内套种木耳的收入。生态循环的蚕桑产业发展思路为蚕农开拓了一条新“丝路”。

桑蚕产业为德宏州完成脱贫攻坚任务做出了突出贡献。2023年，德宏州养蚕户卖茧收入达到4966万元，户均收入1.95万元。其中，2个养蚕户年收入达到36万元。蚕桑乡（镇）的培育为茧丝绸产业在德宏集群发展打下了良好的产业基础，使分散型、低效益的农业经济向集约化、规模化和高效益方向转变。德宏正信在全县9个发展蚕桑产业的乡镇建立了14个蚕桑技术服务中心，成立了有17位成员的“陇川县蚕桑科技特派团”，高技能人才一对多联农带农精心帮带培养本地技术员200余人，为农户提供小蚕共育、种桑养蚕技术服务与指导、蚕茧收购等服务。

2022年底，德宏正信在缅北掸邦地区共建成16个小蚕共育基地、4个大型烘茧站，自有桑园500英亩[①]，建成小蚕共育厂房3万多平方米；在458个自然村建设了7500多英亩（约合4.55万亩）桑园，替代种植审核面积达1.34万亩。德宏正信在缅甸总投资已超过7800万元人民币，其中，5500万元用于蚕桑生产发展基地建设、桑园建设等，2300万元用于收购蚕茧、基

① 1英亩≈4046.86平方米。

地运营等。

德宏正信将以打造西南地区最大茧丝绸集散地为目标，按照“桑园 + 蚕茧加工 + 纺织制造 + 丝绸织造 + 服装制造”全产业链发展的思路，坚决履行社会责任，加强与政府有关职能部门的互联互通，主动融入和服务全县高质量发展大局，不断培养和吸引优秀人才，把企业做大做强，做好富民兴边的带头人。

企业之道　始于责任

——德宏州德安酒店有限责任公司

德宏州德安酒店有限责任公司（简称“德安酒店”）始建于 1992 年 3 月，是一家集住宿、餐饮、会议、出租车服务于一体的三星级商旅酒店，经营范围包括酒店住宿、餐饮服务、机场旅客服务、公关礼仪服务，以及日用品、预包装食品、散装食品销售等。德安酒店一直致力于以诚信、务实、负责任、发展共赢造福社会，始终将“回报社会”作为重要发展理念，严格履行法定社会责任，积极履行道义社会责任，把实现经济效益和社会效益统一起来，努力塑造优秀企业形象。德安酒店于 2013 年成立党支部，隶属于芒市工商联党总支。

2021 年以来，德安酒店取得了长足发展，为德宏州的经济建设和社会发展做出了突出贡献，也得到了政府及社会各界的认可。2021 年 9 月，被云南省旅游饭店行业协会评为“践行‘十三五’”优秀旅游饭店；2021 年 9 月，被中共芒市委、芒市人民政府评为民族团结进步示范单位；2021 年 10 月，被市场监督管理局评为诚信经营、放心消费示范店；2021 年，获评建党 100 周年庆典中国滇菜餐饮服务突出贡献单位；2021 年，被云南省餐饮与美食行业协会评为“践行‘十三五’云南省餐饮业新锐潜力企业”；2021 年，被云南省烹饪协会评为滇菜传承突出贡献单位；2022 年 1 月，被德宏州个体私营经济协会评为常务副会长单位；2022 年，被芒市工商联（总商会）评为第四届副主席（副会长）单位；2023 年，被德宏州工商联、德宏州总商会评为德宏州第七届工商联（总商会）执委单位；2023 年 5 月，被德宏餐饮行业产教融合共同体评为德宏餐饮行业产教融合共同体第一届理事会副会长单位；2024 年 3 月，被德宏州个体私营经济协会评为 2023 年度先进私营企业。

一、回报社会，致力慈善公益事业

教育是兴国大计，捐资助学既是中华民族的传统美德，也是构建和谐社会的重要途径。德安酒店自成立以来，持续开展各类活动，参加公益行动，捐助地方教育事业，帮助贫困生圆大学梦，为改善地方教育环境贡献力量。2017 年，在向教育扶贫促脱贫攻坚暨捐赠助学资金募捐活动中捐款 20000 元；2017—2022 年，先后向大学生捐赠助学款 14500 元，向象滚塘村捐赠助学款 19000 元，向芒市捐赠助教金 2000 元，向企业困难职工子女捐赠助学金 2000 元……多年来，德安酒店坚持回报社会，为国家和人民减轻负担。

二、诚信经营，积极履行社会责任

德安酒店始终把依法治企、守法经营作为诚信建设的关键抓手，致力于搭建一个良好的平台，为客户创造美好生活，帮助员工实现个人价值，与合作伙伴互利共赢，并始终关注社会和自然的和谐发展，积极向社会各界伸出援助之手。例如：2018 年，向中东村的李有润捐赠困难补助 6000 元；2019 年，向遮放镇捐赠脱贫攻坚经费 10000 元；2020 年疫情期间，向芒市红十字会捐款 5000 元；2021 年 9 月，对酒店隔离人员进行慰问；2021 年 12 月，参与芒市文明城市志愿服务活动；2021 年，端午节慰问孤寡老人，捐赠粽子送温暖；2021 年，向守边卡点捐赠洗衣机、强光电筒、方便面、矿泉水、中秋节月饼等物资，约合人民币 15380 元；2022 年，开展“浓浓端午情，永远跟党走”主题党日活动，慰问困难党员，并向他们捐赠粽子；2023 年，参加“粽‘情’粽‘意’过端午，传承文明践美德”主题党日活动，走访慰问辖区老党员、独居老人、困难群众；2023 年 8 月，向勐稳村村委会捐赠助学金 1000 元……

三、促进就业，努力带动群众发展

德安酒店在发展自身经济的同时，不忘关注乡村经济发展，将群众利益与公司利益紧密联系在一起，努力带动贫困群众脱离困境。德安酒店认为，企业的社会效益和社会贡献在于通过持续参与社会公益事业，协助地方政府推动地方经济社会协调快速发展。企业品牌和社会影响力的建立，不能单单依靠雄厚的实力，还要依靠广泛参与社会公益事业和积极履行社会责任。2018 年 5 月 4 日，德安酒店在象滚塘村组织了“就业帮扶招聘”扶贫活动；2020 年 12 月，德安酒店参加残疾人招聘会；2022 年 2 月，德安酒店参与芒市“百日行动现场招聘会”。为解决就业问题，带动芒市经济发展，德安酒店奉献了自己的力量。

四、全面发展，保障员工合法权益

在招聘和晋升过程中，德安酒店坚持公平原则，杜绝性别、民族、区域歧视等情况发生，为应聘者和员工提供了平等的工作机会。此外，德安酒店定期组织员工进行思想品德、职业道德、服务技能、商务礼仪和规章制度等方面的系统学习与培训，帮助员工提升技能，实现职业发展；提供合理薪酬，不拖欠员工工资，确保员工基本生活需要得到满足，并根据公司经营情况，给员工发放绩效奖金。节假日，德安酒店会发放一定金额的过节费，开展形式多样的团建活动，拉近员工之间的距离，丰富员工的文娱生活。

热心公益事业　助力乡村振兴

——瑞丽市畹町长合商贸有限公司

瑞丽市畹町长合商贸有限公司（简称“长合商贸”）成立于2011年10月，经营范围包括货物进出口、技术进出口，以及农副产品、水果销售等。长合商贸投资5.6亿元建成的畹町农产品仓储物流电子信息交易中心，已经成为整个瑞丽实验区内最大的进口水果批发交易中转站。该中心内设农产品电子交易中心、农产品物流中心、水果交易大棚，配套建设万吨级冷库，实施标准化农残检测，采用电子结算系统、全方位闭路监控。目前，长合商贸已建成宿舍楼12栋、商务宾馆1栋；拨货大棚9个，储藏量1万立方米的熏蒸仓库1座，农产品储存仓库481间，储藏容量40万立方米、储量1.2万吨的冷库1栋。2014年，长合商贸被认定为德宏州农业产业化开发重点扶持龙头企业；2017年，长合商贸获评德宏州先进内贸企业；2018年，长合商贸被中国物流与采购协会评为AA级物流企业，同时，获得良好农业规范（GAP）和质量管理体系（IS09001）认证。

一、服务国家“一带一路”倡议

自成立以来，长合商贸主要在畹町经济开发区从事水果生产、批发及进出口贸易，目前进入公司交易中心的农产品以缅甸西瓜、芒果、菠萝、黄河蜜、西州蜜、香瓜为主。来自全国各地的客商每天出境至缅甸“105码”交易市场进行农副产品水果选购，订单货物进入长合公司交易中心进行分拣、装箱、打包后运往全国各地进行销售，目前，已经实现水果日交易量3000吨，年均配送车辆高达26000车次，通过长合商贸销往中国境内的水果达78万吨，这些水果主要销往昆明、四川、重庆、广州、上海、山东、河南、河北以及东北等地。为响应国家“一带一路”倡议，长合商贸坚持“人员走出去，技术走出去”的战略思路，不断加大在缅甸投资种植力度。截至2019年底，长合商贸已在缅甸投资4500多万元，种植1.2万亩西瓜和香瓜。在和缅甸农民合作种植西瓜、香瓜的同时，长合商贸还和瑞丽农场一起投资1600多万元在境外发展养殖（渔、猪）和水稻、蔬菜种植，现已租地1800亩，建成600亩的鱼塘，自种水稻面积1800余亩，和农户合作种植水稻1万余亩，蔬菜种植600余亩，100亩左右的管件厂及仓库也将开工。以上举措直接带动周边2500余人就业，每年人均收入提高60万缅币（约合人民币3000元）。

二、积极投身公益事业

建设瑞丽市弄岛镇等嘎村养殖生产基地。从2016年起，为发挥各种社会资源优势，促进挂包贫困村寨产业发展，长合商贸在全州“万企帮万村”社会帮扶热潮中发挥了应有的作用。长合商贸的精准帮扶采取“以点带面、逐步扩面”的方式在全州逐步推开。首先，在等嘎村进行试点帮扶，探索扶贫路子。长合商贸始终坚持“诚信做事、量力帮扶”的原则，结合企业实际情况进行筹款，在结合考虑等嘎村实际情况的前提下，决定为其建设一个标准化生猪育肥场，并根据等嘎村贫困人口的实际情况，建设4000平方米的标准化生猪育肥圈舍，总投资人民币700余万元。该试点项目建设地点在等嘎村等嘎一组，试点村共370户1352人（其中，瑞丽市建档立卡户贫困人口141户428人）。

协助瑞丽市动秀乡南京里村委会娃节村民小组建设“美丽娃节坝”特色民族风情乡村。美丽乡村建设对于实现民族团结进步具有重要意义。作为“土生土长”的本地企业，长合商贸始终把加强民族团结、维护社会稳定放在工作日程中。长合商贸科学规划精准扶贫产业，以提升全州农村农业产业化发展程度、助力贫困农村社会稳定和经济发展、提高贫困农民生活水平为目标，以精准扶贫村、扶贫户、扶贫人口为工作对象，打破了影响贫困群众发展产业的“瓶颈”，着力改善贫困村生产条件，提升贫困户的自我发展能力，加快脱贫致富步伐。为响应国家建设美丽乡村的号召，传承景颇族璀璨的民族文化，开发具有浓郁民族气息的景颇民族传统建筑、手工艺品、民族服饰等，村民自发组建合作社，建设“美丽娃节坝”特色民族风情乡村，打造旅游观光、食宿餐饮一体化的特色景颇村寨，该项目预计总投资人民币1000万元。项目建成后，将惠及勐秀乡南京里村委会娃节的建档立卡贫困户18户64人。

助力德宏州瑞丽市户育乡建档立卡户产业脱贫。长合商贸在参与脱贫攻坚工作的过程中，深刻认识到“授人以鱼，不如授人以渔”的道理，实现脱贫容易，但持续化脱贫不是单靠送钱送物就可以实现的，要把农民的“造血”功能激发出来，才能真正帮助他们脱贫致富。2018年，长合商贸陈知云出资100万元，在瑞丽市户育乡成立建档立卡户产业扶持基金，将资金用于户育乡各村寨建档立卡贫困户发展产业项目。一些建档立卡户有想法、有项目、有技术，但因缺少资金而无法将自己的项目付诸实践。陈知云捐资就是要支持这些贫困户发展自己的产业，帮助他们实现产业脱贫。产业扶持资金由户育乡政府保管，综合考虑申请资金的贫困户申报的项目、掌握技术等情况决定借款金额，借款时限不超过3年，3年后由乡政府收回本金，继而让该资金滚动式循环使用，确保资金能够帮助更多的贫困户。

积极参与社会慈善事业。长合商贸自成立以来，勇于担当社会责任，积极参与社区各类公益事业，捐资助建村寨文化活动室、村寨公路及基础设施等。近年来，长合商贸累计向瑞丽市学校和社会公益事业捐助人民币500余万元，累计向畹町镇的学校和社会公益事业捐助人民币400余万元。

长合商贸充分把握“建设桥头堡黄金口岸”的战略机遇和中国－东盟自由贸易区全面建成，以及瑞丽国家重点开发开放试验区建设的有利时机，响应国家“一带一路”倡议，以“规范高效、科学管理、诚信服务、顾客满意”为经营理念，以“为社会做出更大贡献”为目标，改革创新，在自身发展的同时，助力乡村振兴。

富而思源　回报社会

——丽江程海保尔生物开发有限公司

丽江程海保尔生物开发有限公司（简称“保尔公司”）是云南省100家优强民营企业之一。多年来，保尔公司一直从事程海螺旋藻的研发、生产和经营，在不断做大做强的同时，热心公益事业，履行社会责任，在回报社会方面做出了贡献。

一、捐资助学，扶危济困

保尔公司法人、总经理谭应宏是云南省优秀民营企业家，自创业以来，一直热心公益事业，在企业经营中强调个人和企业应承担相应的社会责任，并教育职工践行社会主义核心价值观，倡导从自身做起，做关心他人、热心助人的表率。对助人为乐的职工给予表扬和奖励，形成了团结友善、争做表率的企业文化。多年来，谭应宏个人及企业在捐资助学、新农村建设、帮助困难弱势群体等方面慷慨解囊，受到当地政府、乡邻的好评。保尔公司在国家实施“美丽乡村建设”及乡村振兴战略过程中，为关家村、季家村、河口村、星湖村等修建农村道路共计8.6公里，投入资金共计56.77万元；向程海吉福小学、河口小学、马军小学、星湖中学等学校捐赠水泥，价值人民币25.44万元。

二、精准扶贫，强化“造血”

保尔公司投入资金777.75万元，帮助234户建档立卡户实现“造血拔穷根”。为贯彻落实党中央、国务院脱贫攻坚的战略部署和精准扶贫的基本方略，2016年10月17日，云南省委在昆明海埂会堂百合厅召开“万企帮万村”扶贫推进大会。保尔公司积极参与“万企帮万村”扶贫行动，在省委、省政府各位领导的见证下，与贫困村永胜县期纳镇习朗村签订了《“万企帮万村”精准扶贫行动村企结对帮扶协议书》。在省委、省政府 2016 年 10 月 17 日召开的扶贫大会之后，保尔公司深入贫困村进行调查研究，于 10 月 23 日与永胜县期纳镇党委、镇政府签订了《保尔公司结对帮扶期纳镇建档立卡户脱贫实施方案》。

在“万企帮万村”精准扶贫活动中，保尔公司用“造血”式扶贫走出了一条特别的路。帮扶习朗村 133 户建档立卡户每户发展 2 亩软籽石榴，每亩投入 1 米高的种苗及肥料，采购滴灌并安装、修建水池、安装引水管道，合计投入资金 277.3 万元。帮扶 101 户建档立卡户，平均每户发展了 3 亩花椒产业，每亩 100 棵，投入花椒苗和肥料，栽种工资 15 元，合计投入资金 45.45 万元。帮助永胜县期纳镇半河村整体搬迁到中所村大坪子的 101 户建档立卡户新建道路、大门、围墙，并硬化院坝、修建厕所，每户栽 2 棵树，合计投入资金 454.5 万元。

2020 年 7 月 5 日，云南卫视晚间新闻以“绿色生态产业扶贫，实现造血拔穷根”为题播放了保尔公司在云南省“万企帮万村”精准扶贫行动中，推进绿色生态产业扶贫，用“产业生态化、生态产业化”的扶贫模式，共计投入资金 777.75 万元，对期纳镇习朗村、半河村共 234 户建档立卡户进行“造血”式扶贫的典型事迹。习朗村 133 户建档立卡户因为保尔公司的产业扶持，平均每户净增收软籽石榴销售款 18000 元以上，实现了真正脱贫。

三、抗疫行义举，危难显真情

2020 年 1 月 24 日至 3 月 9 日，保尔公司党委组织全体党员及员工进行抗击疫情驰援武汉的义捐活动，共计向武汉等地捐赠螺旋藻 37962.4 千克，价值 3910.127 万元，受捐人数 87693 人，是云南省捐助金额最大的企业。由于在抗击疫情工作中做出了突出贡献，2020 年 5 月，保尔公司获得云南省红十字会颁发的“新冠肺炎疫情防控贡献奖”；2020 年 12 月，保尔公司被湖北省红十字会授予“新冠肺炎疫情防控捐赠突出贡献单位”称号，并获得“中国红十字会新冠疫情防控工作特殊贡献奖”。

投身光彩事业　助力乡村振兴

——丽江摩梭印象水业有限公司

丽江摩梭印象水业有限公司（简称“印象水业”）成立于2015年7月，现有员工67人，长期致力于打造高品质的产品和服务。印象水业本着“热情服务、诚信经营、高效管理，规范生产、透明灌装、严格检验”的经营理念，围绕“服务社会，兼顾地方发展，惠及大众”的价值观，力求将优质、健康的好水送入千家万户。印象水业采用一套国内领先的天然泉水处理设备和两条全自动灌装生产线（分别是产量每小时600~900桶的桶装水生产线和每小时12000瓶的瓶装水生产线）；同时，具有设备齐全、功能完善的产品化验室和专业的产品检验人员，从生产到出厂，可做到全过程对质量进行严格把关。印象水业的产品每年3次送样到第三方检验，其中，2次是型式检验，1次是对比检验。

作为一家有社会责任感的企业，印象水业一直积极参与光彩事业。在推动社会和经济发展的同时，企业也获得了更广阔的发展空间，得到更多的社会认可和尊重。“义利兼顾、以义为先，自强不息、止于至善”是印象水业投身光彩事业的初衷。印象水业在丽江市的多个项目中捐赠了大量资金和物资，并积极投入人力资源参与项目实施。

2017年7月，永胜县三川镇首届荷花节，印象水业为现场观众提供免费饮水。

2018年和2019年，印象水业两度成为“环泸沽湖国际自行车赛”赞助商，摩梭山泉成为环泸沽湖自行车公开赛指定用水。

2018年9月3日，印象水业为泸沽湖首届转山节赞助摩梭山泉500件（1件24瓶），并派出员工组建摩梭山泉战队参与徒步比赛，获得第三名。

2018年10月28日，印象水业为中国金茂2018丽江半程马拉松赛事捐赠300件摩梭山泉，并提供现场服务。

2019年2月14日，印象水业向丽江市第一届全民健身行走大会活动捐赠摩梭山泉 300 件。

2019 年 10 月，印象水业向永胜县第三届“程海之约”自行车赛赞助 200 件摩梭山泉作为活动用水，并为运动员、工作人员及观众提供免费饮水服务。

在疫情防控期间，印象水业向宁蒗县疫情应急处理指挥部办公室、战河镇等部门和乡镇，捐赠一次性口罩 500 个、摩梭山泉 200 件、75% 酒精 30 千克。

2020 年 2 月，印象水业向宁蒗县环卫工人捐赠摩梭山泉 100 件及 400 桶水，给工作在一线的 202 名环卫工人送去温暖。

为改善宁蒗县城人居环境，2020 年和 2021 年，印象水业分 2 次总计向宁蒗县捐赠并安装太阳能果皮箱 200 个，提升了宁蒗县城人居环境卫生状况和城市美化亮化程度，同时，为宁蒗县“全国爱国卫生运动和七个专项行动”提供了 400 个优质广告宣传位置。

2022 年 1 月 2 日，永宁发生地震，印象水业得知后第一时间连夜往灾区运送 1000 小件水。

2022 年 11 月 13 日，印象水业向第四届云南省户外运动嘉年华“2022AA 百公里 · 走进女儿国环泸沽湖徒步”活动捐赠 200 件摩梭山泉，获优秀支持奖。

印象水业坚持在高考期间投身爱心助考行动，在高考考点门口为考生提供甘甜可口的摩梭山泉瓶装水，连续做了 7 年。

创立以来，印象水业每年为当地居民提供就业岗位，在生产基地周边地区，越来越多的家庭参与摩梭山泉的生产、销售和运输，不仅增加了家庭收入，也提高了生活质量。目前，印象水业稳定用工 67 人，其中，建档立卡贫困户 8 户，残疾人 1 人；临时用工就近优先选用脱贫监测户。随着公司规模不断扩大，印象水业将持续为周边地区居民提供更多就业机会，进一步带动当地经济发展，受益的人将越来越多；同时，印象水业每年向水源所在地吉意村发放 1 万元分红，用于支持村庄经济建设。

随着摩梭山泉品牌的发展壮大，印象水业逐渐意识到，摩梭山泉不仅是一个商业实体品牌，更是一个可以带动当地经济发展的引擎，并且摩梭山泉的成功离不开周边地区人民的支持。因此，印象水业决定以实际行动回馈社会，助力乡村振兴。印象水业响应市委、县委的号召，积极引导、帮扶村民种植魔芋。为了减轻村民的资金压力，解决村民没钱购买魔芋种子和农药、化肥的问题，由公司出面组织村民成立了宁蒗县红桥丰源种植专业合作社。该合作社不仅为农户垫资购买魔芋种子和农药、化肥等，还提供技术支持和统一管理。待魔芋成熟采收后，公司按市场价进行收购，再收回垫付的资金。这种模式不仅解决了村民的资金问题，还为他们提供了稳定的收入来源。2023 年，宁蒗县红桥丰源种植专业合作社共组织种植魔芋 191.2 亩，种植投入资金 80 多万元。该项目带动 72 户农户参与，其中包括建档立卡脱贫户 12 户，用工近 1000 人次，用工费用 10 万多元。种植魔芋的农户每户增收 6000～12000 元不等，还收获了足够的魔芋种子和种植经验，为以后的魔芋种植、增产增收打下了坚实的基础。农户种植魔芋的收入远远超过以往种植土豆和玉米的收入，且大大解放了农村的劳动力。

新征程，新使命，印象水业将抓住新机遇，锚定使命，勇于担当，注重产业带动和公益帮扶双轮驱动，夯实乡村发展基础，帮助更多群众致富，并推动光彩事业薪火相传。

建设“五位一体”产业联合体
联农带农助力乡村振兴

——丽江万农生物开发有限公司

丽江万农生物开发有限公司（简称“万农生物”）成立于2015年，是古城区辖内一家从事滇重楼、云当归、云木香等道地药材生产销售、技术服务及科研开发的生产型企业。近年来，万农生物在各级党委、政府和相关部门的帮助下，积极投身丽江市脱贫攻坚和乡村振兴实践，探索道地中药材从种苗到药材回收加工的闭环生产模式，闯出了一条立足于当地中药材产业优势带动高原山区农户共同富裕的路子。万农生物先后被评定为国家级科技型中小企业、云南省农业产业化省级重点龙头企业和云南省省级专精特新“成长”企业等；种植基地被认定为市级“绿色食品牌基地”，是丽江市古城区七河镇政府产业发展示范基地，七河镇群众脱贫致富实训基地。截至2023年12月31日，万农生物累计上缴税金6.7万元，向周边区域农户采购山基土、圈肥等生产性物资及支付劳务费投入合计1966万元（其中，支付劳务费240万元，采购生产性物资1726万元），示范带动效应较为明显。万农生物充分利用云南白药滇重楼同心计划合作伙伴的优势，积极发挥农业产业化重点龙头企业带头作用，成为丽江市乡村振兴“领头雁”型企业，并全面实施联农带农“发展中药材产业助力乡村振兴计划”。

一、联农带农模式新

在脱贫攻坚时期，万农生物积极开展“每家1分重楼种植”的庭院经济模式和“五统一包”（“五统”即统一种植计划、统一种植标准、统一提供种苗、统一技术指导、统一管理模式，“一包”即产品包销售）联农带农模式，实现了中药材从种植到加工的精准溯源，并切实带动了古城区建档立卡贫困户 288 户成功脱贫。2021—2023 年，万农生物累计在丽江市发展中药材种植 8 万余亩，带动 2.6 万余户 10.4 万余人致富，其中，每位妇女平均年收益 1.2 万元以上。

乡村要振兴，必须产业振兴，从而确保产业的可持续发展。万农生物积极响应国家发展战略，迅速调整发展计划，于 2022 年探索出“五位一体产业联合体”新型乡村振兴产业发展模式，即万农生物（五统一包、药材初加工）+ 政府（协助推广和政策支持）+ 村集体合作社（监督回收新鲜药材）+ 农户（种植）+ 公司（白药集团收购成品），向示范点、示范社、示范户发放药材种植及收购订单，提供技术、种苗、药品、肥料及培训，包回收药材，建立了紧密的联农带农利益联结长效机制。

“五位一体产业联合体”新型乡村振兴产业发展模式的特点是，通过政府的全面统筹，公司与村集体进行合作，带动农户致富。村集体主要负责在农户种植前进行摸底，统计各村的种植面积、种植品种、种植范围。在公司与村集体完成签约后，村集体对农户进行监理、管护种植地，协调农户之间、公司与农户之间的资源配置。

2023 年，在新型乡村振兴模式的推动下，万农生物在全区布点道地药材 2550 亩。根据各乡镇街道的海拔和气候特点，万农生物分别在文化街道、七河镇、大东乡、金江乡和金安镇 5 个重点乡镇推广中药材 615 亩、613 亩、479 亩、442 亩和 401 亩，分别布点推广红花 1560 亩、云木香 520 亩、云当归 320 亩、秦艽 100 亩和丹参 50 亩。

2023 年，由万农生物购置苗种并进行全程技术服务与指导，古城区乡村振兴局补贴农户种子款项，万农生物在回收过程中遵循保底价下随行就市的原则。村集体对农户的中药材进行统一收购，在收购及转售过程中找到利润空间。以万农生物“万企兴万村”挂靠的七河镇忠义村为例，2023 年，仅云当归药材就创收 20 余万元，切实有效地推动了农村集体经济发展，开动了巩固拓展脱贫攻坚成果的“专列”，接轨上丽江乡村振兴事业的“宏途”。

二、带动示范效果实

万农生物自建 700 亩标准化重楼连片种植示范基地，根据多年的种植经验，探索出了全程服务模式，带动周边示范村和示范户种植重楼 600 余亩；在全市 16 个乡镇共实施 5135 亩中药材示范推广种植，通过提供种苗、日常管理服务及回收等，带动全市588户1670人（其中，妇女达580人）顺利脱贫并有效巩固成果。

三、服务社会效果好

中药材种植是劳动密集型产业，重楼、当归产业用工尤甚。2020年以来，万农生物每年直接带动妇女1689人次增收，人均年增收4200元以上。一方面，万农生物长期用工人数多。公司自有基地直接长期安排周边农村劳动力122人（其中，妇女99人），人均年收入3万元以上。另一方面，临时性用工人数多。2020年以来，万农生物每年安排临时性用工1200人，2万余人次（其中80%以上为女性劳动力），人均年增收3000元以上。

2021—2023年，万农生物通过建立中药材资源圃、种子育苗区等云南道地药材种植技术咨询平台和培训机构，积极提供公益性中药材种植关键技术培训服务，每年培训3000人次以上，让农户掌握先进技术，安心、大胆种植。

截至2023年底，参与“五位一体产业联合体”的试点农户云当归亩均收益9600元、红花亩均收益4200元、云木香亩均收益3600元、丹参亩均收益4300元、秦艽亩均收益2250元。这一试点模式探索的成功，促进了辖区农户的增收，发挥了良好的乡村振兴产业发展新模式的示范带动作用。

未来，万农生物将继续秉承“一株药、联万农、带万农、富万农、济万农”的初心，坚持“药农为中心、质量为核心、疗效为根本、市场为导向、诚信为基石、创新为灵魂”的经营方针，坚持“有序、绿色、生态、安全、有效”的生产原则，积极建设道地药材产业“种质纯正、环境道地、质量上乘、人文厚重”的产品输出和“技术＋模式＋管理”创新策源基地，打造云南省乃至全国道地药材标杆型企业，实现公司盈利、农民增收、农业增效、农村繁荣的目标。

担当社会责任　促进社会和谐

——丽江正龙实业集团有限公司

丽江正龙实业集团有限公司（简称“正龙实业”）创建于1994年，紧紧围绕“旅游”这一丽江经济的支柱产业发展，经过30多年的努力，现已发展成为一家拥有固定资产20多亿元、平均年产值8亿~10亿元，拥有职工1600多人，产业涵盖房地产、旅游文化、种植养殖、餐饮娱乐等的多元化发展企业。2005年6月，正龙实业成立党支部，2016年12月成立党总支，下设3个党支部，有党员106名。在经营遇到前所未有困难的情况下，正龙实业围绕中心工作，抓党建促发展，不断加强精细化管理，推动企业深化改革，提高经营服务管理水平，夯实党建基础，发挥党组织的政治核心和战斗堡垒作用、党员的先锋模范带头作用，为企业健康有序发展提供有力支撑。

一、做旅游发展的开拓者

自1996年在玉龙县拉市乡创立第一个乡村旅游企业——丽江拉市海美乐旅游度假有限公司起，正龙实业就积极对外宣传拉市海旅游。在开发过程中，正龙实业始终遵循“开发利用与保护湿地生态及珍稀鸟类相结合，自然资源与文化资源相结合，总体规划与分步实施相结合”的原则，对拉市海旅游做了合理的整体规划和部署，同时，投入巨资大力宣传拉市海的秀美景色及发展旅游的潜力，积极开展拉市海湿地候鸟保护项目，并采取各种方式教育、劝导周边村民不要捕杀候鸟，保护湿地的自然环境。通过多年的大力宣传和不懈奋斗，拉市海旅游已发展成以骑马、划船、观鸟、农家乐等为主的生态特色旅游，成为丽江旅游不可缺少又独具特色的一部分。目前，拉市海周边直接参与旅游的村民有5000多人，旅游旺季每天接待游客1万多人，年旅游总收入突破2.8亿元，村民总收入5000万元以上。

拉市海周边村民已走上脱贫致富的康庄大道。

二、努力解决社会就业

就业问题是最重要的民生问题之一，关系到社会稳定。在少数民族地区，就业问题是事关各民族团结稳定的重大问题，也关系到整个中国特色社会主义建设事业能否顺利进行。一直以来，正龙实业董事长杨四龙都十分关心就业问题，认为在严峻的就业形势下，企业应该担负起更大的社会责任，提供更多的就业岗位。正龙实业现有员工1100多人，其中有本科生、研究生，有残疾人，有下岗职工、复员军人、农村剩余劳动力，有纳西族、汉族、彝族、白族等多个民族。随着不断发展壮大，正龙实业将为更多来自不同地区、不同民族的人提供就业岗位。正龙实业还间接解决了许多农村剩余劳动力的就业问题，消除了诸多潜在的社会不稳定因素。正龙实业在解决就业方面做出的努力得到社会的充分肯定。

三、积极承办“村长”论坛

2013年，杨四龙被推荐为玉龙县塔城乡十八寨沟村村委会主任；2013年11月30日，杨四龙被推荐为云南丽江纳西族村长，参加了由中国村社发展促进会和中国人民大学联合举办的第十三届全国“村长”论坛；2014年11月1—2日，由中国村社发展促进会主办的第十四届全国“村长”论坛在河南漯河举行，杨四龙获选“全国十大杰出村官”，并如愿把2015全国‘村长’论坛的承办旗帜接到了十八寨沟村。第十五届全国“村长”论坛于2015年10月8—11日在玉龙县隆重举行。作为本届论坛的承办方，杨四龙以敢为人先的魄力带领集团全体员工积极筹备，确保论坛胜利召开。该届“村长”论坛主题鲜明独特，彰显了玉龙纳西特色；规模宏大，层次较高；活动内容富于创新、丰富多彩，宣传推介力度空前。该届论坛的成功召开，充分体现了正龙实业大爱无疆的家国情怀和担当精神。

四、持续投身公益事业

在发展企业的同时，正龙实业想得更多的是如何回报社会——扶贫助弱，热心公益，创业至今，从未停止过参与爱心事业。正如杨四龙所言，只要企业在发展，感恩活动就永不停止。感恩已成为正龙实业的文化支柱，融入每个正龙人的血液。自 1997 年向希望工程捐款 4 万元起，正龙实业先后资助了 16 名品学兼优的贫困生完成学业；先后向丽江市青年创业基金会捐赠 10 万元、向玉龙县一中捐赠综合教学楼建设资金 20 万元等支持地方教育事业；向古城区一中连续 3 年每年捐款 10 万元鼓励优秀教师，助力教学质量提升；近 10 年，持续在玉龙县工商联（商会）组织开展的“光彩助学”行动中捐赠 10 万元，极大地带动了玉龙县广大企业支持教育事业，取得了良好的社会效益。自 2004 年起，正龙实业每年均会组织“爱心助考”大型公益活动，如今该活动已举办 20 年。

热心公益事业，并将公益精神视为企业文化的核心组成部分。正龙实业积极主动捐资助学，扶危济困，关爱孤寡老人及残疾弱势群体。全国哪里有灾难，哪里就有“纳西人”正龙实业的支援。2008 年四川汶川“5·12”特大地震发生后，杨四龙第一时间组织员工捐款捐物，并亲自率领“纳西人正龙抗震救灾车队”穿越 8 个县市历时近 60 小时跋涉 1300 多公里，将 10 辆大卡车装载的 30 多吨价值 20 多万元的救灾物资运送到一线重灾区汉旺镇。2014 年 8 月 3 日，云南昭通鲁甸发生地震，再一次拨动了杨四龙的心弦，他积极倡议员工捐款，并亲自率领由正龙集团员工组成的“丽江感恩车队”，将 10 辆拖拉机、20 台应急发电机、100 台手推车、1000 床棉被和毛毯、10000 斤大米等价值 100 万元左右的救灾物资送往鲁甸龙头山镇。受“11·13 白格堰塞湖泄流”洪水影响，玉龙县沿江乡镇遭遇百年不遇洪涝灾害，杨四龙得知后，及时走访塔城乡、巨甸镇、黎明乡、石鼓镇、龙蟠乡 5 个受灾乡镇，与各乡镇党政领导进行沟通，及时将价值 35 万元左右的物资及救灾工具运往各乡镇，包括大米 40 吨、手推车 100 辆、抽水机 15 台、铁铲 100 把、锄头 100 把、毛毯 420 床等。数十年来，正龙实业先后为社会慈善事业捐款捐物达 3000 多万元，并多次受到各种嘉奖和表彰。例如，中国个体劳动者协会授予正龙集团“抗震救灾无私奉献会员”荣誉称号。

五、全力以赴脱贫攻坚

走访群众，了解实际困难。杨四龙及公司员工多次深入十八寨沟村老党员、困难群众、残疾人、五保户家中，以同亲人拉家常的方式，了解他们的实际困难；同时，多次召开座谈会广泛征求群众意见和建议，进一步掌握群众关心的重点、热点、难点问题。针对十八寨沟村农民群众在生产、生活等方面存在的实际困难，从农民群众最关注的事情抓起，从农民群众最希望办又无力办的事情做起，设计出积极有效的扶贫措施。

每年大小节日，杨四龙都会带领公司员工，满载着一车车节日慰问品，到十八寨沟村慰问群众，把温暖送到山区群众的心坎上。为了兑现对教育事业的支持，正龙实业每年向有大中专生及高中生家庭发放慰问金，向全村 31 户五保户发放寒衣裤，向全村 300 多户群众发放节日慰问品（每户 1 袋米、2 桶食用油等）。

多方筹措资金，全面推进村庄基础设施建设，改善人民群众生产生活条件。在杨四龙的努力下，正龙实业先后筹集了 1500 多万元资金投入十八寨沟村的基础设施建设。具体如下：投资 100 多万元重新修建了村委会办公院，完善了村委会的办公设备，并专门设立宣传栏，宣传党的路线、方针、政策，农业科技，以及外面的世界；投资 60 多万元建设寄宿制学校，结束了学生每天步行 10 多公里求学的历史，并设图书室，增加电脑设备，使偏远山区的少数民族后代得以接受与外面同步的教育；投资 200 多万元进行从乡政府到村委会 6.8 公里的先期弹石路二期水泥硬化，投资 100 多万元完成 24.5 公里村道水泥路面工程，改变了十八寨沟村交通闭塞的状况，为人员进出、物资流通创造了便利条件；投资 260 多万元完成全村的电网改造工程，保障了村庄的用电需要，结束了出现狂风暴雨就要断电两三个月的现象。此外，杨四龙带领村委会领导班子为改善村民的生活环境、提高村民的生活水平采取了许多措施：为村民安装了 150 套太阳能；给每户村民赠送一套饭桌、一个碗柜；为每户村民建造一座清洁的厕所；解决了西寨一、二、四组，北寨三、五组的住房盖瓦问题；完成西寨四、五组的人畜饮水工程；布局好西寨三、六组的养殖、种植产业；完成北寨片区 200 户的节柴灶配备；实施通往达来寺的路面硬化工程；等等。

实施产业扶贫战略，培育农村产业。经过对村情的全面了解和反复探讨，杨四龙提出“一村一品，一户一业”的产业培育方案，相继开发了洛南鸡、洛北羊、洛固山猪、洛西蜂蜜四大产业，引进了洛固山猪和洛北羊的优良品种，扩大了洛西蜜蜂的养殖规模，如今四大产业已基本成型并初见效益。他还帮扶一批有志青年在丽江城里开办了“阿乡哥”“阿乡妹”“阿乡姐”等一系列农家乐，主要经营十八寨沟藏区的生态食品，让山货走出大山，将财富带回山村。践行“一人打工全家脱贫，两人打工奔小康，三人打工移民进城”的快速脱贫方式，先后安排200多名青壮年到丽江正龙实业旗下各企业打工，学习各种生活技能，使村民走出大山带回财富、知识和先进思想。

为改变十八寨沟村贫穷落后的经济状况，正龙实业先后投资500多万元，并多方筹集了1500多万元资金投入十八寨沟各项基础设施建设，加上政府的大力投入，十八寨沟村发生了翻天覆地的变化。

以责任为动力　展现医药企业时代担当

——云南心联欣医药零售连锁管理有限公司

云南心联欣医药零售连锁管理有限公司（简称“心联欣医药”）于1988年成立，于2007年8月注册为股份制有限责任公司。30多年来，心联欣医药始终秉承“诚信、诚意、诚实”的价值观，以“传播健康知识，提供健康管家服务，为老百姓身心健康保驾护航”为愿景，先后获得“全国巾帼建功先进集体”、全国“重质量、讲诚信、创品牌三满意示范单位”、华坪县“纳税先进私营企业”、“诚信门店”、“食品药品安全工作先进单位”等荣誉，心联欣商标荣获“云南省著名商标”。作为云南省丽江市医药零售行业先进企业，心联欣医药高度重视探索高质量发展路径，对标国家标准，制定并实施《社会责任管理与实践手册》，在行业内率先构建起系统全面的社会责任管理流程体系，将履行社会责任融入企业发展战略，纳入企业组织治理与运营实践，以“质量兴企，责任立企”为宗旨落实落细，助力企业高质量发展，展现医药企业时代担当。

一、助力乡村振兴，推进共同富裕

心联欣医药的一系列善举充分彰显了民营企业爱国敬业、回报社会的情怀与担当，进一步弘扬了“义利兼顾、以义为先，自强不息、止于至善”的光彩精神。积极捐资助学，为促进教育事业蓬勃发展慷慨解囊。高质量发展离不开人才的支撑，为激励学生认真学习，学成后回报社会回报家乡，心联欣医药通过捐资助学播撒希望，通过爱心善举温暖人心，助力教育事业发展。2021年5月，心联欣医药向华坪县新庄乡德胜小学捐赠200本课外图书，价值2500元；在2022年“六·一”儿童节期间，向永兴乡中心校及其他学校捐赠物资，价值3.2万元；2023年教师节期间，慰问新庄乡中心学校教职工，投入资金1万元；2023年9月，到永胜县六德镇河腰小学面向教职工开展爱心检测、用药咨询和慰问活动，慰问教职工投入3000元。

二、助力抗疫，彰显“医药担当”

2020年新冠疫情暴发后，心联欣医药积极助力抗疫工作，所有药房正常营业，为市民抗疫防疫工作提供保障。同时，所有防疫药品及防疫物资绝不涨价，并向广大消费者承诺，在公司任何一个药房购买的任何一件药品及防疫物资均是全城最低价，如有在本县购买同品种同规格产品价格更低的情况，则按购买价格2倍返还差价。从2020年1月29日起，心联欣医药全体后勤部门员工提前返回工作岗位，主要负责人带领后勤部门人员，现场指导熬制清热、解毒、增强免疫力的中药汤剂，到兴隆农贸市场旁的中心药房为广大群众免费发放，缓解人们紧张焦虑的情绪；同时，每天3次按时为华坪县荣将镇车流人流最大的3个卡点的安全守卫卫士送去公司熬制的汤剂，夜间为通宵值班的卡点工作人员赠送保温恒温袋。

心联欣医药还向华坪县委、县政府各部门设置的各卡点，华坪县疾控中心，华坪县红十字会，华坪县女子高中，华坪县幼儿园，以及其他中小学校捐赠额温枪、体温计、口罩、酒精、消毒液、消毒粉、暖手袋等物资，价值16万多元。为支持、配合华坪县新冠疫情防控工作领导小组指挥部物资保障组的工作，在疫情期间，心联欣医药补贴工资、运费、包装费，在华坪县各乡镇所有药房及加盟药柜投放口罩20多万个。2022年9月，心联欣医药向石龙坝疫情防控卡点捐赠口罩、84消毒液、洗手液、隔离服、防护鞋套等物资，采购价合计3069元；2023年1月，心联欣医药通过华坪县红十字会向疫情防控指挥部捐赠防疫物资27件，价值47800元。

三、大力扶贫济困，汇聚“首善爱心”

乐善好施、扶贫济困是中华民族的传统美德，相互帮助、患难扶持是社会倡导的时代新风。为切实做好社会捐赠工作，大力弘扬慈善文化和救急解难、扶贫济困的传统美德，心联欣医药积极动员员工参与社会救济和社会互助活动，踊跃捐款捐物，用实际行动参与、支持慈善事业，奉献爱心。2021年4月，心联欣医药组织职工前后共开展“爱心捐赠”活动3场，为困难职工捐款5万元。

2023年1月，心联欣医药参加县妇联“把爱带回家——真情暖童心 相伴护成长”寒假华坪县儿童暨留守老人关爱服务活动，捐赠价值4861.6元的礼品。

2023年9月，心联欣医药参加华坪县红十字会2023年腾讯“9·9”公益日网络筹款活动，向华坪县因重大疾病或意外事故等陷入生活困境的人群提供人道救助资金6000元；向新庄村、基佐社区捐赠价值78800元的药品，并与县委统战部侨联委一起下乡送药，同时免费提供健康检测和用药指导服务。

2023年12月，心联欣医药为华坪县举办傈僳族阔时节捐赠10000元，为华坪县工会职工运动会捐赠价值5000元的奖品。

2024年1月，心联欣医药与华坪县妇联一同到中心镇河东村、兴泉镇文乐村、新庄乡腊么村、永兴乡安科村开展“寒假儿童暨留守老人关爱服务活动”，捐赠价值5000元的慰问品。

初心至善，未来心联欣医药将持续投身公益慈善事业，以荣誉为鞭策，以责任为动力，勇于承担社会责任，弘扬光彩精神，以善行温暖需要帮助的人，不断探索民营企业履行社会责任的可持续发展模式，为推进中国式现代化建设、促进地方经济社会发展贡献更大力量。

融汇人力资本　激活乡村未来

——云南宏华人力资源有限公司

云南宏华人力资源有限公司（简称“宏华人力”）是临沧市人力资源和社会保障局批准成立和重点扶持的人力资源产业服务机构，主要业务为对外劳务合作、劳务派遣、劳务外包、劳务输出、职业介绍、人才中介、职业技能培训、职业技能等级认定、社会工作服务、就业创业服务等，积极承接人社、工会、农业农村等部门承办的职业技能培训、农村劳动力转移就业相关业务，以及行政事业单位辅助性岗位招考、国有企业工作人员招考等业务。

宏华人力先后被评定为全国就业扶贫基地、全国巾帼家政示范基地、国家级残疾人职业培训基地、教育部供需对接就业育人项目基地、云南省巾帼家政示范基地、云南省人力资源服务行业最佳产品创新人力资源服务机构、沪滇合作崇临劳务协作服务站、省级残疾人职业培训基地、云南省退役军人职业技能培训承训机构，并获得“云南省人力资源服务行业贡献奖”“云南省人力资源服务行业最受雇主欢迎人力资源服务机构”“民族团结进步示范单位”“云南省人力资源服务行业骨干企业”和临沧市社会扶贫模范等荣誉。宏华人力主动参与“万企帮万村”、农村劳动力转移“百日行动”和“促进转移就业，助力脱贫增收”等活动，深入临沧市 900 多个村委（社区），组织就业扶贫现场招聘会 306 场次，组织县级以上大型招聘会 97 场次、人事招考 215 场次，服务 16000 多人次，向上海、浙江、江苏等地用工企业输送务工人员 153491 人，实现工资性收入 41.44 亿元。

一、搭建就业扶贫金桥，强化务工组织

宏华人力借力沪滇劳务协作机制，建立人力资源公司直接将人员输送到用工企业的“直通车”劳务输出模式，与市内 500 多家、省外 57 家企业签订了长期劳务合作协议，提供就业岗位上万个。长期扎根农村组织现场

招聘，并将每月 26 日定为“临沧招聘日”，在临沧市七县一区同步举行招聘会，让求职者与用人单位缩小信息鸿沟。借助机制拓展岗位，搭建就业扶贫金桥。自成立以来，宏华人力服务市内企事业单位 576 家，与 63 家省外企业签订了长期劳务合作协议。

二、做好零工市场，建立内外务工循环模式

宏华人力积极组织劳动力到勐库、邦东、白莺山等名茶区采摘茶叶，缓解本地用工紧张局面，帮助当地劳动力实现在家门口务工就业。在人员较为集中的地段，统一设立零工市场，让零散劳动力能随时随地找得到工作，做到“有人有岗、人岗匹配”。此外，在秋收结束至春节前夕，将大部分闲散劳动力集中起来，统一组织输送务工，约 4 个月时间可实现人均收入 2 万元以上。为发展村集体经济，积极与浙江中策橡胶和顾家家居两家企业对接，洽谈出一套符合服务村集体经济发展的模式。各村集体自发组织 30 名劳务人员到合作企业上班 4 个月，用人企业直接支付 2 万元费用给村集体，同时，将管理费用让出一半给村集体，保障贫困群众有稳定的工作岗位和经济来源。通过劳务人才整合，有效促进村集体经济全覆盖，达到“万企兴万村”的目的，同时，使农村劳务经济、产业经济两不误，实现了劳务人才输出与乡村振兴的衔接，有效巩固了脱贫攻坚成果。在沧源县挂牌设立外籍人员就业务工服务中心，服务和规范缅籍人员 735 人到临沧境内就业。

三、构建综合产业链，打造劳务新品牌

2023 年 6 月，由人社部门主导、宏华人力申报的“临沧家政”获批云南省级劳务品牌。“临沧家政”是“临沧保姆”的升级版，是包括办公家居清洁、老年人护理、婴幼儿照料、产后护理、病人康复陪护等系列家政服务的综合产业链。宏华人力将按照“统一培训、统一派遣、统一着装、统一品牌、统一管理”的“五个统一”实施和开展工作，有效提升从业者素质，带动劳动力在培训后转移就业，为社会提供优质高效、诚实守信的一流家政服务，满足各类用工主体和家庭需求。

宏华人力在合作企业所在地设立了驻外联络办事处，办事处管理人员在接收到转移就业人员后，及时为他们办理入厂手续，带领他们购买生活

用品、熟悉厂区环境、积极与用人单位沟通协调，帮助他们解决生产、生活中遇到的困难，为他们消除后顾之忧。

四、加强政校企合作，强化人才培养

宏华人力积极探索“政校企合作、共享共赢”的发展模式，与临沧高级技师学院、云南农业大学、保山学院、云南财经大学、大连海事大学等17所高校签订就业育人项目协议，创新“人才联合培养”模式，聘请知名教授、专家学者到云县授课，为本地企业提质增效和产业发展提供了智力支撑与人才保障。根据国家实施技能强国行动的统一安排和部署，结合云县产业发展实情，成立云县茶叶促进协会，根据沿海发达地区用工需求，组织优质师资力量深入全县12乡（镇）开展职业技能培训。

根据省、市、县人力资源和社会保障部门关于开展农村劳动力转移就业“百日行动”电视电话会议精神，按照《农村青年劳动力转移就业助力脱贫攻坚战略合作协议》要求，宏华人力积极组织“百日行动”暨沪滇合作崇临劳务协作专项行动。成立“云县青少年事务社会工作服务中心”，培养农村青年创业致富“领头雁”540人。开展“梦在远方、路在脚下——共青团与你同行”优秀外出务工青年经验分享会21场次，覆盖青年5600多人次。宏华人力非常重视贫困务工家庭关爱服务工作，针对农村劳动力批量转移就业的实际，开展农村留守儿童心理疏导和励志教育讲座54场次。

五、“培训基地＋生产线”，实现人才输出与回流的良性循环

2022年10月，宏华人力成立云南宏华服装制造科技有限公司，并将其作为缝纫工培训基地。通过集中培训，宏华人力为本地服装企业培养具有缝纫技能人才，为企业节省了大量培训成本；对于有意愿外出务工的人员，宏华人力以“订单式”统一输送到合作企业，在省外学习到更为先进的技术后，这些人又可以回到公司担任技术管理人员，实现在家门口高薪就业。

六、立足“五为五找五实现”，助力村集体经济发展

宏华人力通过“非公党支部＋企业党支部＋村级党组织＋产业”的人力资源服务村集体经济发展新模式，把劳动者接出家门、送上车门、领进

厂门，实现劳动者、产业、村集体经济共同发展。“五为五找五实现”即为农村劳动力务工找出路，实现转移就业；为农村大中专毕业生就业找岗位，实现毕业即就业；为农村致富带头人创业找名师，实现带动发展；为农村特色产品找销路，实现农民持续增收；为农村集体经济发展找资金，实现村级集体增收。宏华人力组织开展电工、焊工、砌筑工、家政服务、照料老年人、生态茶园管护、古树茶资源保护、茶叶加工、茶艺师、核桃种植管护、咖啡坚果种植管理、家畜饲养等方面职业技能培训，共 79811 人接受培训，其中，实现就业人员占 95%。

七、不忘初心，积极回馈社会

面对突如其来的新冠疫情，宏华人力积极响应党中央号召，坚决落实各级党委、政府疫情防控决策部署，广泛动员、组织全体党员、群众坚定信心、众志成城、同舟共济、凝聚合力，为打赢疫情防控阻击战贡献力量。宏华人力发起爱心募捐活动，倡导党员、群众献爱心，累计捐款近 2 万元。按照党中央、国务院关于“六稳”“六保”的重要指示，宏华人力一手抓疫情防控不放松，一手抓助推脱贫不松懈，既给受疫情影响务工困难的群众吃了“安心丸”，又给急需复工工人紧缺的企业吃了“救心丸”。宏华人力员工加班加点组织开展劳务输出，系统做好工人的组织、信息的对接、身体状况的检查、交通车辆的协调，以及防护与保障工作，让务工群众安心，用工企业定心，当地党委、政府和务工群众家属放心。2020 年，宏华人力向广东、浙江、江苏、福建、上海等地复工企业输送农村务工劳动力 2728 人，向本地复工企业输送务工返岗人员 3202 人，充分助力企业复工复产，稳定经济发展；2021 年，宏华人力有关人员到羊头岩疫情防控点慰问一线战士；2022 年，宏华人力组织人员到云县火车站疫情防控点，临翔区火车站，邦东乡昔归高速公路、马台乡高速公路疫情防控点，沧源勐省疫情防控点，孟定清水河新国门疫情防控点，永德荷泥塘、丙中坝疫情防控点，双江小黑江、塞罕疫情防控点，凤庆勐佑镇疫情防控点慰问一线战士；2023 年，宏华人力向耿马县贺派乡社保中心捐赠电脑 1 台，向云县大朝山司法所捐赠电脑 1 台，捐资助学 7 人，向班洪乡班莫村绿美建设捐赠 5 万元，向临翔区老年人体育运动协会捐赠 1 万元。

打造“老窝模式” 助力乡村振兴

——怒江昂可达生物科技开发有限公司

怒江昂可达生物科技开发有限公司（简称“昂可达生物”）积极参与光彩事业，构建“产业+乡村振兴”绿色产业体系，走出了一条以产业兴旺支撑乡村振兴的新路子。昂可达生物以企业为帮扶方，以脱贫村、脱贫户为帮扶对象，以签约结对、村企共建为主要形式，在泸水市老窝镇崇仁村建立了占地100亩的高海拔特色水果绿色栽培示范建设基地，充分发挥了企业在人才、资金、技术、管理等方面的优势，帮助崇仁村发展水果特色产业，帮助一批村镇劳动力解决就业问题，构建了“基层党建+特色产业+国企帮扶（中交集团）+公司实施+科技支撑+脱贫户参与”的六位一体的“老窝模式”，通过科技示范引领，辐射带动老窝1000亩、泸水5000亩、怒江30000亩特色高海拔水果产业发展。

一、履行帮扶责任，促进共同富裕

新时代光彩事业坚持习近平新时代中国特色社会主义思想的指导，准确把握“政治性、社会性、公益性”，成为民营经济人士思想政治建设的重要载体，通过帮助公司负责人树立正确的价值观和发展观，增强公司的爱国情怀和社会责任感。在怒江州工商联牵头下，昂可达生物与老窝镇崇仁村签订帮扶协议，推动老窝镇崇仁村农业产业升级、技术创新和市场拓展。昂可达生物依规与泸水市老窝镇扶贫开发有限责任公司签订合作协议，联合成立怒江瑞和生现代农业有限责任公司作为项目运营公司，整合昂可达生物投资资金、中交集团中交二公局投资基金、中交三航院投资基金、中交公规院帮扶资金、泸水市老窝镇崇仁村村委会委托投资资金和市级财政涉农资金，负责“老窝100亩高海拔特色水果绿色栽培示范基地”项目运营。

二、聚集科技资源，强化技术支撑

“老窝模式”主要由泸水市老窝镇扶贫开发有限责任公司负责立项管理、协调项目所在地土地流转等工作，并指派监事对相关工作进行监督、检查、考核；昂可达生物指派相关管理人员担任项目公司执行董事及法定代表人，负责项目技术指导及产品销售等工作；怒江瑞和生现代农业有限责任公司负责基地建设及种植管理等工作。为打造基地发展新动能，昂可达生物引入云南省农业科学院热带亚热带经济作物研究所人才及科技资源，围绕特色水果品种繁育、标准化种植等开展产学研合作。通过开展适宜性优良品种筛选、脱毒健康种苗繁育技术、水肥精准管理与绿色防控技术集成等关键技术研究，集成了一批新品种、新技术、新产品、新模式，依托示范基地进行推广，带动一批新型经营主体共同发展。

三、强化技能培训，激发内生动力

“老窝模式”针对基地示范推广的适宜性品种及绿色高效种植方式，昂可达生物公司围绕种源选择、种植方法、田间管理、病虫害防治等环节制定了系列种植技术规程并开展订单定向培训，通过邀请专家直接面向农民举办培训班、现场讲解、技术指导等，提升了崇仁村农民的专业技能，激发了农户自力更生、艰苦奋斗、勤劳致富的内生动力，不仅帮农户富了口袋，更帮他们富了脑袋，使他们敢想敢干、能干会干，在本地就业和外出务工之间，有了更大的选择空间。

四、共建合作关系，筑牢共赢机制

“老窝模式”始终坚持向农民分享更多增加收益的方法，积极创新收益分享模式，健全了联农带农激励机制。怒江瑞和生现代农业有限责任公司按照约定向村集体及土地承包人支付土地流转费用，带动老窝镇崇仁村村民，以及老窝镇其他村集体、致富带头人、种植大户开展特色经济林果种植，对参与项目实施的合作社、致富带头人、种植大户等授权设立“特色经济林果种植合作基地”，给予订单种植保障，并以高于非联合成员的价格收购。项目覆盖老窝镇崇仁村农户 947 户 3402 人，其中，脱贫户 167 户

606 人。老窝镇崇仁村村民在享受土地流转收益、入股分红的同时，实现了在基地就近就业。“老窝模式”有完善的公司与贫困户的利益联结机制，能让农民分享更多产业融合发展的增值收益，拓宽了他们的就业渠道，还能带动贫困户实现股本增收。

五、实行订单收购，助力农户增收

“老窝模式”通过与崇仁村相关合作社、农户等签订种植收购合同，以“订单收购 + 优先雇佣 + 技术培训”的模式辐射带动农户发展特色水果种植，构建了包括良种环节、种植环节、收购环节的全链条管理模式，遵循“订单 +”思路，帮助群众解决了农产品“销路愁”难题；打通了水果种植、销售等环节，真正与农户实现利益共享、风险共担，同时实现了“增收靠产业、落地靠企业、销售靠订单、实体靠资源”的产业发展模式，助力老窝镇崇仁村水果产业朝着规模化、标准化、集约化、组织化、品牌化方向发展。

“老窝模式”的实施，充分发挥了龙头企业在农业全产业链的链主作用，协同有产业基础、农业特色、链道完善的村镇积极推进特色产业发展，激发了村民的内生动力，从外部“输血”全面转型为内部“造血”，同时辐射带动周边种植户共同发展，形成生态特色鲜明的高标准特色水果种植观光基地，带动崇仁村建档立卡贫困户就近务工，为泸水市及怒江州产业支撑乡村振兴提供了技术示范及发展模式参考。

立足就业为先　助力乡村振兴

——德钦桑卓民族服饰开发有限公司

德钦桑卓民族服饰开发有限公司（简称“桑卓服饰”）成立于2017年5月，主要经营范围包括：民族服装、饰品、工艺品（象牙制品除外）设计、生产和销售；民族服饰展演与收藏；民族民间服饰文化传承与传播。桑卓服饰现有52名当地村民员工，致力于依托民族服饰传承，发展民族文化，服务大众，助力周边村民共同致富。桑卓服饰传承藏族母亲的手工技艺，多年来专注藏服制作，现已发展为集设计、生产、销售于一体的现代化藏族服饰公司，年产值500余万元，员工月均工资2000元以上。桑卓服饰通过发展本地特色产业，全面助力乡村振兴，生动诠释了民营企业的使命与担当。

一、关注特殊群体，促进农民增收

德钦桑卓民族服饰开发有限公司员工中有12户建档立卡贫困户和10户残疾人。为解决贫困户和残疾人生活中的实际困难，切实改善他们的生活状况，帮助他们脱贫致富，公司对他们进行了技能培训，增强了他们的“造血”能力，并为他们提供工作岗位。这一举措不仅让贫困户和残疾人获得了一定的收入，真正拥有一技之长，更让他们实现了人生价值，能长久立足于社会。

农民受自身知识水平和地域经济发展状况的限制，靠自身实现增收的能力极为有限。桑卓服饰将富余劳动力转移就业作为农民增收的主要渠道，有效推动了这些劳动力在家门口实现稳定就业，为乡村振兴提供了有利条件。桑卓服饰规模虽然不大，但运作规范、机构健全、制度完善、经营效果好、服务意识强，对农民的带动作用大，深受当地党政部门和农户的好评。桑卓服饰的发展壮大在巴东村起到了良好的示范带头作用，让农民有信心通过自己的双手创造实际收益。未来桑卓服饰将不断提升品牌效应，与多方达成友好合作，提升自身综合实力和营收水平，为农民提供更多就业岗位，助力农民实现可持续增收。

二、提升服务能力，助力乡村振兴

巴东村产业发展一直以传统农业为主，由于农村劳动生产率较低，农民增收途径较为单一，产业发展相对滞后，从总体来看，农民增收不明显。桑卓服饰的建立改变了巴东村产业结构不合理、产业对经济增长拉动作用不明显等状况，通过发展少数民族特色服饰设计、生产、销售，打造一体化标准企业，促进农村剩余劳动力实现就地转移、增加务工收入。产业结构的升级，也有助于整合农户劳作、外出务工后的零散时间，让他们“在家也能赚到钱”。桑卓服饰业务活动的开展为本地新增了多种就业岗位，为农户提供了多种致富方法，调整了以往以务农为唯一收入来源的低效增收模式。习近平总书记强调，产业兴旺是解决农村一切问题的前提，要推动乡村产业振兴，构建乡村产业体系，实现产业兴旺。桑卓服饰计划在扩大规模后，在现有基础上再增加 15 个以上工作岗位提供给本村农户，在培养农户拥有一技之长的同时，进一步拓宽农户增收渠道。

就业是民生之本。为进一步帮助群众实现就近就地就业，解决农村劳动力剩余等问题，德钦桑卓民族服饰开发有限公司不断完善产业链，提供的岗位不再局限于传统的民族服饰加工和制作，而是立足于公司发展实际，通过引进先进自动化生产设备和技术人才，为当地群众提供技术、销售、管理等多种工作岗位，让农民更多分享产业发展带来的收益。桑卓服饰还通过不断完善职业培训体系，让返乡农民工学习并掌握专业技术和先进管理经验，致力于把巴东村打造成群众学习技术的“根据地”，为乡村振兴贡献力量。

三、发扬本土特色，推动文化传承

文化是一个国家和民族的灵魂。中华民族上下五千年，文化底蕴深厚。迪庆是以藏族为主、多民族聚居的边疆民族地区，域内生活着藏族、傈僳族、纳西族等 26 个民族。民族服饰绚丽多彩，并且具有鲜明的地域特征及民族特色，特别是藏族服饰，地域特征非常明显。桑卓服饰实施民族文化保护与开发，通过对燕门乡藏族、纳西族及临近地区维西县巴迪乡傈僳族服饰加工工艺进行深入研究，结合现代服饰流行元素，开发生产具有地域特色及民族特色的少数民族服饰，以达到传承少数民族服饰文化、发展民族服装产业、促进就业的目的。少数民族服饰是民族文化的重要组成部分，在新的历史条件下，对其进行合理的保护和开发，对发展国家与地方经济、加强文化建设都具有现实意义。

党建引领发展　帮扶温暖人心

——中宜农副产品贸易有限公司

香格里拉市中宜农副产品贸易有限公司（简称“中宜农贸市场”）占地11143.00平方米，建筑面积9144.98平方米，是立足于家庭生鲜农产品供应，以现代化农产品流通供应链为香格里拉居民提供“放心餐桌”服务的专业型企业。为响应消费扶贫、脱贫攻坚号召，中宜农贸市场的整体规划在借鉴云南其他地州、上海、浙江等地先进农贸市场的基础上，融入了地区特色，是云南藏区第一家集批发、零售及冷链功能于一体的综合型标准化大型市场，有助于完善“三区三州”贫困地区农产品流通服务基础设施。近年来，中宜农贸市场积极参与光彩事业、“万企帮万村”精准扶贫行动和社会公益事业，捐赠物资价值170余万元。

一、守护舌尖上的安全

食品安全是农贸市场履行社会责任的首要任务。中宜农贸市场通过建立健全食品安全管理制度，加强对农产品质量和安全的监管，确保销售的农产品符合国家标准和法律法规的相关规定；积极推广无公害、绿色、有机、优质的农产品，引导消费者树立健康饮食观念；定期开展食品安全知识宣传和培训活动，不断提高商户和消费者的食品安全意识与自我保护能力。

二、积极开展产业扶贫

近年来，中宜农贸市场不断为周边村民提供免费临时特产销售区，带动农民工再就业200余人，集贸区周围有免费地摊位，并有免费停车位96个、大型货车停车位18个。中宜农贸市场采用“公司＋政府＋扶贫户”的模式，与香格里拉市 11 个乡镇签订了“助力脱贫攻坚‘百企帮百村’”协议，并为每个乡镇提供一个免费扶贫摊位，各乡镇政府按照协议安排建档立卡贫困户到市场内扶贫摊位交易季节性农产品。中宜农贸市场始终以“民族团结一家亲，和谐稳定一条心”为宗旨，不断巩固和发展平等、团结、互助、和谐的民族关系，推进各民族群众共学、共事、共乐；同时，与村民合作成立农业合作社等，促进农民增收，经营户承包村民土地 270 亩，村民实现年均工资和分红收入 75 万元。

三、点燃希望之光

中宜农贸市场在爱心助学方面也积极履行社会责任。通过与香格里拉市工商联合作，为上江乡贫困学生提供助学金，帮助他们完成学业、实现梦想；同时，定期组织员工和商户开展志愿服务活动，如免费为学生家长提供停车位、水果等，为贫困学生提供支持。

四、传递社会温暖

中宜农贸市场在关照特殊人群方面做出了积极努力。党支部牵头开展社会帮扶活动，汇聚公司力量，带领员工在节假日期间慰问社会各界残障人士，探望康复村村民及孤寡老人，到特殊学校及州社会福利院看望孩子。针对老年人、残疾人等特殊群体，中宜农贸市场提供了无障碍设施、优先购物通道等，确保他们能够方便、安全地购买所需商品。

五、共克时艰显担当

面对突如其来的疫情，中宜农贸市场同样展现出了强烈的社会责任感和担当精神。疫情期间，中宜农贸市场以为商户免除半年租金的方式，切实维护了广大经营者和消费者的实际利益；积极响应政府号召，做好防疫措施，确保运营安全有序；积极筹措物资、捐款捐物，支持疫情防控工作。在中宜农贸市场的带动下，商户也纷纷行动起来，为一线医护人员和社区居民提供力所能及的帮助与支持。

突出“产业 + 就业” 助力乡村振兴

——云南香格里拉兰草药业有限公司

云南香格里拉兰草药业有限公司（简称“兰草药业”）成立于2015年，是一家集中药材良种繁育、种植、科研、加工、仓储、销售于一体的生物医药企业，现有研发人员5名、科技推广人员5名、固定员工30名，全年季节性临时用工达2000多人次。兰草药业于2018年起投资4800万元建设中药饮片厂。中药饮片厂建设面积8500平方米，其中，普通饮片生产线2000平方米，毒麻饮片生产线1000平方米，直接口服饮片生产线1000平方米，综合仓库2500平方米，质检及研发中心1000平方米，综合办公中心1000平方米。2019年4月，兰草药业取得云南省药品监督管理局颁发的药品生产许可证，并于同年12月通过了1条普通饮片和1条直接口服饮片GMP（药品生产质量管理规范）认证；取得了净制、切制、炒制、炙制、煨制、蒸制等的中药饮片生产资质。兰草药业主要生产维西道地药材当归、木香、秦艽等。

兰草药业先后被评为云南省农业产业化龙头企业、云南省林业产业化龙头企业、云南省创新型中小企业、云南省专精特新中小企业、迪庆州乡村振兴先进集体、地理标志农产品认证示范单位，并被认定为国家高新技术企业。

一、着力建好基地，带动产业发展

在经营模式上，兰草药业以“公司+合作社（集体经济）+基地+农户”的运营模式建基地和扶贫车间，并与农户签订中药材种植收购合同，公司负责以保护价回收和技术跟踪指导。2021—2023年，兰草药业在全县范围内收购中药材（木香6000余吨、秦艽1320吨、当归1128吨、桔梗189吨），总价值约6000万元，累计带动6241户农户增收。所有农户收购款已结清。

2023年，兰草药业在维西县免费发放当归种子，种植面积5000亩。在永春乡拖枝村平坝组流转贫困户土地240亩，每亩土地每年流转租金900元，建设中药材良种育苗基地，并优先招收土地流转农户进入基地务工，支付土地租赁费100万元、农家肥费用131.2万元、农业设备租赁费24.6万元。累计举办各种类型中药材种植培训70多场次，同时，组织技术人员无偿指导各乡镇农民和农户种植中药材，受益农户遍及全县各乡镇，免费培训药农3万多人次。

兰草药业通过“产业＋就业”利益联结机制，把产业服务链与就业服务链有机联结起来，根据产业发展对人才的需求，以产业带动就业增收，解决了脱贫人口、就业困难人员等群体的就业难题，促使脱贫户稳定增收，持续助力脱贫攻坚成果同乡村振兴有效衔接。

二、产业带动就业，助力乡村振兴

兰草药业重视科研，组建技术团队，成立云南省专家基层科研工作站，并与云南中医药大学、云南省农业科学院药用植物研究所、云南大学资源环境与地球科学学院、迪庆州农业科学研究院等高校和科研机构共同研究中药材良种繁育、示范推广种植培训，以及中药饮片系列产品开发，助力科技成果转化。兰草药业通过举办中药材种植培训，不但有效提升了农户科学种植中药材的水平，更有效提高了农户种植中药材的质量。兰草药业申报的维西当归被列入首批“云南省十大名药材”名单、云木香入选云南省首批“定制药园”品种。公司与农户签订合作协议的木香、秦艽、桔梗符合“中药追溯”“云药追溯”统一标识使用的相关标准，已被授权在种植、生产、销售的产品包装、说明书及包装材料和广告宣传时合法使用统一标识图案。

近年来，兰草药业每年都会分批次招聘各乡镇困难群众到中药材基地务工；同时，扶贫车间全年为周边脱贫户和移民搬迁户提供就业岗位100多个，累计带动周边2万多人次老百姓就近就业，发放农民工工资2000多万元，有效解决了脱贫人口、就业困难人员等群体的就业难题。

三、履行社会责任，彰显企业担当

兰草药业一直以合法守信为经营准则，恪守税收法规，严格按照法律规定履行社会义务。成立以来，兰草药业累计依法纳税 80 万元。兰草药业以资金入股分红模式助力村集体经济发展，共计分红 140 万元。全国中药材市场价格下跌期间，兰草药业依然按照保护价回收中药材，并通过深加工提升了产品的附加值，弥补了部分损失，赢得了良好的社会信誉。兰草药业利用业务便利积极联系和引进药品生产厂商和流通药商，通过多种销售形式解决了本县中药材产销问题，确保本县中药材既有产量又有销量，增加了中药材产值。

通过捐赠行动，促进社会和谐。为使在读学生不因贫失学，开启人生筑梦的新征程，兰草药业向 15 名少数民族贫困大学生提供资助，每人资助 2000 元。为助力打赢疫情防控阻击战，兰草药业在积极参与防控工作的同时，向维西县红十字会捐款 3 万元。兰草药业党支部于 2021—2023 年连续 3 年每年慰问少数民族困难党员 2 名，每人每年发放 1000 元慰问金。2023 年，兰草药业工会和党支部为因病致贫员工组织献爱心活动，共筹集善款 5500 元。